स्वप्नद्रष्टा
डॉ. कलाम
की जीवनगाथा

स्वप्नद्रष्टा
डॉ. कलाम
की जीवनगाथा

ए. के. गांधी

प्र
प्रभात
प्रकाशन

प्रकाशक • **प्रभात प्रकाशन प्रा. लि.**
4/19 आसफ अली रोड,
नई दिल्ली–110002

संस्करण • 2026
अनुवाद • नितिन माथुर
मूल्य • चार सौ पचास रुपए
मुद्रक • यश प्रिंटोग्राफिक्स, नोएडा

SWAPNADRASHTA DR. KALAM KI JEEVAN GATHA
by A.K. Gandhi ₹ 450.00
Published by Prabhat Prakashan Pvt. Ltd., 4/19 Asaf Ali Road, New Delhi-2
e-mail: prabhatbooks@gmail.com ISBN 978-93-5266-055-1

प्रस्तावना

डॉ. कलाम के साथ जुड़ना अपने आप में गौरव की बात थी। मुझे भी यह गौरव हासिल हुआ था। हालाँकि यह बहुत अल्पकालिक व एक परियोजना भर के लिए ही था; लेकिन इसी दौरान मुझे उनमें बाकी सबसे विशिष्ट गुण दिखाई दिए। उनके व्यक्तित्व के कई रंग थे। उन्होंने अपने जीवन की शुरुआत एक इंजीनियर व वैज्ञानिक के रूप में की। इस दौरान उन्होंने राष्ट्रीय महत्त्व की कुछ परियोजनाओं पर काम किया और राष्ट्र की उन क्षेत्रों में आत्मनिर्भर बनने में सहायता की। वैज्ञानिक सलाहकार व प्रमुख वैज्ञानिक सलाहकार के तौर पर उन्होंने अपने क्षितिज को और अधिक विस्तार दिया तथा विज्ञान के दायरे से बाहर जाते हुए पीड़ित जनता को सांत्वना देने एवं उनके सशक्तीकरण के लिए कार्य किया। उनके द्वारा प्रस्तुत की गईं 'इंडिया 2020' व 'पुरा' (ग्रामीण क्षेत्रों में शहरी क्षेत्रों जैसी सुविधाएँ) योजना आगामी सरकारों के लिए लक्ष्य बनी हुई हैं। बतौर राष्ट्रपति उन्होंने कुछ ऐसे मानक स्थापित किए, जिनकी अवज्ञा करना उनके उत्तराधिकारियों के लिए संभव नहीं होगा। साथ ही, उन्होंने एक शिक्षक व प्रेरणादायक वक्ता के रूप में युवाओं को प्रेरित कर उनकी नकारात्मक भावनाओं को दूर करने में सहायता देने का अत्यंत महत्त्वपूर्ण कार्य किया। लोग उन्हें 'मिसाइल मैन', 'जनता के राष्ट्रपति' तथा 'इंटरएक्टिव प्रेसीडेंट' कहा करते हैं। हालाँकि आप मुझसे पूछेंगे तो मैं उन्हें एक सच्चा समाज-सेवी मानता हूँ। यदि वे चाहते तो जीवन में किसी भी क्षण काम करना छोड़कर अपनी उपलब्धियों का आनंद लेने में मगन हो सकते थे। लेकिन नहीं, उन्होंने अपने जीवन के अंतिम क्षण तक ऐसा नहीं किया। अपनी अंतिम साँस तक वे अपना प्रिय काम कर रहे थे। उस समय वे आई.आई.एम., शिलांग में युवाओं को संबोधित कर रहे थे। संयोग से उस समय मेरा बड़ा पुत्र उसी संस्थान से शिक्षा ग्रहण कर रहा था। मुझे यह हृदय-विदारक समाचार उसी से प्राप्त हुआ।

उनसे मिलने का अवसर हर किसी के लिए आनंददायक साबित होता था। डॉ. कलाम हर व्यक्ति का सम्मान करते थे। वे सब लोगों को एक शख्सियत—विशिष्ट शख्सियत के रूप में देखते थे। उनके लिए समाज या उनके विभाग का ऊँच-नीच का क्रम कार्य को सही ढंग से करने की व्यवस्था मात्र था। वे इस अनुक्रम में कार्य कर रहे छोटे-से-छोटे व्यक्ति को भी किसी बड़े पदाधिकारी जितना ही सम्मान देते थे। वे कहते थे कि बिना अनुयायी कोई नेता नहीं बन सकता और बिना मातहत कोई अफसर नहीं होता। ऐसे ही, बिना दासियों के कोई रानी भी नहीं हो सकती। कार्य की यही छोटी-छोटी चीजें साथ मिलकर बड़ा आकार ले लेती हैं। वे इतने विनम्र थे कि उनसे मिलने आनेवाले किसी भी पद या स्तर के व्यक्ति को जाते समय छोड़ने के लिए वह स्वयं दरवाजे तक आते थे।

डॉ. कलाम सारा जीवन विद्यार्थी रहे; जबकि वे अपने क्षेत्र से इतर अन्य विषयों के भी अच्छे जानकार थे। उन्हें विज्ञान के अतिरिक्त सामाजिक विषय बेहद पसंद थे। वे कुछ भी सीखने से चूकते नहीं थे। वे सबकुछ सीखना चाहते थे। उन्हें देश के विभिन्न हिस्सों के अलावा विदेश यात्रा का भी अवसर मिला, जहाँ से उन्होंने बहुत कुछ सीखा। उन्हें जब भी किसी बात पर संशय होता तो वे उसके समाधान हेतु पुस्तकों व अन्य लोगों का सहारा लेते। वे बहुत पढ़ते थे। वे अच्छे लेखक भी थे और उन्होंने बहुत सी पुस्तकों की रचना की। विविध विषयों पर लिखते समय उनकी भाषा में आए परिवर्तन को आप स्वयं देख सकते हैं। उनके पसंदीदा विषयों में विज्ञान, विकास, अध्यात्म तथा सामाजिक सरोकार थे। वे स्वाभाविक सहजता सहित एक विषय से दूसरे पर चले जाते थे।

दुर्भाग्यवश, आज निजी स्वार्थों के चलते 'धर्मनिरपेक्षता' शब्द अवनत होकर 'छद्म धर्मनिरपेक्षता' हो गया है। लेकिन डॉ. कलाम सही मायने में धर्मनिरपेक्ष थे। उनका जन्म व लालन-पालन बहु-धार्मिक व बहु-जातीय समाज में हुआ। उस परिवेश का उनके व्यक्तित्व पर गहरा प्रभाव पड़ा। वे सभी आस्थाओं व धर्मों का एक समान सम्मान करते थे और सभी धर्मों के प्रति उनका यह प्रेम केवल दिखावटी नहीं था। अपने जीवनकाल में उन्होंने सभी धर्मों के संतों व मनीषियों से मुलाकात की, उनसे चर्चा-परिचर्चा की तथा उनसे बहुत कुछ सीखा भी। उन्होंने उनसे दिव्यता व आध्यात्मिकता का वास्तविक अर्थ समझा और उसका एक एकीकृत स्वरूप तैयार किया। उनके लिए धर्म सबको जोड़नेवाला सूत्र है। वे समान सहजता से 'गीता', हदीस या किसी भी अन्य धर्म के पवित्र ग्रंथों से उदाहरण दिया करते थे।

इस पुस्तक में हम उनके मन को पढ़ने तथा जीवन के प्रत्येक मोड़ पर उनके

विचारों को जानने का भगीरथ प्रयास कर रहे हैं। इससे पाठकों को उनके चिंतन की गूढ़ता के अतिरिक्त यह भी समझने में सहायता मिलेगी कि किस तरह उन्होंने अपने जीवन को एक मिशन की ओर निर्देशित कर दिया। उन्हें ठीक से समझने के लिए हम उनके जीवन से जुड़े कुछ प्रसंगों, घटनाओं व दुर्घटनाओं का भी वर्णन करेंगे। इस तरह हम उन्हें समग्र रूप से समझ सकेंगे। उन्होंने हर तरह की चुनौती को स्वीकार करते हुए उनपर पूरे दिल से काम किया। असफल होने पर वे अपनी नकारात्मक भावनाओं को काबू करके अधिक मजबूत व्यक्ति के रूप में सामने आते थे। यही उनके चरित्र की सबसे बड़ी खूबसूरती है और इसी कारण वे अब तक के सर्वाधिक लोकप्रिय व्यक्तियों में से एक हैं।

उनकी आत्मा को शांति मिले!

—ए. के. गांधी

अनुक्रम

1

अदम्य भावना

विशाल बगीचे के सामने बनी स्कूल की बिल्डिंग के शिखर पर तिरंगा अपनी पूरी शान सहित फहरा रहा था। हम मुख्य द्वार की ओर जानेवाली पतली सी सड़क के दोनों ओर कतार लगाए खड़े थे। प्रधानाचार्यजी ने उदारता दिखाते हुए मुझे शिक्षकों के साथ खड़े होने की अनुमति दे दी थी। मैं उन्हीं में से एक लग रहा था। मेरे हाथों में फूलों की पँखुड़ियों से भरा कटोरा था। मैं रह-रहकर सड़क की ओर देख रहा था। स्पष्ट था कि हम किसी ऐसे विशिष्ट व्यक्ति की राह देख रहे थे, जिन्होंने सबका दिल जीत लिया था। हम वहाँ किसी और की नहीं, बल्कि डॉ. ए.पी.जे. अब्दुल कलाम की प्रतीक्षा कर रहे थे।

उनके दर्शनों का प्रत्येक अवसर मेरे लिए विशेष दिन हो जाता था। आखिर वे सशस्त्र सेनाओं के सर्वोच्च कमांडर थे, जिसका मैं भी हिस्सा रहा था। एक सिपाही हमेशा सिपाही रहता है, फिर चाहे वह रिटायर ही क्यों न हो जाए। अपने सर्वोच्च कमांडर की एक झलक किसी भी सिपाही के हृदय को आशा व उम्मीद से भर देती है। यह उन दो कारणों में से एक था, जिसके चलते मैं प्रधानाचार्यजी को मुझे वहाँ खड़े होने देने के लिए राजी कर सका। इस अवसर पर मैंने अपने सीने पर भारतीय वायुसेना की सेवा के दौरान मिले सभी पदक सजा रखे थे। उनसे मेरा एक और नाता था। उन्हें देश भर से लोग अपनी-अपनी भाषाओं में पत्र लिखा करते थे। उन्हें जब भी हिंदी में कोई पत्र या प्रतिवेदन प्राप्त होता तो उसे अनुवाद के लिए मेरे ही पास भेजा जाता। मुझे वे सभी बहुत रुचिकर लगते। शुरुआत में मैंने डॉ. कलाम को भी अन्य वी.आई.पी. जैसा ही समझा। लेकिन उन पत्रों द्वारा मुझे उनकी अपने मिशन के प्रति ईमानदार गंभीरता का अंदाजा हुआ। वे उनपर

अपने हाथों से नोट्स लिखते। तभी निकट की कतार में खड़े छात्रों की खनखनाती हँसी से भंग हुई शांति मुझे विचारों से बाहर खींच लाई। हालाँकि उनके शिक्षक की घूरती निगाहों से वहाँ एक बार फिर शांति कायम हो गई।

लेकिन ऐसा बहुत देर चला। शीघ्र ही एक चमचमाती व लंबी कार द्वार पर रुकी और उसमें से वे सज्जन बाहर निकले, जिनकी हम इतनी व्यग्रता सहित प्रतीक्षा कर रहे थे। अपने सामने कतारबद्ध खड़े बच्चों को देखकर उनके चेहरे पर मुसकान आ गई। लेकिन इससे पहले वे वहाँ के परिवेश का जायजा लेना चाहते थे। सिर उठाकर ऊपर देखते ही उन्हें सामने पूरे गर्व सहित फहराता हुआ तिरंगा दिखाई दिया। उन्होंने फौरन अपना दाहिना हाथ उठाया और सलाम किया तथा पुनः बच्चों की ओर देखने लगे। मैं समझ नहीं सका कि वे तिरंगे को सलाम कर रहे थे या बच्चों को ? उनके दिल में उन दोनों ही के लिए एक समान जगह थी।

प्रधानाचार्यजी ने डॉ. कलाम का स्वागत किया और उनके ऊपर फूलों की वर्षा होने लगी। जब वे हमारे बीच से निकले तो मैंने उन्हें वायुसेना शैली में सैल्यूट किया। उन्होंने मेरी ओर देखा। संभवतः वह मेरे भीतर के उस सैनिक को पहचान गए, जिसकी गवाही मेरे सीने पर लगे चमकदार मेडल दे रहे थे। उनके चेहरे पर मुसकराहट आ गई। उस पल मेरे दिल की धड़कन सौ गुना बढ़ गई थी। तत्पश्चात् वे स्कूल में प्रवेश कर गए और शिक्षक भी छात्रों को सभागार की ओर भेजने लगे।

मैं उस महान् शख्सियत के साथ बीते किसी भी अवसर को विस्मृत नहीं कर सकता। वे कुछ न कहते हुए भी प्रेरित करते थे। जब वे बोलते तो श्रोताओं को अपने स्पष्ट व ईमानदार विचारों द्वारा सम्मोहित कर लेते। एक बार उनका साथ मिलने पर व्यक्ति पुनः उनका साथ पाने का अवसर खोजता था। संभवतः यही वह कारण था कि उनके मेरे शहर के पास का दौरा करने की बात सुनकर मैं स्वयं को यहाँ आने से रोक नहीं सका।

दुर्भाग्यवश, उनकी मृत्यु से ऐसा खालीपन आ गया है, जिसे भरा नहीं जा सकता। वे वास्तव में 'जनता के राष्ट्रपति' थे। आगामी पृष्ठों पर हम उनके जीवन के विविध मोड़ों पर उनके व्यक्तित्व के नए पहलू देखते हुए यह जानने का प्रयास करेंगे कि उन्हें ये शानदार उपनाम किस तरह प्राप्त हुए।

डॉ. कलाम को बच्चों व युवाओं का साथ बहुत पसंद था। संभवतः इस तरह वे उनमें 'विजन' विकसित करना चाहते थे। वे चाहते थे कि जीवन के प्रत्येक पहलू को विज्ञान की दृष्टि से देखा जाए। हालाँकि वे यह भी जानते थे कि विज्ञान अपने आप में संघर्ष का कारण है। ऐसे तमाम प्रसंग मौजूद हैं, जहाँ इसके कारण

लोगों, जातियों, राष्ट्रों—यहाँ तक कि गठबंधन के बीच भी—संघर्ष हुए हैं। ऐसा हमेशा से होता रहा है। ऐसे ही कुछ संघर्ष आज भी जारी हैं। विज्ञान के प्रकाश में रहने पर भी वे इस तथ्य से अनजान नहीं थे कि कई बार विज्ञान भी मनुष्यों के लिए विध्वंसकारी साबित हुआ है। वे बिलकुल नहीं चाहते थे कि संसार का इतना घिनौना अंत हो; बल्कि वह जीवन को और अधिक बेहतर स्वरूप देना चाहते थे। उन्हें इसलामी सिद्धांत 'मी रफात' में इसी विचार की झलक दिखाई दी। उनके अनुसार, इस शब्द के मायने बहुत व्यापक हैं तथा यह बौद्ध धर्म के सुपरिचित शब्द 'बोधि' (प्रबोधन या आत्मबोध) या हिंदू धर्म के 'मुक्ति' (निर्वाण) का समरूप है। वे युवाओं के बीच जाकर यह कहते थे कि हमें शिक्षा को सामान्य अर्थों में लेते हुए उसे केवल कोई कौशल सीखने या अपनी आजीविका कमाने तक ही सीमित नहीं कर देना चाहिए। वे शिक्षा की भूमिका को इस सीमित संकल्पना से कहीं आगे तक देखते थे। वे उनके भीतर सही निर्णय व बुद्धिमत्ता की भावना अंतर्निविष्ट करना चाहते थे। वे शिक्षा को ऐसा संगम बनाना चाहते थे, जहाँ विभिन्न संस्कृतियों के रंग मिश्रित होकर एकाकार हों और अन्य सभी रंगों को पीछे छोड़ते हुए ऐसी राष्ट्रीय पहचान के तौर पर उभरें, जो अंतरराष्ट्रीय समुदाय के लिए भी हितकारी हो। वे अकसर इतिहास के उन असंख्य क्षणों की ओर ध्यान आकर्षित करते थे, जो संसार में भयानक दुःख व उथल-पुथल का कारण बने थे। वे युवा मन को इनसे सुरक्षित रहने की सलाह देते थे। उनके अनुसार, युवाओं में स्वतंत्र मनोभाव व व्यावहारिक बुद्धिमत्ता से ही कुछ आशा बँधती है। केवल उनसे ही ऐसी सुरक्षा मिल सकती है, जो संसार को और अधिक दुःख, घबराहट व उथल-पुथल से बचा सके। यह उनका प्रिय विषय था। आई.आई.एम., शिलांग में अपने अंतिम व्याख्यान में वे इसी विषय पर बोल रहे थे। हमेशा के लिए चुप होने से पहले वे छात्रों को इस संसार को निवास हेतु और बेहतर स्थान बनाने के संबंध में परामर्श दे रहे थे।

वे स्वयं महान् वैज्ञानिक थे, इसके बावजूद वह बच्चों को विज्ञान का उपासक नहीं बल्कि 'विचारवान् वैज्ञानिक' बनाना चाहते थे। शिक्षा कोई ऐसी वस्तु नहीं, जिसका कुछ ही वर्षों में आविष्कार कर लिया गया हो; बल्कि इसमें कई युगों की आकांक्षाएँ व महत्त्वाकांक्षाएँ समाविष्ट हैं। इस दौरान घटी प्रत्येक घटना से इसने सीख ली है, जिससे इसकी संस्कृति व सभ्यता ने आकार लिया। इसके बाद भी यह एक ऐसा साधन है, जिसमें समय के साथ परिवर्तन करना आवश्यक है। यह ज्ञान के मंदिर ही इस सदियों पुराने ज्ञान को युवा मस्तिष्क में हस्तांतरित करते हैं। इसलिए यह जरूरी है कि वे सही मानसिकता के साथ इसे अपने हृदय व आत्मा में

अंतर्निविष्ट करें। जैसे कोई भी व्यक्ति सबसे पृथक् रहकर जीवित नहीं रह सकता, उसी तरह कोई भी आस्था या संस्कृति पृथक् रहकर जीवित नहीं बच सकती। मनुष्य एक सामाजिक प्राणी है। समाज में रहते हुए ही उसकी प्रगति सुनिश्चित हो सकती है। जिस भी व्यक्ति को समाज की आवश्यकता नहीं, वह या तो पशु होगा या फिर ईश्वर। डॉ. कलाम बच्चों को इनमें से कुछ नहीं बनाना चाहते थे। वे उन्हें ऐसा मनुष्य बनाना चाहते थे, जिसका वैज्ञानिक कौशल सांस्कृतिक विशिष्टता से बुना हुआ हो और जिसकी निगाहें मनुष्य द्वारा अपने जीवनकाल में हासिल होने वाली प्रगति के उच्चतम स्तर पर टिकी होनी चाहिए।

डॉ. कलाम ने बहुत शानदार जीवन बिताया। उन्होंने देश-विदेश में अपना भरपूर योगदान दिया। वे उस प्रतिष्ठा की छाँव में आराम करते हुए अपनी कड़ी मेहनत के फल का आनंद ले सकते थे। लेकिन नहीं, वे अपनी अंतिम साँस तक युवा छात्रों के बीच रहे, जिससे उनके बाद भी उनका जीवन-उद्देश्य विस्मृत न हो सके। 27 जुलाई, 2015 को हम उन्हें अपना पसंदीदा कार्य आई.आई.एम., शिलांग में छात्रों के साथ बात करते हुए गिरने के दुःखद दृश्य के साक्षी रहे। आज वे हमारे बीच नहीं हैं, लेकिन उनकी अदम्य भावना आज भी हमारे हृदय व मन पर छाई हुई है। यह पुस्तक उस महान् आत्मा की प्रशस्ति का एक साधन मात्र है।

□

2

प्रारंभिक जीवन

रामेश्वरम ऐसा तीर्थस्थल है, जहाँ प्रत्येक हिंदू अपने जीवन में एक बार अवश्य जाना चाहता है। साथ ही वहाँ प्रतिवर्ष आनेवालों की संख्या भी कुछ कम नहीं है। महर्षि वाल्मीकि द्वारा लिखित ग्रंथ 'रामायण' के अनुसार, इसी स्थल पर भगवान् राम ने सत्य व असत्य या रावण के साथ हुए प्रसिद्ध युद्ध में अपने हाथों हुए किसी भी पाप से दोष-मुक्ति के लिए भगवान् शिव का पूजन किया था। भगवान् राम द्वारा पूजित होने के बाद भगवान् शिव को मिले नए उपनाम 'राम के ईश्वर' के शाब्दिक अर्थ में इस जगह का नाम रामेश्वरम पड़ गया। हिंदुओं के लिए यह स्थान विशिष्ट है, इसलिए उनके दल के दल यहाँ तीर्थ-यात्रा के लिए आते रहते हैं।

मध्यकाल में यहाँ इसलाम का उदय हुआ। मुसलिम शासकों के दौर में यहाँ इसलाम की बहुत तरक्की हुई। वर्तमान समय में यहाँ उचित मात्रा में सभी तरह की मिश्रित सभ्यता दिखाई देती है, क्योंकि सन् 1795 में ब्रिटिश शासन के दौरान यहाँ ईसाई धर्म ने भी अपनी उपस्थिति दर्ज करा ली थी।

इसी बहु-सांस्कृतिक, बहु-धार्मिक व बहु-जातीय समाज में 15 अक्तूबर, 1931 को जैनुलाबदीन व आशिमा को पुत्र-रत्न की प्राप्ति हुई। वे बेहद साधारण लोग थे। उनका घर पंबन द्वीप पर रामनाथस्वामी मंदिर के निकट था। बचपन से ही छोटे से अब्दुल महसूस करते थे कि उनके आस-पास की प्रत्येक वस्तु किसी बड़ी वस्तु का ही हिस्सा है। उनके लिए मसजिद से आई अजान की आवाज, गिरजाघर की घंटियाँ तथा मंदिर का संगीत—ये सभी अपनी विशिष्ट पहचान कायम रखते हुए व्यापक अर्थों में एकरूप होकर इस स्थान को पूर्ण होने में सहायता देते थे। यह परिदृश्य अपने आप में पूर्ण दिखाई देता है; लेकिन समुद्र व उसकी उफनती

हुई लहरें, चाँद व उसकी चमचमाती चाँदनी, सीगल पक्षी व उसके पंखों की फड़फड़ाहट, रेत व उस पर बने हवा के पद-चिह्न, समुद्र के तट पर खेलते और शंख जमा करते बच्चे, आंतरिक शांति में वहाँ आए तीर्थयात्रियों जैसे अन्य तत्त्व व बाकी सब उन्हें उस महान् व दिव्य व्यवस्था का हिस्सा दिखाई देते थे।

मनोविज्ञान कहता है कि मनुष्य अपनी आनुवंशिकता व वातावरण का मिला-जुला रूप होता है। परिवार द्वारा प्रेम से 'आजाद' कहे जानेवाले अब्दुल कलाम जैनुलाबदीन व आशिमा के मध्य वर्गीय परिवार के पाँच बच्चों में से अंतिम थे। उनके परिवार का आर्थिक व शैक्षिक स्तर बहुत अच्छा नहीं था। उनकी माँ एक प्रसिद्ध तमिल मुसलिम परिवार से थीं। उनके पुरखों में से किसी को ब्रिटिशों ने 'बहादुर' का खिताब दिया था। 'आजाद' के जन्म के कुछ ही दिन बाद उनके पिता जैनुलाबदीन अपने निर्दोष चरित्र व सौहार्दपूर्ण व्यवहार के चलते स्थानीय मसजिद के इमाम बना दिए गए। उनके अन्य धार्मिक प्रमुखों के साथ भी सामंजस्यपूर्ण रिश्ते रहे। उनमें रामेश्वरम मंदिर के मुख्य पुरोहित पक्षी लक्ष्मण शास्त्री, सेंट एंटनी चर्च, ओरियुर का निर्माण करनेवाले ईसाई पादरी फादर बोडल शामिल थे।

विविध आस्थाओं के इस महान् मिलाप के बीच पले-बढ़े आजाद पर हिंदू तीर्थ-यात्रियों की इतनी बड़ी संख्या में उपस्थिति का प्रमुख रूप से प्रभाव पड़ा। वे ऐसे व्यक्ति के रूप में बड़े हुए, जिसे बहुत से लोग 'धर्मनिरपेक्ष' की संज्ञा देना चाहेंगे। उन्होंने देखा कि किस तरह उनके आस-पास के लोग अपने धर्म से जुड़े रहकर भी अन्य लोगों को सम्मान देने के लिए अपने धार्मिक नियमों में ढील देकर सांस्कृतिक सामंजस्य को बढ़ावा देते हैं। इस बालक को केवल घर में ही नहीं, बल्कि बाहर भी भरपूर प्रेम प्राप्त हुआ। उन्होंने आजीविका कमाने के लिए अपना पारिवारिक पेशा सीखा। उन्होंने अपनी जरूरतें पूरी करने के लिए अपने परिवार ही नहीं बल्कि बाहर के लोगों का भी संघर्ष देखा था। इससे उनमें श्रम के सम्मान की भावना जाग्रत् हुई। लेकिन उन्हें अपने जीवन में इससे कहीं अधिक ऊँचा मुकाम हासिल करना था। इस हेतु उनके माता-पिता ने उनकी पढ़ाई पर खास ध्यान देना शुरू किया। इसकी एक वजह यह भी थी कि शिक्षा के मामले में वे अपने भाई-बहनों से बेहतर थे।

उन्होंने केवल स्कूल ही नहीं, बल्कि घर से भी शिक्षा प्राप्त की। दोनों स्थानों से मिली यह शिक्षा उन्हें केवल शब्दों या वाक्यों के रूप में नहीं, बल्कि जीवन के विविध अनुभवों के रूप में मिली। माता-पिता की आधुनिक सोच होने से उन्हें अच्छा वातावरण मिला। उन्हें अपने धर्म के अन्य बच्चों के साथ अरबी स्कूल भेजा

गया। लेकिन उनके पिता चाहते थे कि जीवन के प्रति उनका दृष्टिकोण अधिक व्यापक हो। इसलिए उन्होंने अन्य विषयों के अध्ययन हेतु अब्दुल को गाँव के प्राथमिक विद्यालय में दाखिल करवा दिया। इस स्थान पर विविध संस्कृतियों व आस्थाओंवाले बच्चे साथ मिलकर हिंदू शिक्षक से पढ़ा करते थे। जल्द ही कलाम की मासूमियत व बुद्धिमत्ता ने उनके शिक्षकों का ध्यानाकर्षण किया। विशेष रूप से एक शिक्षक मुथु अय्यर ने उस बालक में ऐसी भावना भर दी, जिसकी बदौलत वे अपने जीवन की सभी बाधाओं को पार कर सके। इन शिक्षक महोदय ने उनमें अनुशासन व अनुराग का ऐसा भाव भर दिया, जिसके चलते समय आने पर वे अपने व्यक्तित्व द्वारा क्षितिज के सूर्य की तरह दमक सके। निस्संदेह वे शिक्षक उनके पारिवारिक मित्र बन गए।

डॉ. कलाम के किसी भी धार्मिक शिक्षक या विद्वान् के साथ सहजता अनुभव करने का कारण उनके बचपन में छिपा है। उनके आस-पास के वातावरण की इस मिश्रित आस्था को उनके मित्रों ने और अधिक बढ़ा दिया। उनके सबसे अच्छे मित्र रूढ़िवादी ब्राह्मण परिवारों से थे। उनके बीच का रिश्ता इतना प्रगाढ़ था कि उनमें से रामनाथन शास्त्री, अरविंदन तथा शिवप्रकाश के नाम व घटनाएँ उन्हें हमेशा याद रहीं। यदि कोई उन सबके बीच के अंतर की बात करता तो आजाद सोच में पड़ जाते कि क्या वे चावल किसी और तरह से खाते हैं या वे अपनी माँ को कुछ अलग तरह से प्रेम करते हैं?

उस समय उनका शहर जीवन जीने के अपने युगों पुराने सामंजस्यपूर्ण व सुसंगत तरीके पर चल रहा था। वहीं भारत के अन्य हिस्सों में सांप्रदायिक तनाव व उथल-पुथल दिखाई दे रही थी। स्वतंत्रता के निकट होने से इनमें और वृद्धि हो गई थी। कुछ घटनाओं ने इन संप्रदायों के बीच के आपसी रिश्तों को और अधिक प्रगाढ़ बना दिया था, जिसमें आजाद के परिवार का भी पूरा योगदान था। एक ऐसी ही घटना में उनके परदादा ने उस समय स्थानीय रामनाथ स्वामी मंदिर की मूर्ति की रक्षा की थी, जब वह मूर्ति परिक्रमा समारोह के दौरान तालाब में जा गिरी। मूर्ति के जल में डूबते ही लोग सकते में आ गए, क्योंकि यह उनके लिए किसी अनहोनी के समान था। लेकिन आजाद के परदादा ने आव देखा न ताव, तुरंत पानी में कूद गए और अपनी भुजाओं में मूर्ति को लिये हुए तालाब से बाहर निकले। क्या इससे वह मूर्ति अपवित्र हो गई? यह तुच्छ विचार किसी के भी दिमाग में नहीं आया। वे सभी अपने उस उद्धारक को नायक मान रहे थे। सम्मान के तौर पर उन्हें प्रतिवर्ष उस समारोह के अवसर पर 'मुदल मर्यादी' के सम्मान से सम्मानित किया

जाता। इसका अर्थ था कि समारोह के अवसर पर प्रतिवर्ष मंदिर सबसे पहले उन्हें सम्मानित करता या उन्हें 'मुदल मर्यादी' प्रदान करता था। उनका दूसरे धर्म से जुड़ा होना इसमें कभी आड़े नहीं आया। इस तरह के सामंजस्यपूर्ण वातावरणवाले शहर में आजाद का पालन-पोषण हुआ।

विज्ञान से उनका परिचय और उनकी सामान्य प्राकृतिक सामग्री से श्रेष्ठ चीजें बनाने की शुरुआत बहुत कम उम्र में ही हो गई थी। जब उनके पिताजी ने तीर्थयात्रियों को धनुषकोडि ले जाने के लिए लकड़ी की नाव बनाने का व्यापार आरंभ किया, उस समय कलाम छह वर्ष के भी नहीं हुए थे। वास्तव में, उस द्वीप पर आनेवाले यात्रियों की बड़ी संख्या ही स्थानीय लोगों की आजीविका का साधन थी। आजाद का परिवार भी उन्हीं में से एक था। छोटा सा बालक आजाद अपने पिता और अहमद जलालुद्दीन को नाव बनाते देख रहा था। बाद में जलालुद्दीन ने आजाद की बहन जोहरा से विवाह किया। जब वे दोनों लकड़ी को काट-छाँटकर नाव का आकार दे रहे थे, उस दौरान वहाँ खड़ा यह बालक उन्हें काम करता देख उसे समझने का प्रयास कर रहा था। इस दौरान वह उनकी हर तरह से सहायता करने का प्रयास करता; हालाँकि छोटा होने के कारण वह कुछ अधिक नहीं कर पाता था। जब उनके पिता ने उन्हें लकड़ी के दो कुंदों के अलग भाग्य होने की बात, उसका अर्थ तथा उन्हें पानी से किस तरह बचाया जाता है, यह बताया तो उन्होंने इसे बहुत चाव से सुना। वे अपनी कल्पना में एक ही पदार्थ के भिन्न प्रकारों के बीच का सूक्ष्म अंतर पहचानने लगे। अब वे कौतूहलपूर्वक विभिन्न प्रकार के कपड़ों को छूकर उनमें लकड़ी के कुंदों की ही भाँति अंतर को समझने का प्रयास करने लगे।

नाव के तैयार होकर नदी में उतर जाने के बाद आजाद को छुट्टियों के दौरान तीर्थयात्रियों के साथ यात्रा पर जाने का अवसर मिल जाता। इस दौरान उनका देश की राष्ट्रीय संस्कृति के विभिन्न रंगों से संपर्क बना। इससे प्राप्त अनुभव ने उनके दृष्टिकोण को और अधिक व्यापक व समृद्ध बना दिया। वे जब तक उत्तर से संतुष्ट नहीं हो जाते, तब तक बारंबार प्रश्न पूछते रहते। एक नवोदित वैज्ञानिक के लिए प्रश्न पूछना सबसे बड़ा खजाना है और वे यही करते थे। बड़े होने के बाद भी डॉ. कलाम ने कुछ सीखने के इच्छुक बच्चों को अपने पास से कभी निराश नहीं लौटाया। वे कहते थे कि "यह 'क्या' और 'क्यों' ही उनके भीतर वैज्ञानिक भावना को अंतर्निविष्ट करते हैं।"

बालक कलाम जब भी नाव में यात्रा करते तो तीर्थयात्रियों की बातें सुना करते। वे अकसर उनसे अपने बाल सुलभ प्रश्न पूछते रहते, जो समय के साथ

अधिक जानकारीपूर्ण होते गए। उन्हें आश्चर्य होता कि वानर सेना ने किस तरह पुल बनाया होगा! वे अकसर इसका कारण रहे वैज्ञानिक तथ्यों को खोजने का प्रयास करते रहते। तीर्थयात्री समाज, राजनीति, व्यापार व विज्ञान जैसे विविध विषयों पर बात करते। इससे उनके ज्ञान का दायरा बहुत व्यापक हो गया। वे बातें उन्हें मोहित करतीं और वे अपनी जानकारी के अनुसार इनपर अनुमान लगाते रहते। उन्हें जो समझ नहीं आता, उस विषय में वे उन तीर्थयात्रियों से प्रश्न करते तथा बाद में अपने पिता व जलालुद्दीन से उनके बारे में और अधिक जानने का प्रयास करते। उनसे भी जिज्ञासा शांत न होने पर वे इस बारे में अपने शिक्षकों से पूछते। इस तरह उनका रचनात्मक मन आकार लेने लगा। इन छोटी-छोटी जलयात्राओं से समुद्र के प्रति उनका प्रेम और अधिक प्रगाढ़ हो गया। उन्हें उफान मारती लहरों का साथ अच्छा लगता। उसमें से उन्हें विविध तरह की सीपियाँ प्राप्त होतीं, क्षितिज पर सीगल उड़ते दिखाई देते, सूर्य जल में डूब जाता और लोग नारियल के पेड़ पर चढ़ते-उतरते। उन्हें सबसे अधिक समुद्री पक्षी आकर्षित करते। उनका उड़ना, मुड़ना, बहुत ऊपर जाना और फिर गोता लगाना उन्हें बहुत पसंद था।

कक्षा में घटी एक घटना ने इसमें उनकी रुचि और बढ़ा दी। एक बार उनके शिक्षक मुथु अय्यर कक्षा में पक्षियों की उड़ान के बारे में पढ़ा रहे थे। अय्यर उन नन्हे बच्चों को पक्षियों के आहार और आनंदित अवस्था में उड़ान भरने व गोता लगाने आदि के बारे में बता रहे थे। भरसक प्रयास के बाद भी आजाद इस विषय को समझ नहीं पा रहे थे। उन्होंने यह बात अपने शिक्षक को बताई। यह सुनकर अय्यर सभी बच्चों को समुद्र के किनारे ले गए और उन्हें प्रत्यक्ष दृष्टांत दिया कि पक्षी किस तरह अपने पंख फड़फड़ाते हैं, पूँछ कैसे हिलाते हैं और किस तरह वे अपने सिर को ऊपर-नीचे करते हैं और किस तरह उनकी यह सभी गतिविधियाँ उड़ते समय उनकी सहायता करती हैं। यह प्रायोगिक अभ्यास अत्यधिक रुचिकर व ज्ञान-गर्भित साबित हुआ। बालक आजाद के लिए यह बहुत अच्छा रहा। उन्होंने जीवन भर के लिए एक बेहतरीन सबक सीखा—प्रत्येक वस्तु का सूक्ष्मता सहित अवलोकन करना।

अब यह मासूम बालक चीजों को एकाधिक परिप्रेक्ष्य में देखने लगा था। आजाद को प्रकृति पसंद थी। लेकिन वे उसके पीछे के वैज्ञानिक तथ्यों के बारे में विचार करते। वे बहुत से प्रश्न पूछना चाहते थे। वे अकसर पूछते कि लहरें क्यों उफनती हैं, सूर्य क्यों डूब जाता है, दोपहर के सूर्य की ओर क्यों नहीं देखना चाहिए, पानी क्यों उबलता है? और ऐसे ही बहुत से प्रश्न थे। उनका कोमल

मस्तिष्क अब आकार लेने लगा था।

आजाद को आज भी याद है कि परिवार में आर्थिक तंगी के बावजूद बचपन में उनकी भोजन, दवाओं व कपड़ों जैसी आवश्यकताओं में कभी कोई कमी नहीं हुई। इस तरह उन्होंने अपने माता-पिता की प्रेमपूर्ण व जागरूक छत्रच्छाया में एक सुरक्षित बचपन बिताया। विविध माध्यमों से सीखते हुए आजाद बड़े होने लगे। आजाद अपनी माँ को याद करते हुए बताते थे कि वे प्रतिदिन घर के लोगों के लिए भोजन बनातीं और उन्हें बहुत प्यार से खिलाया करतीं। वे अकसर अपनी माँ के साथ भोजन किया करते थे। वे उन्हें केले के पत्ते पर चावलों के बीच सुवासित साँभर के साथ घर में बने विभिन्न तरह के अचार व नारियल की चटनी परोसा करतीं। डॉ. कलाम मानते हैं कि अपनी माँ के हाथ से बने खाने से अधिक स्वादिष्ट खाना कोई नहीं हो सकता। यह बात सभी पर खरी उतरती है।

डॉ. कलाम को अपनी माँ के प्रेम की स्मृति जीवन भर बनी रही। द्वितीय विश्व युद्ध के दिनों में सब लोगों के लिए पर्याप्त अन्न नहीं मिल पाता था। उन दिनों उनकी माँ चावलों की जगह चपाती बनाया करती थीं। बालक आजाद अपने अन्य भाई-बहनों के साथ बैठकर भोजन करते। दिन भर के खेल के बाद वे बहुत भूखे व थके हुए होते और इस कारण कभी-कभी वह अपनी माँ के हिस्से का भोजन भी खा जाते। उन्हें अपनी भूल का तब अहसास होता, जब उनके बड़े भाई उन्हें उठने के लिए कहते हुए समझाते कि उनके पास सबके लिए दो या तीन रोटियों का सीमित भोजन ही है। वे कठोर होकर कहते, "अम्मा तुम्हें कभी 'न' नहीं कहतीं। तुम खाते रहते हो, वे तुम्हें खिलाती रहती हैं—और फिर रात को वे भूखी रह जाती हैं।"

यह शर्मिंदगी की बात थी। लेकिन उन्होंने इससे एक महत्त्वपूर्ण सबक सीखा कि आप अपने आस-पास के लोगों की जरूरतों को अनदेखा नहीं कर सकते।

आजाद के बड़े परिवार में दस भाई-बहन थे। बचपन में उन्हें कभी ऊब का सामना नहीं करना पड़ा, क्योंकि उनके साथ खेलने के लिए अपने भाई-बहनों के अलावा अन्य निकट व दूर के रिश्तेदारों के बच्चे भी थे। इन सब बच्चों में से कलाम अपनी बड़ी बहन जोहरा के सबसे निकट थे। वे स्कूल जाने के अलावा घर की साफ-सफाई तथा खाना बनाने जैसे कामों में माँ का हाथ बँटातीं। वह भी आजाद के लिए माँ जैसी ही थीं। इसका कारण यह था कि बचपन में कलाम एक स्वप्नदर्शी बालक थे। उन्हें अन्य बच्चों की तरह शरारतें करने तथा दूसरों का मजाक उड़ाने में कोई रुचि नहीं थी। उन्हें पुस्तक या कुछ भी पढ़ते रहने का शौक

था और जोहरा यह सुनिश्चित करती थीं कि इस दौरान कोई उन्हें परेशान न करे। साथ ही वे उनकी सभी जरूरतों का भी खयाल रखतीं।

आजाद शाम की नमाज के लिए अपने पिता जैनुलाबदीन के साथ स्थानीय पुरानी मसजिद जाया करते थे। प्रार्थनाएँ अरबी में होने के कारण नन्हे आजाद उसका अर्थ नहीं समझते थे; लेकिन वे उनके अल्लाह तक पहुँचने को लेकर सुनिश्चित थे। उनके पिता में कुछ दिव्य था। इस कारण जब भी उनके पिता मसजिद से बाहर निकलते तो विभिन्न धर्मों के लोग हाथ में पानी से भरा कटोरा लिये उनकी प्रतीक्षा कर रहे होते। उनके पिता उस पानी में अपनी उँगलियाँ डुबोकर कोई प्रार्थना करते। यह पानी रोगियों के लिए होता था। उन्हें याद है कि बहुत से लोग रोग-मुक्त करने के लिए उनके पिता को धन्यवाद देने आया करते थे। जबकि उनके पिता इसे ईश्वर की अनुकंपा मानते थे।

आजाद की परवरिश आध्यात्मिकता से परिपूर्ण वातावरण में हो रही थी। उनका जिज्ञासु मन आध्यात्मिकता समेत जीवन के विविध विषयों पर बहुत से प्रश्न पूछना चाहता था। एक बार जब उनके पिता अपने मित्र पक्षी लक्ष्मण शास्त्री के साथ बैठे थे तो उन्होंने अपने पिता से प्रार्थना करने का औचित्य पूछा। उनके पिता ने कहा कि प्रार्थना व्यक्ति को अपने शरीर को परिवर्तित कर ब्रह्मांड से एकाकार होने में सहायता करती है, जहाँ किसी भी तरह का सांसारिक विभेद कोई मायने नहीं रखता। एक जटिल विचार के इतने सरल स्पष्टीकरण ने उन्हें आध्यात्मिकता को सही परिप्रेक्ष्य में समझने में सहायता की। उन्होंने सीखा कि मानव सबसे पहले मनुष्य है—'इस सर्वव्यापक दिव्य व्यवस्था में प्रत्येक मनुष्य एक विशिष्ट तत्त्व है।' आजाद ने लोगों को रोगियों के लिए जल ले जाते देखा था। इस संबंध में उनके पिता के स्पष्टीकरण ने उनके मन में वैज्ञानिक आध्यात्मिकता के बीज बो दिए। उन्होंने कहा कि परेशान होने पर मानव किसी संबल या तारक की खोज करता है। लोग उनसे जल लेने आते हैं, क्योंकि वे इसे दिव्यात्मा के साथ अपने संबंध के रूप में देखते हैं। हालाँकि ऐसा करना ठीक नहीं है। उन्होंने आजाद को भाग्य के प्रति भयग्रस्त दृष्टिकोण तथा प्रत्येक मानव के भीतर रहनेवाले ईश्वर के दृष्टिकोण के बीच का अंतर समझने को कहा। आखिरकार, डॉ. कलाम आश्वस्त थे कि कोई दिव्य शक्ति अवश्य है, जो लोगों को उनके भ्रम व दुःखों से बाहर निकालकर उनके वास्तविक स्थान की ओर उनका मार्गदर्शन करती है। इसके अलावा, उन्होंने यह भी सलाह दी कि व्यक्ति को उस भावनात्मक व भौतिक रिश्ते को मजबूत करना चाहिए, जिसके द्वारा वे स्वतंत्रता के मार्ग पर अग्रसर होकर अंत में आनंद व मन

की शांति तक पहुँच सकें।

बालक आजाद के आध्यात्मिक विचारों को आकार देने में अहमद जलालुद्दीन ने भी उनकी भरपूर सहायता की। उन दोनों का परिचय उस समय हुआ, जब जैनुलाबदीन ने रामेश्वरम से धनुषकोडि की तीर्थयात्रा में उपयोग होनेवाली लकड़ी की नाव बनाने का कार्य आरंभ किया। जलालुद्दीन आजाद से लगभग पंद्रह वर्ष बड़े थे; लेकिन जल्द ही उन दोनों में निकट का रिश्ता बन गया। बल्कि यही वो पहले व्यक्ति थे, जिन्होंने इस बच्चे को 'आजाद' नाम से पुकारना आरंभ किया। वे दोनों अकसर अपना खाली समय सड़कों या समुद्र-तट पर घूमते हुए व्यतीत करते। वहाँ के वातावरण में व्याप्त आध्यात्मिकता के कारण उनकी बातचीत उस व्यापक व्यवस्था के संबंध में ही होती। जब वे किसी आस्थावान् भक्त की तरह भगवान् शिव के मंदिर की परिक्रमा करते तो उन्हें अपने भीतर ऊर्जा प्रवाहित होती महसूस होती। उस बच्चे के पास ईश्वर से जुड़े बहुत से प्रश्न थे और जलालुद्दीन ने उन सभी के उत्तर दिए। बालक को विश्वास हो गया कि समुद्र में स्नान करने तथा भक्तिपूर्वक मंत्र जाप करनेवाले तीर्थयात्रियों की प्रार्थनाएँ भी मसजिद में की गई प्रार्थनाओं की भाँति वास्तव में उसी निराकार ईश्वर तक पहुँचती हैं। इसके बाद वे आश्वस्त हो गए कि सभी धर्म एक समान हैं तथा उपासना-पद्धतियाँ उस एक ही सत्ता तक पहुँचने के केवल भिन्न मार्ग हैं।

लोग अपने सपने पूरे करना चाहते हैं और जब वे स्वयं ऐसा करने में असफल रहते हैं तो अन्य लोगों के द्वारा उन्हें पूरा करने की आशा करते हैं। जलालुद्दीन के साथ भी कुछ ऐसा ही था। अपने परिवार की आर्थिक तंगी के चलते वे स्कूल से आगे की पढ़ाई नहीं कर सके। इसलिए वे चाहते थे कि आजाद पढ़ाई में काफी आगे तक जाएँ। वे उन्हें पूरी मेहनत के साथ पढ़ाई करने और चीजों को अच्छी तरह से समझने को कहते तथा स्वयं भी आस-पास की चीजों के बारे में, जो भी संभव होता, अवश्य बताते। सच तो यह था कि उस द्वीप पर केवल जलालुद्दीन ही अंग्रेजी लिख सकते थे। लोग उनके पास अपना पत्र लिखवाने तथा पढ़वाने के लिए अकसर आते रहते थे, वह लोगों की सहायता करने हेतु सदा तत्पर रहते थे, विशेष रूप से आजाद के लिए, जिन्होंने जीवन के बहुत से रंगों के बारे में उनसे ही सीखा था। जलालुद्दीन ने ही इस बच्चे का नए आविष्कारों, खोज, चिकित्सा-विज्ञान, शिक्षा व अन्य बहुत सी चीजों से परिचय करवाया था। वह उनकी स्कूली शिक्षा के महत्त्वपूर्ण संलग्नक जैसे थे। आजाद उनसे वे सभी प्रश्न पूछते, जिनके उत्तर उन्हें स्कूल में नहीं मिलते। वे उनसे बादलों, वर्षा, रेल के इंजन तथा लहरों

के बाबत प्रश्न पूछते और जलालुद्दीन पूरे धैर्य सहित उनके उत्तर देते थे। जब आजाद कुछ ऐसा पूछते, जिसके बारे में उन्हें जानकारी नहीं होती, तो वे अखबार या अन्य स्रोतों का सहारा लेते।

पहली कमाई

बालक आजाद पर अपने चचेरे भाई शम्सुद्दीन का भी बहुत प्रभाव पड़ा। वे अखबार की एजेंसी चलाते थे और रामेश्वरम के इकलौते वितरक थे। सुबह रेलवे स्टेशन से अखबार लेने तथा समुदाय के 1,000 पढ़े-लिखे लोगों की आवश्यकता की पूर्ति करने हेतु उनके वितरण का कार्य वे अकेले ही सँभालते थे। प्रिंट मीडिया उन्हें देश व दुनिया की जानकारी देने का एकमात्र माध्यम था। 'दिनमानी' शहर का सबसे अधिक पढ़ा जानेवाला अखबार था। आजाद अकसर देखते कि लोग साथ बैठकर आपस में पूरे जोश सहित विभिन्न खबरों पर चर्चा करते हैं। इनमें मौजूदा स्वतंत्रता आंदोलन से लेकर संसार को जल्द ही अपने लपेटे में ले लेनेवाले प्रलय जैसे विषय शामिल रहते। आजाद अभी पढ़ना नहीं जानते थे, इसलिए वे दूसरों से सुनी बातों के आधार पर अपने विचार तैयार करते। उनके अनुसार, शम्सुद्दीन सबकुछ जानते थे।

सन् 1939 में द्वितीय विश्व युद्ध छिड़ने के बाद शम्सुद्दीन के लिए अपने व्यवसाय को अकेले सँभालना मुश्किल हो गया। ब्रिटेन पहले दिन से ही लड़ाई में शामिल था। उसने युद्ध में भारत के उनके पक्ष में होने की घोषणा कर रखी थी। उस समय आजाद केवल आठ वर्ष के थे। वे यह नहीं समझ पा रहे थे कि बाजार में अचानक इमली के बीजों की माँग इतनी कम क्यों हो गई है और यह युद्ध से किस तरह जुड़ा हुआ है? इस युद्ध का स्थानीय प्रभाव यह पड़ा कि रामेश्वरम में रुकनेवाली ट्रेन स्थगित कर दी गई। इसका सीधा अर्थ था कि अब शम्सुद्दीन को अखबार नहीं मिल सकेंगे। क्या इससे उनका व्यापार ठप्प हो जाएगा? सोच-विचार करने पर उन्हें एक रास्ता दिखाई दिया। यदि उन्हें कोई सहायक मिल जाए तो वे अभी भी अपना व्यापार जारी रख सकते हैं। इसी बीच आजाद से उनकी मुलाकात हो गई। शम्सुद्दीन ने उन्हें अपना सहायक बना लिया। अब वे अखबारों का बंडल बनाकर उसे चलती ट्रेन से रामेश्वरम व धनुषकोडि के बीच स्थित रामेश्वरम मार्ग पर फेंक देते। आजाद उन बंडलों को उठाकर अपने पास रख लेते। शम्सुद्दीन वापस लौटकर उनसे वह बंडल लेते तथा अखबार वितरित कर देते। यह इस बालक का पहला वेतन था। इस पहली कमाई ने डॉ. कलाम का सिर गर्व से ऊँचा

कर दिया। उन्होंने इमली के बीजों को जमा कर स्थानीय परचून की दुकानों को बेचकर भी कुछ कमाई की।

इन नए कार्यों में जुट जाने से आजाद व्यस्त रहने लगे। सुबह पौ फटते ही उनके दिन की शुरुआत हो जाती। वे दिन भर 'कुरान' की कक्षा, अखबार वितरण तथा स्कूल में व्यस्त रहते और अपनी माँ व दादी के स्नेहपूर्ण आँचल में घर वापस लौट पाते। माँ आजाद को हर परेशानी से दूर रखतीं। वे अकसर अपना भोजन कलाम को खिला देतीं और जब आजाद इसपर प्रश्न करते तो वे कहतीं कि वे वही कर रही हैं। जो आजाद के लिए जरूरी है। अंततः वे यही कहतीं कि हर माँ ऐसा ही करती है। उनकी सबसे खास बात उनका यह कहना था कि "माँ इसी तरह देख-रेख करती हैं, मेरी चिंता मत किया करो।" वे इस बात पर बहुत भावुक हो उठतीं कि एक छोटे से बच्चे को दिन भर इतनी कड़ी मेहनत करनी पड़ती है। जब थके हुए आजाद सो जाते तो माँ उनके पास लेटकर उनके बालों को सहलाने लगतीं और इस दौरान अकसर उनके आँसुओं की दो बूँदें उनके गालों पर टपक जातीं। वे अपने परिवार की छोटी-छोटी उपलब्धियों में संतुष्ट थीं। उन्हें अपने लिए कुछ नहीं चाहिए था। उनकी इस कार्यशैली से नन्हे से आजाद ने यह सीखा कि आपका कार्य चाहे जितना भी छोटा या बड़ा हो, सबसे महत्त्वपूर्ण उसके प्रति आपकी प्रतिबद्धता है। यह गुण होने पर आप किसी भी कार्य को उसकी उच्चतम प्रतिष्ठा तक पहुँचा सकते हैं।

आजाद अपनी माँ, पिता, स्कूल, समुदाय और निस्संदेह प्रमुख रूप से जलालुद्दीन व शम्सुद्दीन से प्राप्त होनेवाले जीवन के विभिन्न प्रभागों में मिलने वाले विविध प्रभावों के बीच बड़े हो रहे थे। इससे उनका व्यक्तित्व बहुआयामी बन गया। डॉ. कलाम स्वीकार करते हैं कि उस समय के साहचर्य से उनके आगामी जीवन में बहुत अंतर आया। वे अपनी रचनात्मकता का पूरा श्रेय इन दोनों प्रतिभाशाली व्यक्तियों को देते हैं, जो अपने सामने आनेवाली प्रत्येक समस्या का समाधान खोज ही लेते थे। हालाँकि उन्हें बचपन में ही प्रभावित कर लेनेवाली बहुत सी घटनाएँ होना अभी बाकी था।

आप जब भी रूढ़िवादी जीवन व निश्चित आदर्शों के विरुद्ध कुछ करना चाहेंगे तो आपको टकराव व विरोध का सामना करना ही होगा। आजाद को बचपन में यह अनुभव तब प्राप्त हुआ, जब उनके विज्ञान के शिक्षक व उच्च जाति के ब्राह्मण शिव सुब्रह्मण्यम अय्यर ने उन्हें अपने घर भोजन के लिए आमंत्रित किया। उन्हें आजाद में संभावनाएँ दिखाई दीं, इसलिए वे उनका परिचय शहर के उच्च

शिक्षित लोगों से करवाना चाहते थे। हालाँकि उनकी पत्नी रूढ़िवादी महिला थीं। वे अपनी विधिपूर्वक शुद्ध की गई रसोई में एक मुसलिम लड़के को भोजन की अनुमति क्यों देतीं? शिव सुब्रह्मण्यम जानते थे कि ऐसा ही होगा और वे इसके लिए तैयार थे। उन्होंने बालक कलाम को अपने हाथ से भोजन परोसा। इतना ही नहीं, उन्होंने आजाद के साथ ही बैठकर भोजन किया। उनकी पत्नी थोड़ी दूर खड़ी रहकर उन दोनों को ऐसा करते देखती रहीं। आजाद चकित थे कि क्या उन दोनों के खाने, पीने या भोजन के पश्चात् फर्श साफ करने में कोई अंतर था? बाद में, उनसे अत्यधिक स्नेह रखनेवाले उन शिक्षक महोदय ने उन्हें पुनः अपने घर भोजन के लिए आमंत्रित किया। जब आजाद इसे स्वीकारने में हिचकिचाए तो उन्होंने कहा कि जब आप व्यवस्था में बदलाव करना चाहेंगे तो ऐसे हालात बनना अनिवार्य है। प्रगति व आधुनिकता के मार्ग में ऐसे विरोध बाधा नहीं बन सकते। वे गलत नहीं थे। अगली बार जब आजाद अपने शिक्षक के घर गए तो उनकी पत्नी न केवल स्वयं उन्हें अपनी रसोई में ले गईं, बल्कि उन्हें अपने हाथ से भोजन भी परोसा। व्यवस्था को बदलने के लिए आपको उसे तोड़ने की आवश्यकता नहीं है। आपको बस, उन्हें आधुनिक बनाते हुए मोड़ देना होता है। उन शिक्षक महोदय ने यह काम बखूबी कर दिखाया। आजाद के सुकुमार मन के लिए यह जीवन भर का सबक था।

डॉ. कलाम को अपने स्कूल जीवन की बहुत सी घटनाएँ याद थीं। वर्ष 1936 से 1944 के बीच प्राथमिक शिक्षा के दौरान उन्होंने स्कूल में सीखा कि छात्रों के जीवन में बदलाव लाने का कार्य शानदार बिल्डिंग या बेहतरीन सुविधाओं या उत्तम विज्ञापनों से नहीं, बल्कि मुख्यतः प्रेमपूर्ण शिक्षकों के हाथ में होता है। वे अपने स्कूल रामेश्वरम पंचायत प्राथमिक विद्यालय की बिल्डिंग को याद करते हैं। उस समय शहर में केवल यही एक स्कूल था। उसकी दीवारें कच्ची व छत फूस की बनी थी। इसके बावजूद उन्हें याद नहीं कि किसी भी बच्चे ने इस कारण से स्कूल छोड़ा हो। स्कूल के प्रत्येक छात्र की चिंता करते हुए शिक्षक उनके विकास में व्यक्तिगत रुचि लेते थे। शिक्षकों की इच्छा केवल उनके परीक्षा में अच्छे नंबर लाने में ही नहीं, बल्कि उन्हें अच्छा मनुष्य बनाने में थी। वे चाहते थे कि उनके छात्रों में पढ़ाए जा रहे विषयों के प्रति प्रेम विकसित हो।

आज अधिकांश स्कूलों में छात्रों के लिए वरदी निश्चित है। आजाद के स्कूल में ऐसा नहीं था। बच्चे जो पहनना चाहें, वो पहन सकते थे। अधिकांश बच्चे अपनी परंपरागत पोशाक पहनते थे। उनका मित्र रामनाथन अपने पिता की तरह चोटी रखता था, जबकि आजाद शहर के अन्य मुसलिम लड़कों की तरह बुनी हुई जालीदार टोपी

पहना करते थे। हालाँकि इन विविधताओं का उनके लिए कोई अर्थ नहीं था। वे सब एक विशाल सामंजस्यपूर्ण व्यवस्था के हिस्से की तरह थे। वे सभी इंद्रधनुष के उन पृथक् रंगों जैसे थे, जिनमें से प्रत्येक का योगदान उसे शोभायमान बनाता था। इस इंद्रधनुष को बिगाड़ने का प्रयास करनेवालों का विरोध होना चाहिए। इस सामंजस्य को बनाए रखना सभी की जिम्मेदारी है। आजाद ने भी सामंजस्य को बिगाड़ने का प्रयास करनेवाली एक घटना अनुभव की थी। जब आजाद तीसरी कक्षा में थे, उस समय एक नए शिक्षक की नियुक्ति हुई। वे हिंदू ब्राह्मण थे। कक्षा में आते ही उन्होंने अपनी-अपनी पारंपरिक पोशाक में बैठे छात्रों पर एक विश्लेषणात्मक दृष्टि डाली। तभी अचानक वे कुछ देखकर चौंक उठे। छात्रों को घूरते हुए उनकी नजर आगे की बेंच पर एक साथ बैठे आजाद व रामनाथन पर टिक गई। दोनों बच्चे उनकी चुभती हुई नजर से असहज हो उठे। वे आजाद के निकट गए और उनका नाम पूछा। उनका उत्तर सुनने के बाद शिक्षक महोदय ने आजाद को अपना सारा सामान लेकर पीछे की कतार में जाकर बैठने के लिए कहा।

आजाद के पाँव मानो जमीन में गड़-से गए। वे निराशा व अपमान का अनुभव कर रहे थे। लेकिन वे कुछ नहीं कर सकते थे। यह उस शहर में युगों से व्याप्त सामंजस्य को तोड़ने का निर्लज्ज प्रयास था। वे रोते हुए पीछे चले गए। जाने के पूर्व उन्होंने अपने साथी की ओर नजर उठाकर देखा। रामनाथन भी रो रहा था। वे अपने शिक्षक के आदेश की अवहेलना नहीं कर सकते थे। लेकिन घर जाने पर उन्होंने अपने अभिभावकों को स्कूल में घटी घटना बताई। उन दोनों के पिता स्तब्ध रह गए। यह उनकी सामंजस्य के प्रति आस्था को झुठलाने जैसा था। सौम्य व्यवहारवाले वे दोनों पुरुष व्यथित हो उठे। उन दोनों ने साथ मिलकर उस पर चर्चा की और घटना की सत्यता जानने के लिए स्कूल की ओर चल दिए। उन दोनों धार्मिक व्यक्तियों के साथ शहर के तीसरे धार्मिक व्यक्ति फादर बोडल भी आ मिले। तीनों ने निर्णय लिया कि वे इस तरह अपने शहर को देश के अन्य हिस्सों जैसी कलह व अशांति में धकेलने की अनुमति नहीं दे सकते। वे अपने शहर की आबोहवा को खराब नहीं होने देंगे। उन्होंने पूरी गरिमा व विनम्रता रखते हुए दृढ़ता सहित उन नए शिक्षक को समझाया कि किस तरह उनका यह छोटा सा कार्य युवा मन को विभाजित कर सकता है और किस तरह यह समाज में भेदभाव का कारण बन सकता है। शिक्षक महोदय अपनी गलती समझ गए। उन्होंने अपने इस कृत्य के लिए क्षमा माँगी और अपनी गलती को सुधार लिया।

यह घटना हम सबके लिए एक सबक है। हमारे सारे प्रयास समाज में

सामंजस्य व सुसंगति स्थापित करने के लिए होने चाहिए। हमें इन शब्दों को जीवंतता की भावना की तरह अंतर्निविष्ट करते हुए हमेशा याद रखना चाहिए। डॉ. कलाम का कहना था कि इस घटना से उन्होंने यह सीखा कि किसी भी तरह के विवाद को सुलझाने का सबसे बेहतरीन साधन बातचीत ही है। दूसरे में कमियों का आरोप लगाने से मामला और बिगड़ जाता है। इस तरह के वातावरण में उनका बचपन बीता था।

विज्ञान में उनके विश्वास को शहर के इन तीन धार्मिक लोगों के साहचर्य से आध्यात्मिकता का संबल प्राप्त हुआ। इस एकीकरण के चलते वे कुरान, गीता व बाइबिल जैसे विभिन्न धर्मों के पवित्र ग्रंथों को अच्छी तरह समझ सके। यही वह भावना है, जिसने भारत को वास्तव में बहु-धार्मिक तथा बहु-जातीय राष्ट्र बनाया है, जो प्रत्येक समुदाय के व्यक्ति को सम्मान प्रदान करता है। वे पूरी दृढ़तापूर्वक कहते हैं—"निजी स्वार्थों के चलते लोग इस सामंजस्यपूर्ण शांति को तोड़ने के ऐसे प्रयास बारंबार करते रहेंगे। इन्हें रोकने के लिए हमें उन लोगों के कार्यों को आगे लाना होगा, जिन्होंने समुदायों के बीच के रिश्तों को मजबूत करने में जमीन-आसमान एक कर दिया।" दुर्भाग्यवश, मीडिया में शांति भंग करनेवाली शक्तियों को अधिक स्थान मिलता है और कोई सकारात्मक खबर शायद ही कभी पहले पृष्ठ की या प्रमुख खबर बन पाती हो। डॉ. कलाम को पूरा विश्वास था कि 'भारत सदैव एक धर्मनिरपेक्ष लोकतंत्र के रूप में फलता-फूलता रहेगा।'

□

3

पहला कदम

गांधीजी के नेतृत्व में राष्ट्रीय जीवन बदलाव के दौर से गुजर रहा था। सत्य, निर्भीकता व अहिंसा इसके मार्गदर्शक थे। समय आ गया था कि बालक आजाद अब तक हासिल हुए सभी पूर्व प्रभावों सहित अपने घर व शहर की सुविधाजनक स्थिति से बाहर निकलकर बाहरी संसार में प्रवेश करे। सबसे बढ़कर उनके पिता ने उन्हें आगे बढ़ने और गौरव हासिल करने की अनुमति दे दी। विकास करने के लिए उन्हें वहाँ से जाना ही होगा। सीगल पक्षी के लिए घोंसले बहुत आरामदेह होते हैं, लेकिन अपने पंखों की परीक्षा करने तथा कुछ सीखने के लिए उन्हें उसे छोड़कर जाना ही होता है। बालक आजाद अब किशोर हो गए थे। जीवन के इस हिस्से को सबसे बेचैनी भरा माना जाता है। उनके पिता ने उन्हें अनंत सपने देखने तथा उन्हें पूरा करने के प्रयास के लिए शुभकामनाएँ दीं। उन्होंने उस युवा मन को पारिवारिक बंधनों से मुक्त करते हुए कहा कि वे अपने आप में जीवन की अभिलाषा के पुत्र हैं। 'अब तक तुमने अन्य लोगों से सीखा है, अब समय आ गया है कि तुम अपने विचारों को जन्म दो।' उनके पिता की बस, यही एक सलाह थी।

जैनुलाबदीन ने उन्हें रेलवे स्टेशन पर हाथ हिलाकर विदा किया। वहाँ से अब्दुल कलाम ने अपने तब तक के दो आदर्शों शम्सुद्दीन व जलालुद्दीन के साथ रामनाथपुरम तक की यात्रा की। वहाँ उनका श्वाट्र्ज हाई स्कूल में दाखिला हो गया। अब अब्दुल बिलकुल नए वातावरण में थे। यह एक संपन्न शहर था। लेकिन यहाँ रामेश्वरम के समान तत्त्व व गहरे सामंजस्य व सुसंगति का भारी अभाव था। शुरुआत में उन्हें घर की याद सताती रहती। लेकिन अब्दुल समझ गए कि उन्हें स्वयं को इस नई व्यवस्था का अभ्यस्त बनाना होगा। अपने गृह-नगर वापस लौटने पर वे अपने उन सपनों को कभी सच नहीं कर सकेंगे, जो फिलहाल अस्पष्ट, लेकिन

बहुत बड़े थे। अपने सपनों को सच बनाने के मार्ग पर चलने के लिए आपको अपनी सुविधाजनक स्थिति से बाहर आना ही पड़ता है। आपको अज्ञात में पाँव रखना ही होगा, जहाँ यह अजीब दुनिया आपका आश्रय स्थल होती है। वे अपने गृहनगर के बारे में जितना सोचते, उन्हें उसकी उतनी ही अधिक याद आती। उनके पिता चाहते थे कि वे कलेक्टर बनें, सो वे अपने पिता के सपने को सच करने के मार्ग पर विचार करने लगे। जलालुद्दीन द्वारा उनमें मस्तिष्क में बैठाई गई सकारात्मक विचार-शक्ति ने उनकी गृहासक्ति के उस दौर से निकलने में भरपूर सहायता की।

आजाद को अपनी माँ की कमी बहुत खलती थी। वे एक धार्मिक महिला थीं, जो पूरी निष्ठापूर्वक प्रार्थना करने के अलावा अपने परिवार के लिए जो सबसे बेहतर संभव था, वह करती थीं। उन्होंने अपने पति का उनके अच्छे-बुरे दिनों में हमेशा साथ दिया। वे नारियल के बाग एवं नाव के व्यापार से होनेवाली सीमित आमदनी में ही अपना घर चलातीं। उसमें विलासिता के लिए कोई स्थान नहीं था। प्रार्थना करते समय वह हमेशा ही शांति की प्रतिमा लगती थीं। इतने बड़े परिवार के खान-पान का इंतजाम करने के अलावा बाहर से भी लोग अकसर आते रहते थे। फिर भी, वे न तो कभी झुँझलातीं और न ही कभी किसी तरह की शिकायत ही करतीं। सबसे बढ़कर, वे खाना भी बहुत स्वादिष्ट बनाती थीं। वे इस कला में इतनी माहिर थीं कि उनके बनाए भोजन में हर मसाले की सुगंध अलग से पहचानी जा सकती थी।

आजाद अपने रामेश्वरम स्थित स्कूल के शिक्षकों को भी बहुत याद करते थे। वे शिक्षक अपने छात्रों को अपने परिवार का ही हिस्सा मानते थे। इसलिए वे प्रत्येक छात्र का व्यक्तिगत रूप से ध्यान रखते थे। श्वाट्र्ज हाईस्कूल के शिक्षक अधिक परिष्कृत व ज्ञानी अवश्य थे, साथ ही वे अपने कार्य के प्रति भी बेहद ईमानदार थे; लेकिन उनमें वह व्यक्तिगत स्पर्श मौजूद नहीं था। यद्यपि जैसा जलालुद्दीन ने उन्हें सिखाया था कि इस संसार में आराम से जीने के दो तरीके हैं—या तो स्वयं अपने आस-पास के वातावरण में ढल जाओ या फिर वातावरण में अपने अनुसार परिवर्तन कर लो। आजाद अभी दूसरे विकल्प को चुनने की स्थिति में नहीं थे, इसलिए उन्होंने पहले विकल्प का चयन किया। उन्हें उसे चुनना पड़ा। वे अपने पिता व परिवार तथा जलालुद्दीन की उनसे लगाई गई बड़ी आशाएँ तोड़ नहीं सकते थे।

आजाद को जल्द ही अपनी इस गृहासक्ति को दूर करने का तरीका मिल गया। उनकी राष्ट्रवादी क्रांतिकारी मणिकाम से घनिष्ठता बढ़ने लगी। उनका रामनाथपुरम स्थिति घर पुस्तकों का खजाना था। उन्होंने दयालुता दिखाते हुए आजाद को पढ़ने के लिए कुछ पुस्तकें दीं। उन्हीं पुस्तकों में विख्यात अमेरिकी लेखक नेपोलियन हिल

की लिखी पुस्तक 'द लॉ ऑफ सक्सेस' भी थी। इस पुस्तक का उनके मानस पर गहरा प्रभाव पड़ा। उसमें लिखी बहुत सी बातों को उन्होंने बार-बार पढ़ा।

आजाद का बचपन ऐसे स्नेहिल माता-पिता की छत्रच्छाया में बीता था, जिन्होंने अपने बच्चों को हरसंभव उत्तम परवरिश देने के लिए अपना आराम न्योछावर कर दिया। द्वितीय विश्व युद्ध के दौरान जब खाद्यान्न से लेकर लगभग प्रत्येक वस्तु की कमी के चलते राशनिंग हो रही थी, ऐसे समय उनकी माँ अपने बच्चों का पेट भरने के लिए अकसर अपने हिस्से का भोजन भी उन्हें दे देती थीं। उन्हें उनकी बहन जोहरा भी बहुत याद आतीं, जिन्होंने कई अवसरों पर उनकी सहायता की थी। लेकिन उनकी बहन का आजाद के जीवन में अपना सबसे बड़ा योगदान देना अभी बाकी था—और उन्हें यह अवसर बहुत जल्द मिलने वाला था।

आजाद के रामनाथपुरम में पढ़ाई के दौरान ही जलालुद्दीन ने जोहरा से विवाह कर लिया। स्कूल के बाद आजाद मद्रास इंस्टीट्यूट ऑफ टेक्नोलॉजी (एम.आई. टी.) से इंजीनियरिंग करना चाहते थे। लेकिन पैसे की तंगी इसमें सबसे बड़ी बाधा थी। जहाँ जोहरा ने उन्हें यह विश्वास दिलाया कि वे अपना सपना पूरा कर सकेंगे, वहीं जलालुद्दीन ने जोहरा को अपना योगदान देने के लिए प्रेरित किया। यह केवल उनका योगदान ही नहीं था, बल्कि उनके इस कदम ने आजाद के जीवन को पूर्णत: परिवर्तित कर दिया। उन्हें एम.आई.टी. में प्रवेश के लिए 600 रुपए की बड़ी धनराशि जमा करवानी थी। आज भले ही यह धनराशि अधिक न जान पड़ती हो, लेकिन उन दिनों वह बहुत अधिक थी। ऐसे में बहन ने उनकी सहायता की। पति व पत्नी ने आपस में चर्चा की और उनकी बहन ने बिना एक भी पल विचार किए उनके प्रवेश शुल्क हेतु अपने सारे जेवरात साहूकार के पास गिरवी रख दिए। यह उनका बहुत बड़ा त्याग था। उनके अपने घर के हालात भी बहुत अच्छे नहीं थे और यह सोना उनके आड़े समय में काफी काम आ सकता था। लेकिन वे अपने भाई को बड़ा आदमी बनता देखने के लिए कुछ भी करने को तैयारी थीं। उन्हें आजाद की क्षमता में पूरा विश्वास था और जलालुद्दीन उनके हर कार्य में सहायक थे।

उनके इस कार्य के बदले में आजाद ने जमकर मेहनत की और स्नातक करने के दौरान एक-एक पैसा बचाया। उन्होंने अपनी छात्रवृत्ति द्वारा अपनी बहन का पैसा वापस लौटा दिया, लेकिन उनका अहसान कभी नहीं चुका सके। डॉ. कलाम इसके लिए जीवन भर उनके ऋणी रहे। संभवत: अपनी बहन के लिए उनका यही सबसे बड़ा धन्यवाद था।

सपनों से बुना जीवन

आजाद का दृढ़ विश्वास था कि सपनों का उद्‌देश्य केवल उन्हें सच बनाना ही है। यह विचार उन्हें बहुत प्रेरणादायी लगता कि 'सपना वह नहीं, जिसे आप सोते समय देखते हैं; बल्कि वह है, जिसकी आप जागते हुए कल्पना करते हैं।' उन्होंने छात्रों को हमेशा इसी विचार की शिक्षा दी। आप जो भी सपने देखते हैं, उन्हें सच भी कर सकते हैं। यही बीज पल्लवित होकर विशाल वृक्ष बन जाता है। जो लोग सपनों का महत्त्व पहचानते हैं, वह उन्हें सच बनाने के मार्ग पर चल पड़ते हैं। उन्हें अपने पिता एवं अपने सपनों में संबंध दिखाई देता था। हालाँकि उनके अपने सपने उनके पिता के कलेक्टर बनने के सपने से कुछ अलग थे। श्वाट्र्ज हाई स्कूल में उनके शिक्षक अय्यादुरै सोलोमन इस युवा छात्र के भीतर छिपी प्रतिभा को पहचान गए थे और वे इसे सही प्रकार से ढालना चाहते थे। वे अपने छात्रों से कहते थे कि उन्हें राष्ट्रीय वास्तविकता को ध्यान में रखते हुए ही सपने देखने चाहिए। वे चाहते थे कि उनके सभी छात्र हर क्षेत्र में बेहतरीन प्रदर्शन करें; लेकिन साथ ही वे मौजूदा हालात का जायजा भी लेते रहें। सच यही था कि उस समय के मौजूदा हालात चिंताजनक थे। सन् 1942 के 'भारत छोड़ो आंदोलन' ने ब्रिटिशों को राष्ट्र की स्वतंत्रता पर मुहर लगाने के लिए प्रेरित किया। लेकिन इसका अभूतपूर्व परिणाम सांप्रदायिक तनाव के रूप में सामने आया। सीमा पर बने शहरों की स्थिति विस्फोटक हो चुकी थी, जहाँ बड़ी संख्या में मौतें हो रही थीं। आजाद विश्वास नहीं कर पा रहे थे कि कोई पड़ोसी अपने पड़ोसी की हत्या भी कर सकता है! उन्होंने हमेशा से यही सीखा था कि पड़ोसी अपने ही परिवार का विस्तारित हिस्सा होते हैं। लेकिन सारा देश ऐसा नहीं मानता था। सन् 1947 में देश के दो टुकड़े होने के बाद हमें स्वतंत्रता मिली। लेकिन सांप्रदायिक दंगों ने इस उल्लास व उत्सव को दूषित कर दिया। यह नव-प्राप्य स्वतंत्रता का दुरुपयोग करने जैसा था।

स्वतंत्रता के साथ ही ऐसी जिम्मेदारियाँ भी आईं, जहाँ विकसित होते युवा मन को महती भूमिका निभानी थी। आजाद अपनी भूमिका तय करने का हौसला जुटा रहे थे। हालाँकि वे अभी भी दुविधा में ही थे।

यदि सकारात्मक दृष्टि से देखा जाए तो असफलताएँ सफलता पाने का प्रारंभिक प्रयास होती हैं। ये भविष्य की रणनीति तय करने में सहायक सिद्ध होती हैं। कलाम भी यही सलाह देते थे, ''मेरा पूरी तरह मानना है कि असफलता का कड़वा फल चखे बिना व्यक्ति को सफलता पाने हेतु पर्याप्त प्रेरणा नहीं मिलती।'' बहुत से मामलों में वे स्वयं भी असफल रहे थे, लेकिन उन्होंने कभी हार नहीं मानी। एम.आई.टी. में

वैमानिकी (एयरोनॉटिक्स) की पढ़ाई करने के दौरान उन्होंने पहली बार असफलता का स्वाद चखा।

प्रो. श्रीनिवासन उनके डिजाइन शिक्षक होने के साथ ही इंस्टीट्यूट के अध्यक्ष भी थे। उन्होंने कुछ टीमें बनाईं, जिनमें प्रत्येक में चार छात्र थे। कलाम की टीम को कम ऊँचाई से हमला करनेवाले युद्धक विमान का डिजाइन तैयार करने का काम सौंपा गया। टीम ने कलाम को एयरोडायनेमिक डिजाइन बनाने का काम दिया। उन्होंने तथा उनकी टीम ने कई घंटे कड़ी मेहनत करते हुए उस प्रणाली के विभिन्न विकल्पों पर विचार किया। प्रोफेसर साहब उनकी प्रगति पर निगाह रखे हुए थे। एक दिन वे प्रोफेसर उनके कमरे में आए और उनसे उनका अब तक किया गया काम दिखाने को कहा। कलाम के बनाए डायग्राम देखकर उन्होंने आँखें तरेरीं और चेतावनी दी, "कलाम, डिजाइन और विचार के पैमाने पर यह कहीं नहीं ठहरता। इसे देखकर मुझे बहुत निराशा हुई है।" कलाम को हताश व निराश छोड़कर प्रोफेसर वहाँ से चल दिए। लेकिन इससे पहले उन्होंने तीन दिन में इस पूरे डिजाइन को फिर से बनाकर दिखाने का आदेश दिया। प्रोफेसर साहब की बात सुनकर कलाम हतप्रभ रह गए। यह पहली बार था, जब किसी शिक्षक ने उनके काम की निंदा की हो। उन्हें इससे बहुत धक्का पहुँचा। लेकिन साथ ही यह उनके लिए एक नया अनुभव भी था। यह एक चुनौती थी और इस चुनौती में असफल रहने के परिणामस्वरूप उनकी छात्रवृत्ति रुक सकती थी। इनसे उनकी पूरी पढ़ाई खतरे में आ जाती। वे किसी भी कीमत पर ऐसा होने नहीं दे सकते थे। इससे उनके पिता, बहन, जलालुद्दीन व शिक्षकों का सपना टूट जाएगा। यही नहीं, बल्कि इससे उनकी अपनी महत्त्वाकांक्षा व सपने भी ध्वस्त हो जाएँगे।

कलाम ने स्वयं को उस निराशाजनक स्थिति से निकाला और अपने को साबित करने के दृढ़ निश्चय के साथ काम करने बैठ गए। उन्होंने उस रात भोजन नहीं किया और सारा समय अपने ड्रॉइंग बोर्ड पर काम करते रहे। सपने को केवल सपना ही नहीं बने रहने दिया जा सकता। उसे सच बनाने के लिए कड़ी मेहनत करनी होती है। कलाम इसके लिए पूरी तरह से तैयार थे। उन्होंने उस डिजाइन से जुड़े प्रत्येक विकल्प पर विचार किया और जब सुबह के आकाश में लालिमा छा रही थी, उनके दिमाग में विभिन्न विचार उमड़-घुमड़ रहे थे। अब तक वे समझ गए थे कि उन्हें क्या करना है। अगले दो दिनों में कलाम ने अपना डिजाइन लगभग तैयार कर लिया। वे पूरी तरह आश्वस्त थे कि उनका यह डिजाइन प्रोफेसर की उम्मीदों पर खरा उतरेगा। रविवार की शाम को कलाम अपनी कुरसी से उठे और अपनी पीठ सीधी की। वे जैसे ही पीछे मुड़े, उन्होंने देखा कि वे प्रोफेसर उनके पीछे ही खड़े

हैं। उन्हें पता ही नहीं चला कि वे वहाँ कब से खड़े थे। कलाम ने उनका अभिवादन किया और उन्होंने कलाम को पुन: अपनी ड्रॉइंग दिखाने को कहा। उन्होंने डिजाइन पर समीक्षात्मक दृष्टि डाली और कलाम को गले से लगा लिया तथा अपनी भावनाएँ व्यक्त करते हुए कहा, ''बेहतरीन!''

जाने से पहले उन्होंने कहा कि वे जानते थे कि तीन दिन का समय बहुत कम है, बल्कि इतने समय में इसे पूरा किया जाना संभव ही नहीं है। लेकिन कलाम ने इसे कर दिखाया। इस घटना से हमें यह सीख मिलती है कि अपने सपनों को पूरा करने का केवल यही एक तरीका है। उन हालात में जो कुछ भी संभव था, कलाम ने वह सब किया।

कड़ी मेहनत व विचार द्वारा अवरोधों को पार करने की इस घटना ने कलाम को जीवन का एक महत्त्वपूर्ण सबक सिखा दिया। आनेवाले समय में जब उन्हें सैटेलाइट्स व मिसाइलों के निर्माण का दायित्व सौंपा गया तो यह अनुभव उनके बहुत काम आया।

एम.आई.टी. में उनका शिक्षण कई और पैमानों पर भी शिक्षाप्रद रहा। कलाम के अन्य क्षेत्रों में भी शिरकत करने से उनके व्यक्तित्व का एक नया पक्ष सामने आया। उनकी मातृभाषा तमिल भारत की सबसे प्राचीन व पारंपरिक भाषाओं में से एक है, जिसमें विपुल साहित्य रचना की गई है। 'एम.आई.टी. तमिल संगम' (साहित्यिक क्लब) ने एक निबंध प्रतियोगिता का आयोजन किया। कलाम ने इसके लिए पहला लेख 'लेट अस मेक अवर ऑन एयरक्राफ्ट' भेजा। उन्हें पहला पुरस्कार मिला। यह कलाम का पहला लेखन अनुभव था।

एमं.आई.टी. में जीवन रोमांच से भरपूर रहा। वहीं प्रो. स्पांडर के मर्मस्पर्शी व्यवहार ने इसे और भी अधिक रोमांचक बना दिया। कलाम की विदाई पार्टी के दौरान स्नातक के सभी छात्र पहली पंक्ति में बैठे अपने प्रोफेसर के पीछे तीन कतारों में खड़े थे। जब फोटो खींचनेवाला अपनी तैयारियाँ कर रहा था, उसी समय प्रो. स्पांडर खड़े होकर चारों ओर देखने लगे। कलाम को तीसरी कतार में पीछे खड़ा देखकर प्रोफेसर ने उन्हें बुलाया और कहा, ''यहाँ आओ और मेरे साथ अगली कतार में बैठो।'' यह बहुत अद्‍भुत आमंत्रण था। कलाम थोड़ा हिचकिचाए। लेकिन प्रो. स्पांडर ने बोलना जारी रखा, ''तुम मेरे सबसे अच्छे छात्र हो। भविष्य में तुम अवश्य ही अपने शिक्षकों के गौरव का कारण बनोगे।'' तत्पश्चात् इस युवा इंजीनियर को विदाई देते हुए प्रोफेसर ने उनसे यह भावपूर्ण शब्द कहे, ''भविष्य में ईश्वर स्वयं तुम्हारा मार्गदर्शन करें।''

□

4

असफलता : एक प्रारंभिक प्रयास

एम.आई.टी. से डिग्री लेने के बाद कलाम एच.ए.एल. (हिंदुस्तान एयरोनॉटिक्स लिमिटेड), बैंगलोर में बतौर प्रशिक्षु काम करने लगे। एयरक्राफ्ट की टीम में उसके डिजाइन व प्रौद्योगिकी, विशेष रूप से इंजन की मरम्मत करते हुए वे अपने कॅरियर के बारे में विचार करते रहते। यह व्यावहारिक अनुभव बहुत शिक्षाप्रद था। ऐसा प्रतीत होता था मानो उनकी शिक्षा का सैद्धांतिक पहलू उनकी व्यावहारिक बुद्धिमत्ता के साथ एकाकार हो रहा था। इसमें उन्हें एक अजीब तरह के रोमांच की अनुभूति होती। उन्होंने गैस गतिकी व डिफ्यूजन प्रक्रिया के ज्वलन-पश्चात् के कार्यशील सिद्धांतों से जुड़े महत्त्वपूर्ण सबक सीखे। साथ ही उन्हें रेडियल इंजन व ड्रम संचालन का भी अच्छा अनुभव प्राप्त हो गया। इसके अतिरिक्त, उन्होंने वहाँ और भी बहुत कुछ सीखा। इनमें सबसे महत्त्वपूर्ण यह रहा कि अब वे किसी भी परियोजना की सफलता में सबसे अहम भूमिका रखनेवाले तकनीशियनों के महत्त्व से परिचित हो गए थें। हो सकता है कि उन्होंने किसी बड़े विश्वविद्यालय से पढ़ाई न की हो, लेकिन उनका वर्षों का व्यावहारिक अनुभव उन्हें किसी भी परियोजना का एक महत्त्वपूर्ण घटक बना देता है।

अब कलाम के सामने दो विकल्प थे—वे अपना कॅरियर या तो इंजीनियर के रूप में आगे बढ़ा सकते थे या पायलट के रूप में। उन्होंने दोनों विकल्पों पर गहरा विचार किया और अंततः उड़ान भरने को अपने कॅरियर विकल्प के रूप में चुना। एच.ए.एल. में काम कर रहे स्नातक एयरोनॉटिकल इंजीनियर के तौर पर उन्होंने भारतीय वायुसेना में पायलट की नौकरी के लिए आवेदन कर दिया। इसके साथ ही उन्होंने रक्षा मंत्रालय के डी.टी.डी.एंड. पी. (तकनीकी विकास एवं उत्पादन

निदेशालय—वायुसेना) में भी आवेदन कर दिया। उन्हें दोनों जगह से साक्षात्कार का बुलावा आ गया। इनमें पहला साक्षात्कार वायुसेना चयन बोर्ड, देहरादून में और दूसरा नई दिल्ली में होना था। एक छोटे से शहर से उत्तर भारत तक की यह यात्रा भौगोलिक रूप से काफी लंबी थी। इतना लंबा समय मिलने पर उन्होंने अपने विकल्पों पर खूब सोच-विचार किया। उन्होंने पहली बार विमान एम.आई.टी. में देखा था, जहाँ दो सेवा-मुक्त विमानों को छात्रों को उनकी उप-प्रणालियों के बारे में बताने के लिए रखा गया था। उन्हें देखकर कलाम की इच्छाएँ उफान पर आ गईं और वे उड़ान भरने का सपना देखने लगे। उनके लिए उड़ना कोई कॅरियर विकल्प नहीं, बल्कि मनुष्य की अपनी सीमाओं के बाहर देखने की क्षमता थी, जहाँ वह सफलता की नई पराकाष्ठा पाने के अलावा नए पैमाने भी स्थापित कर सकता था।

यह 2,000 किलोमीटर से भी अधिक लंबी यात्रा कलाम के लिए एक बहुत महत्त्वपूर्ण सबक रही। अभी तक उन्होंने अपने देश की विशालता के बारे में केवल पुस्तकों में ही पढ़ा था, लेकिन आज इसे वे प्रत्यक्ष देख रहे थे। ट्रेन के आगे बढ़ने के साथ ही उन्हें जीवन-शैली, कपड़े पहनने का ढंग, भोजन का तरीका तथा बोलने के ढंग में बदलाव हो रहा था। ऐसा लगता था मानो उनकी मातृभूमि उनके समक्ष अपने क्षणिक परिदृश्य को अनावृत्त कर रही थी। उन्हें अपने देश पर गर्व होने लगा। इस अनुभव से वे समझ गए कि उनकी मातृभूमि की माँग है कि वे जितनी हो सके, उतनी कड़ी मेहनत करें, जिससे यहाँ के लोग अपनी गरीबी से बाहर निकलकर आधुनिक जीवन के युग में प्रवेश कर सकें। ग्रामीण क्षेत्रों का आकर्षण बेहद शानदार था। उसने उनके मानस पर जैसे जादू-सा कर दिया। अब वे अपने देश को और भी अधिक प्रेम करने लगे थे।

उनका पहला साक्षात्कार डी.टी.डी. एंड पी. (एयर) में होना था, इसलिए वे एक हफ्ते के लिए नई दिल्ली में रुक गए। साक्षात्कार अच्छा रहा, जिससे उनकी सफल होने की आशा बलवती हो गई। श्वाट्र्ज व एम.आई.टी. में प्राप्त शिक्षा से उनका व्यक्तित्व विकसित हो गया था। अब वे शरमीले व झिझकनेवाले बालक नहीं थे, जो रामेश्वरम से अभी बाहर निकला हो। अब वे बीस वर्ष से अधिक के ऐसे आत्मविश्वासी युवा थे, जिसमें अपने विचारों को अंग्रेजी व तमिल भाषा में अच्छी तरह अभिव्यक्त करने की क्षमता थी।

एस.एस.बी. (ए.एफ.एस.बी. भी इसी का हिस्सा है) में विभिन्न सेनाओं के लिए प्रशिक्षण हेतु कमीशंड ऑफीसर चुनने का अपना विशिष्ट तरीका था। यह चार से पाँच दिन तक चलता था, जिसमें युवाओं के ज्ञान की जगह व्यक्तित्व व गुणवत्ता

की जगह चुस्ती को प्राथमिकता दी जाती थी। इसमें तसवीर की व्याख्या करना, मन परीक्षण, लेक्टुरेट, जी.टी.ओ. परीक्षण एवं निजी साक्षात्कार तथा ऐसे ही अन्य परीक्षणों के बाद अभ्यर्थियों को चुना जाता है। कलाम जितना बेहतर कर सकते थे, उन्होंने किया। वे नौवें स्थान पर आए। सौभाग्य कहिए या दुर्भाग्य, केवल आठ ही रिक्तियाँ थीं। कलाम का चयन नहीं हो सका। इसके साथ ही उनका पायलट बनने का सपना बिखर गया।

एस.एस.बी. साक्षात्कार के परिणाम की घोषणा अंतिम साक्षात्कार वाले दिन की गई। यह अस्वीकृति उनकी निराशा व शून्यता का कारण बन गई। कोई नहीं जानता था कि उनके भाग्य में क्या है? वायुसेना की यह प्रतिभा हानि देश व दुनिया के लिए फायदेमंद साबित हुई। आगे घटनेवाली घटनाएँ इसी बात की साक्षी रहीं। कलाम निराश व असहाय होकर ए.एफ.एस.बी. से बाहर निकल आए। वे कुछ देर के लिए मन की शांति चाहते थे। वे जानते थे कि अपने माता-पिता को इस असफलता की सूचना देना उनके बस की बात नहीं। वे उन्हें कोई प्रतिकूल खबर नहीं देना चाहते थे। वे अपनी प्राथमिकताएँ फिर से तय कर अपने कॅरियर पर पुनर्विचार करना चाहते थे। वे एकांत चाहते थे, इसलिए वह ऋषिकेश की ओर चल दिए।

प्रेरणा

कलाम सुबह तड़के ऋषिकेश पहुँच गए। वहाँ के सुरम्य पर्वतों के बीच स्थित साफ व विशाल गंगा तथा उसके आस-पास के पवित्र वातावरण को देखकर वे अभिभूत हो गए। उन्होंने गंगा स्नान किया। गंगा के शीतल जल ने उनके अशांत मन को ठंडा कर दिया। वे तट पर रखे अपने सामान को भूलकर कुछ क्षण वहीं पानी में बैठे रहे। थोड़ी राहत मिलने के बाद वे बाहर निकले, अपना शरीर पोंछा, कपड़े पहने और पहाड़ पर कुछ ऊँचाई पर स्थित शिवानंद आश्रम की ओर चल दिए।

आश्रम के निरभ्र वातावरण में प्रवेश करते ही कलाम प्रशांति व ऊर्जा से सराबोर हो गए। उन्हें ऐसा प्रतीत हुआ मानो उनके भीतर शांति का उदय हुआ हो! वे समझ नहीं पा रहे थे कि कुछ ही दिन पहले मिली असफलता के बावजूद वे स्वयं को इतना आनंदपूर्ण क्यों अनुभव कर रहे हैं! अपने गृह नगर में उन्होंने बहुत से तीर्थयात्रियों व साधुओं को धार्मिक क्रियाएँ करते देखा था; लेकिन यहाँ उन्हें अधिकांश लोग ध्यान करते दिखाई दिए। उन्होंने चारों ओर देखा और सोचने लगे कि क्या यहाँ उन्हें अपने मन में उपजनेवाले प्रश्नों के उत्तर प्राप्त हो सकेंगे? उन्हें विश्वास था कि ऐसा हो सकेगा। वे आश्रम में दाखिल हुए, जहाँ स्वयं स्वामी

शिवानंदजी ने उनका स्वागत किया।

शांतचित्त शिवानंदजी ने उनसे सहज ही पूछा, "आप परेशान क्यों हैं?" कलाम चकित रह गए कि उनके मन की व्यग्रता को वे कैसे जान गए! उन्हें यह देखकर भी आश्चर्य हुआ कि कलाम के मुसलिम होने की उन्हें जरा भी परवाह नहीं थी। उनके लिए कलाम केवल एक मासूम युवा लड़के ही थे। कलाम विचारमग्न थे, तभी शिवानंदजी ने एक बार पुनः पूछा, "मेरे बच्चे, तुम क्यों परेशान हो?"

कलाम को महसूस हुआ कि वह एक ऐसे व्यक्ति के सामने खड़े हैं, जिनसे वे अपने दिल की बात खुलकर कह सकते हैं। उन्होंने महाराजजी को अपनी पृष्ठभूमि, अपनी शिक्षा, अपने सपने एवं अपनी असफलता के बारे में बताया। महाराजजी ने उनके प्रत्येक शब्द को बहुत ध्यानपूर्वक व शांति सहित सुना।

तत्पश्चात् शिवानंदजी ने कलाम को वह सलाह दी, जिसके बाद वे अपने लिए सुनिश्चित मार्ग पर आगे बढ़ सके। हम उस सलाह को कलाम के मुख से ही सुनते हैं, "अपने भाग्य को स्वीकार करो तथा जीवन में आगे बढ़ो। आपके भाग्य में वायुसेना का पायलट बनना नहीं लिखा था। आपको अपने जीवन में जो कुछ भी बनना है, वह अभी स्पष्ट नहीं है; लेकिन वह तय हो चुका है। इस असफलता को भूल जाओ, क्योंकि यह आपको अपने सही मार्ग पर पहुँचाने का एक माध्यम था। इसकी जगह अपने अस्तित्व के वास्तविक उद्देश्य की खोज करो। ईश्वर की इच्छा के प्रति समर्पित हो जाओ।"

कलाम के लिए ये शब्द भविष्यवाणी के समान थे। इसने उनके विचार करने के तरीके को बदल दिया। उन्हें विश्वास हो गया कि देहरादून में मिली असफलता किसी बड़ी व्यवस्था का हिस्सा है, जिसे वे आज नहीं समझ सकते। उन्होंने स्वीकार कर लिया कि अब वे वायुसेना में पायलट बनने के पीछे नहीं भागेंगे। नई दिल्ली वापस लौटने तक उनकी नसों में सकारात्मक ऊर्जा प्रवाहित होने लगी थी। वहाँ आने पर उन्हें पता चला कि उनका डी.टी.डी.एंड पी. में वरिष्ठ वैज्ञानिक सहायक के पद पर चयन हो गया है। इस तरह उनका कॅरियर सकारात्मक मोड़ लेकर आरंभ हुआ। उनके लिए अब यह जानने का समय आ गया था कि भाग्य के गर्भ में उनके लिए क्या है! यहाँ हम आपको बताना चाहते हैं कि भले ही कलाम पायलट नहीं बन सके, लेकिन सुपरसोनिक विमान उड़ाने की उनकी इच्छा जीवन में आगे चलकर अवश्य पूरी हुई। यह कैसे संभव हुआ, यह हम आपको पुस्तक के आगामी पृष्ठों में बताएँगे।

□

5

पेशेवर जीवन

वर्ष 1958 की बात है। दिल्ली लौटने के बाद कलाम ने डी.टी.डी.एंड पी. (एयर) में अपने साक्षात्कार के बाबत पूछा। बदले में उन्हें नियुक्ति-पत्र दे दिया गया। उन्होंने अगले ही दिन से वरिष्ठ वैज्ञानिक सहायक के तौर पर कार्य करना आरंभ कर दिया। उन्हें शिवानंदजी की बात पर विश्वास हो गया था। उन्होंने इस नौकरी को अपने भाग्य के रूप में स्वीकार किया और अपने कार्य में जुट गए। उन्होंने वायुसेना में पायलट बनने की महत्त्वाकांक्षा को सदा के लिए त्याग दिया। इस नौकरी में हालाँकि उनका उड़ने से सीधा संबंध नहीं था, लेकिन यह लोगों को उड़ने में सहायता देने से अवश्य जुड़ी थी। उनकी शुरुआती तैनाती तकनीकी केंद्र (नागरिक उड्डयन) में हुई, जहाँ उन्हें विमानों के डिजाइन के आकलन का कार्य सौंपा गया। इसके अतिरिक्त, वे अपने निदेशक डॉ. नीलकांतन के नेतृत्व में सुपरसोनिक लक्षित विमान की डिजाइन परियोजना पर भी कार्य करने लगे।

कलाम की निपुणता अकसर सराही जाती। इसलिए उनका अनुभव बढ़ाने हेतु उन्हें एयरक्राफ्ट एंड आर्मामेंट टेस्टिंग यूनिट (ए.एंड ए.टी.यू.), कानपुर भेज दिया गया। वहाँ उन्हें जीनेट एम.के.I विमान के उष्णकटिबंधीय विकास की जाँच करनी थी। वहाँ वे इसकी परिचालन प्रणाली के प्रदर्शन की जाँच में शामिल हुए। उनके लिए कानपुर में रहना एक बिल्कुल नया अनुभव था। यह घनी आबादी वाला शहर था। वहाँ की सभी सड़कें भीड़ व कोलाहल से भरी हुई थीं। सुबह का समय कुछ अधिक बेचैनी भरा रहता, क्योंकि उस दौरान कुहासे व औद्योगिक धुएँ के मिश्रण से साँस लेना दूभर हो जाता। इसके अलावा, यहाँ उन्हें अपनी पसंद का भोजन भी नहीं मिल रहा था। इस भीड़ में वे बिलकुल अकेले थे। इसलिए उन्होंने स्वयं को

पूरी तरह काम में डुबो दिया। उन्होंने देखा कि किस तरह लोग अपने प्यारे परिवार को छोड़कर वहाँ पर फैक्टरियों में बहुत कम वेतन पर काम कर रहे हैं। औद्योगिक व शहरी जीवन की ऐसी तसवीर उन्होंने पहले कभी नहीं देखी थी।

कलाम अपनी नई जिम्मेदारी सँभालने के लिए पुनः दिल्ली आ गए। यहाँ उन्हें डी.ए.आर.टी. लक्ष्य के डिजाइन पर काम करनेवाली टीम के एक सदस्य के तौर पर भेजा गया। इस परियोजना को सफलतापूर्वक पूरा करने के पश्चात् उन्होंने अपनी जगह बना ली। अब उन्हें महत्त्वपूर्ण कार्य सौंपे जाने लगे, जिनमें मानवीय अपकेंद्र के प्राथमिक डिजाइन का अध्ययन, लंबवत् प्रेषण व लैंडिंग प्लेटफॉर्म का डिजाइन बनाने, कॉकपिट का उन्नत डिजाइन व अन्य कार्य शामिल थे। उनकी कुशलता बढ़ने पर उन्हें बैंगलोर (अब बेंगलुरु) में संस्थापित ए.डी.ई. (वैमानिक विकास प्रतिष्ठान) भेज दिया गया।

बैंगलोर का वातावरण दिल्ली व कानपुर के बिलकुल विपरीत था। कलाम ने इसका सूक्ष्म अवलोकन किया। दिन भर वे विभिन्न परियोजनाओं पर काम करते और शाम को शहर की सड़कों, बगीचों व शॉपिंग प्लाजा में घूमते हुए बिताते। वहाँ वे लोगों को गहराई से परखते। वहीं उन्हें बहुत मजेदार चीजें भी दिखाई देतीं। उन्होंने निष्कर्ष निकाला कि लोग अतीत में जिन लोगों के यहाँ काम कर चुके होते हैं, उनकी बहुत सी आदतें उनमें भी विकसित हो जाती हैं। इसके अलावा, जब लोग कार्य के दबाव के चलते एक स्थान से दूसरे स्थान पर प्रवास करते हैं तो इसी के साथ उनके मालिक भी बदल जाते हैं। इन परिवर्तनों से उनमें कई संस्कृतियों का मिश्रण हो जाता है। कई बार उनमें विपरीत गुण भी उत्पन्न हो जाते हैं। दो भिन्न प्रकृति के लोगों के प्रति निष्ठा रखने से उनमें एक साथ विपरीत गुण विकसित हो जाते हैं। उन्होंने देखा कि लोग एक ही समय पर क्रूर व प्रेमपूर्ण हो सकते हैं। कुछ इसी तरह आलस्य व दृढ़ता, संवेदनशीलता व उदासीनता, गहराई व सतहीपन जैसे लक्षण भी उत्पन्न हो जाते हैं। पुरानी दिल्ली में उन्हें ऐसे लोग भी दिखाई दिए, जो आज भी मुगलों से प्रभावित दिखाई देते हैं। वे चाँदनी चौक की गलियों में मुगलों के भोजन तलाशते रहते हैं। वहीं नई दिल्ली में एक नया पश्चिमी संसार आकार ले रहा है, जो ब्रिटिशों की नकल किया करता है। कानपुर के लोग बिलकुल अलग ढंग के थे। वे आज भी वाजिद अली शाह की नकल करते हुए पान चबाते रहते हैं। वहीं बैंगलोर की दुनिया बिलकुल ही अलग ढंग की है। अपने कुत्तों को साथ लिये यूरोपियनों जैसा होने का दिखावा कर रहे भारतीयों में रामेश्वरम की वायु की निर्मलता लेशमात्र भी दिखाई नहीं देती। कलाम का दिमाग भले ही उनके कार्य

स्थल पर था, लेकिन उनका दिल अभी भी रामेश्वरम में ही था।

इस बीच कलाम देख रहे थे कि उनके भाग्य की इबारत धीमी गति से ही सही, लेकिन निश्चित तौर पर लिखी जा रही थी। ए.डी.ई. एक नया अधिष्ठान था, इसलिए उन्हें उसमें प्रारंभिक सुविधाएँ तैयार करनी थीं। उन्हें एक प्रोजेक्ट टीम का गठन करके उनकी सहायता से जमीनी उपकरण मशीन (जी.ई.एम.) के रूप में स्वदेशी हॉवरक्राफ्ट प्रोटोटाइप को डिजाइन व विकसित करना था। यह पहली बार था, जब उन्हें चार लोगों की छोटी टीम का नेतृत्व सौंपा गया था। इस इंजीनियरिंग प्रोजेक्ट को पूरा करने के लिए उन्हें तीन वर्ष का समय दिया गया था। वास्तव में यह प्रोजेक्ट तत्कालीन रक्षा मंत्री वी.के. कृष्णा मेनन के प्राथमिक विजन पर आधारित था। इसके द्वारा वे रक्षा उपकरण निर्माण का स्वदेशीकरण करना चाहते थे, इसलिए वे स्वयं इसमें रुचि ले रहे थे।

यह बिलकुल नवीन विचार था और इसलिए इससे जुड़ी पठनीय सामग्री व सहायता भी अधिक नहीं थी। यदि अवधारणा के मानक पर देखें तो टीम भी अनुभवहीन थी। सबसे बढ़कर, टीम में से किसी को भी उड़नेवाली तो छोड़िए, किसी भी तरह की मशीन के निर्माण का कोई अनुभव नहीं था। कलाम ने इससे जुड़ी हर तरह की लिखित सामग्री को पढ़ डाला। वे इंटरनेट के दिन नहीं थे, जहाँ माउस के एक क्लिक पर सारी जानकारी प्राप्त हो जाती है। उन्हें कोई ऐसा व्यक्ति भी नहीं मिल रहा था, जो उन्हें निर्देश या सलाह दे सके। अंततः कोई रास्ता न दिखने पर कलाम ने इस परियोजना की सीमित जानकारी उपलब्ध संसाधनों द्वारा ही आरंभ करने का निर्णय लिया।

हॉवरक्राफ्ट ऐसी मशीन है, जो जमीन व पानी पर समान गति से चल सकती है। हवा का नीचे की ओर पड़ता दबाव उसे ऊपर उठाए रखता है। इस परियोजना पर काम करना आरंभ करते ही उन्हें नई संभावनाएँ दिखाई देने लगीं। कलाम ने उसकी तुलना एयरक्राफ्ट से की तो उन्हें उन दोनों में बहुत सी समानताएँ दिखाई दीं। अब वे जानते थे कि उन्हें इस कार्य में अपनी सर्वोत्तम प्रतिभा दरशानी होगी। उन्होंने याद किया कि किस तरह राइट बंधुओं ने अपना पहला विमान दो साइकिलों को जोड़कर बनाया था! कुछ महीनों तक ड्रॉइंग बोर्ड व हार्डवेयर डेवलपमेंट कक्ष में काम करके कलाम ने अपने साधन स्वयं बना लिये। टीम के प्रमुख होने पर भी अपनी साधारण पृष्ठभूमि के चलते वे अव्यक्त अनादर महसूस करते थे। वे एक छोटे से शहर के निम्न-मध्य परिवार से आए थे। उनके पास डींग हाँकने योग्य कुछ नहीं था। वे जानते थे कि अपने मातहतों को अनुशासित करने का सामर्थ्य

प्राप्त करने के लिए उन्हें अपनी योग्यता साबित करनी होगी। यदि वे ऐसा नहीं कर पाए तो उन्हें किसी कोने में डाल दिया जाएगा, जिसका अर्थ होगा कि उन्हें अपना स्थान फिर से प्राप्त करने के लिए लंबी लड़ाई लड़नी होगी।

टीम के सभी सदस्यों ने साथ मिलकर एक के बाद एक सभी उप-प्रणालियों के प्रत्येक हिस्से पर विचार किया, योजना बनाई और उनका निर्माण कर चरण-दर-चरण आगे बढ़ते रहे। यह एक नया रहस्योद्घाटन था। जब आप एक पड़ाव पार करते हैं तो मन तुरंत और ऊँची उड़ान भरने लगता है। लेकिन उनके आस-पास के लोगों की इस परियोजना के संबंध में अच्छी राय नहीं थी। वे इसे ऐसा 'असंभव' प्रोजेक्ट मानते थे, जिसका आधारभूत विचार अवास्तविक सिद्धांतों पर टिका हुआ था। हालाँकि रक्षा मंत्री व अन्य वरिष्ठ अधिकारीगण इसके प्रति पूर्णतः आश्वस्त थे। कलाम ने पूरे दिल से काम किया। कई बार वे ओवरटाइम भी करते। वे इस प्रोजेक्ट को सफल बनाना चाहते थे। इसमें सफल होने पर वे एक आविष्कारक के रूप में स्थापित हो जाएँगे। 'झक्की' व 'मजदूर' जैसी आलोचनाएँ झेलते हुए भी वे अपनी टीम के साथ अपने मिशन में जुटे रहे। अपनी आलोचना होने पर वे सन् 1896 में राइट बंधुओं पर जॉन ट्रॉब्रिज की लिखी विख्यात कविता की ये पंक्तियाँ याद करते—

…बाँस और सुतली से
मोम से, हथौड़े से,
कुंदों से, पेचों से,
जोड़कर जुगाड़ कर
चमगादड़ से प्रेरित, दो भाई दीवाने
झोंक रहे कोयला, फूँक रहे धौंकनी
बना रहे देखो तो
लकड़ी की एक परी।

अपनी आलोचनाओं के बावजूद राइट बंधुओं ने इतिहास रच दिया था। कलाम स्वयं भी ऐतिहासिक घटना, बल्कि आनेवाले समय में घटनाएँ रचने के मार्ग पर चल पड़े थे।

अपने अथक परिश्रम द्वारा उन्होंने एक वर्ष के भीतर ही इसका बेसिक मॉडल तथा कुछ उप-प्रणालियाँ तैयार कर लीं, जिन्हें आगे चलकर हॉवरक्राफ्ट का आकार दिया जाना था। परियोजना निदेशक व रक्षा मंत्री उनकी प्रगति से प्रसन्न थे और उन्होंने उनके प्रयासों की सराहना की। इस चरण में जी.ई.एम. मशीन को भगवान्

शिव के वाहन 'नंदी' का नाम दिया गया। उसके बाहरी स्वरूप को अंतिम आकार देने में संसाधनों की कमी के चलते वे उसे पूरा नहीं कर पाए। लेकिन उनका वह प्रोटोटाइप निश्चित रूप से उड़ान भरने के लिए तैयार था।

रक्षा मंत्री स्वयं 'नंदी' में उड़ना चाहते थे। लेकिन उनके साथी अधिकारियों ने उनकी सुरक्षा के विचार से उन्हें ऐसा करने के लिए मना कर दिया। लेकिन उन्हें अपने इंजीनियरों की क्षमता व योग्यता पर पूरा भरोसा था। मंत्री महोदय ने कहा, "चलो, इसकी सवारी करते हैं।"

"जी सर!" कलाम ने पूरे विश्वास सहित कहा। वे आगे बढ़े और 'नंदी' के छोटे से कॉकपिट में बैठ गए। मंत्रीजी उनके पीछे बैठ गए। मंत्रियों के उस समूह में उड़ान का लंबा अनुभव रखनेवाले एक ग्रुप कैप्टन भी शामिल थे। निश्चित ही उन्हें मशीन पर कोई संदेह नहीं था। लेकिन उन्हें कॉकपिट में बैठे इंजीनियरों की उड़ान क्षमता पर विश्वास नहीं था, और चूँकि वह वायुसेना में पायलट रहे थे, इसलिए उन्हें अपनी क्षमता पर कोई संदेह नहीं था। इसके अतिरिक्त, वे रक्षा मंत्री की सुरक्षा के साथ कोई समझौता करना नहीं चाहते थे। उनका मानना था कि इस नई मशीन में आई किसी भी तरह की गड़बड़ी से वे अच्छी तरह निपट सकते हैं। इसलिए उन्होंने कलाम को मशीन से बाहर निकलने का इशारा किया। कलाम ने सीधे उनकी आँखों में देखा और सिर हिलाकर इनकार कर दिया और अपने आप से बोले, 'इस हॉवरक्राफ्ट को उड़ाने की अपनी काबिलियत पर मुझे पूरा भरोसा है।"

रक्षा मंत्री ने भी कलाम का ही पक्ष लिया। वे जोर से हँसे और कलाम से हॉवरक्राफ्ट को स्टार्ट कर आगे बढ़ने को कहा। वे हॉवरक्राफ्ट के प्रदर्शन से बहुत प्रसन्न थे। उन्होंने कहा कि वे आगे चलकर और अधिक दमदार व बड़े हॉवरक्राफ्ट के निर्माण की योजना बना रहे हैं। हॉवरक्राफ्ट के सही तरह से जमीन पर वापस उतर आने पर ही ग्रुप कैप्टन महोदय ने चैन की साँस ली।

इस परियोजना को तय समय से पहले ही सफलतापूर्वक पूरा कर लिया गया था। कलाम ने एक और बात सीखी। किसी भी परियोजना की सफलता केवल उसके इंजीनियरों व तकनीशियनों की योग्यता पर निर्भर नहीं होती, बल्कि इसमें नौकरशाहों व राजनीतिक स्तर की निर्णय-क्षमता का भी पूरा योगदान रहता है। कृष्णा मेनन ने इस हॉवरक्राफ्ट की सैन्य उपयोगिता को पहले ही पहचान लिया था। इसलिए वे चाहते थे कि इसे और अधिक उन्नत बनाया जाए। लेकिन इस परियोजना के पूरा होने से पहले ही कृष्णा मेनन रक्षा मंत्रालय छोड़ चुके थे, जिससे परियोजना ही आगे नहीं बढ़ सकी। उनकी जगह लेनेवालों को इस परियोजना में कोई बुद्धिमत्ता

नहीं दिखाई दी। यह सच है कि परियोजना उस समय अपने आरंभिक चरण में ही थी, लेकिन प्रगति इसी तरह से होती है। बीते समय पर दृष्टि डालने पर हम देख सकते हैं कि एल.सी.ए. (हलके लड़ाकू विमान) बनाने में लगभग तीस वर्ष का समय लगा और अब भी उसमें कुछ कमियाँ मौजूद हैं। स्वदेशी हॉवरक्राफ्ट का विचार छोड़ देना कोई बुद्धिमानी भरा कदम नहीं था, लेकिन ऐसा ही हुआ। इसका परिणाम यह रहा कि भारत ने हॉवरक्राफ्ट को आयात करना जारी रखा। इसे स्वयं बना लेने पर भारत इस क्षेत्र में आत्मनिर्भर हो जाता; बल्कि इसके द्वारा वह अपने विदेशी मुद्रा भंडार में वैसा ही इजाफा कर सकता था, जैसा हमने अंतरिक्ष उड़ान के मामले में किया है।

'नंदी' परियोजना का बंद होना कलाम के लिए निजी हानि जैसा था। सराहना मिलने के बाद यह कुछ ऐसा था, मानो असफलता को उनपर थोप दिया गया हो। वे निराश व हताश थे। इस समय उन्हें प्रेरणा की आवश्यकता थी। देहरादून की असफलता के बाद उन्हें शिवानंदजी का आशीर्वाद मिला था, लेकिन इस बार उन्हें कहीं से भी सहायता या निर्देश नहीं मिल सका। अब उन्होंने अपने बचपन की ओर देखा। उन्हें पक्षी लक्ष्मण शास्त्री के कहे शब्द याद आए, 'सत्य को तलाश करो और सत्य ही तुम्हें रास्ता दिखाएगा।' इन शब्दों को याद करके उनका मन पुनः बलवान् हो गया और वे आनेवाली चुनौतियों का सामना करने के लिए तैयार हो गए। उन्हें जल्दी ही यह अवसर मिल गया।

परियोजना के बंद होने के बाद भी कलाम अपने केबिन में बैठे हॉवरक्राफ्ट में और अधिक सुधार के बारे में सोच रहे थे। जब उनके निदेशक डॉ. मेंदीरत्ता ने उन्हें बुलाया तो उन्हें हॉवरक्राफ्ट के संबंध में आशा की किरण दिखाई देने लगी। कलाम उनके ऑफिस में दाखिल हुए, उनका अभिवादन किया और बैठ गए। निदेशक ने उनसे उनकी मनःस्थिति के बारे में पूछा। कलाम ने अपनी भावनाएँ छिपाते हुए सकारात्मक होने का संकेत दिया।

निदेशक महोदय ने पूछा, "और हॉवरक्राफ्ट का क्या हाल है?"

"वह उत्तम अवस्था में व किसी भी समय उड़ने को तैयार है।" कलाम ने कहा।

"ऐसा है तो आप हॉवरक्राफ्ट को प्रदर्शन के लिए तैयार रखिए। कल एक महत्त्वपूर्ण व्यक्ति उसे देखने आने वाले हैं।" निदेशक महोदय ने कहा।

कलाम का चेहरा खिल उठा। यह एक सकारात्मक खबर थी। वे फौरन अपनी सीट पर पहुँचे। अपने तकनीशियन को फोन किया और हॉवरक्राफ्ट को अगले दिन के

लिए तैयार करने के कार्य की निगरानी हेतु पहुँच गए। उनके दिमाग में दौरा करनेवाले उस महत्त्वपूर्ण व्यक्ति से जुड़े विचार घूम रहे थे। जहाँ तक उन्हें पता था, अगले सप्ताह उनके प्रतिष्ठान में किसी वी.आई.पी. का आना तय नहीं था।

अगले दिन कलाम हॉवरक्राफ्ट के निकट खड़े उस महत्त्वपूर्ण व्यक्ति की प्रतीक्षा कर रहे थे। जल्दी ही डॉ. मेदीरत्ता एक लंबे, आकर्षक व दाढ़ीवाले व्यक्ति के साथ वहाँ आ पहुँचे। देखने में वह व्यक्ति गहरी वैज्ञानिक समझ-बूझ वाला लग रहा था। उसने कई गहन प्रश्न पूछे, जिनका कलाम ने उत्तर दिया। इससे उस व्यक्ति के चेहरे पर सराहना के भाव आ गए। जब उनके प्रश्न समाप्त हो गए तो वे डॉ. मेदीरत्ता की ओर मुड़े और कहा, "चलते हैं।" इसके बाद वह वापस मुड़े और कलाम से कहा, "क्या आप मुझे इसमें सवारी करा सकते हैं?"

उनकी इस माँग ने कलाम का उत्साह बढ़ा दिया। उन्होंने प्रसन्नतापूर्वक हामी भर दी। उन्हें लगा कि सौभाग्य का क्षण निकट ही है। कलाम ने हॉवरक्राफ्ट को जमीन से कुछ सेंटीमीटर ऊपर उठाकर प्रतिष्ठान में लगभग दस मिनट तक चक्कर लगाया। इस दौरान उस आगंतुक ने कुछ और प्रश्न पूछे, जिसका कलाम ने समुचित उत्तर दे दिया। नीचे आने के बाद उस व्यक्ति ने कलाम से हाथ मिलाते हुए कहा, "बधाई हो!" अब जाकर उस व्यक्ति ने अपनी पहचान बताई। वे कोई और नहीं, बल्कि टी.आई.एफ.आर. (टाटा इंस्टीट्यूट ऑफ फंडामेंटल रिसर्च) के निदेशक प्रो. एम.जी.के. मेनन थे। कलाम ने उनका नाम तो काफी सुना था, लेकिन उनसे मुलाकात आज पहली बार ही हुई थी।

कुछ ही दिन बाद कलाम को आई.एन.सी.ओ.एस.पी.ए.आर. (इंडियन कमेटी फॉर स्पेस रिसर्च) से साक्षात्कार का बुलावा आ गया। यह उन्हें रॉकेट इंजीनियर के रूप में चयन करने की प्रक्रिया का हिस्सा था। देश में अंतरिक्ष शोध की जिम्मेदारी बंबई (अब मुंबई) स्थित इसी एजेंसी पर थी।

कलाम के पास तैयारी के लिए अधिक वक्त नहीं था। न ही वे यह जानते थे कि वहाँ उनसे किस तरह के प्रश्न पूछे जाएँगे। उन्होंने एक बार फिर अपने बचपन के मार्गदर्शक पक्षी लक्ष्मण शास्त्री को याद किया, जिन्होंने उनसे एक बार कहा था कि भ्रमित होने से अधिक महत्त्वपूर्ण यह है कि व्यक्ति ईश्वर में अपनी आस्था बनाए रखे। जब आप सफलता पाने की इच्छा रखते हों तो अपने मन को सहज रखना बहुत आवश्यक है। तनावपूर्ण या आत्मविश्वासहीन रहने पर संभव है कि आप सफलता से चूक जाएँ। लेकिन जब आप शांत व संदेह मुक्त होते हैं तो सफलता बस, आपसे हाथ भर की दूरी पर होती है, जिसे आप आगे बढ़कर हासिल

कर सकते हैं। उन्होंने अपने आपसे कहा कि जीतने का सबसे अच्छा तरीका यही है कि 'जीत को जरूरत मत बनाओ'। उन्होंने स्वयं को भाग्य के सहारे छोड़ दिया, बिलकुल उसी तरह जैसे इस साक्षात्कार का मूल कारण बनी प्रो. एम.जी.के. मेनन की यात्रा में उनकी कोई भूमिका नहीं थी।

साक्षात्कार कक्ष में प्रवेश करते समय कलाम का चेहरा ताजगी से दमक रहा था। जब उन्होंने साक्षात्कार लेनेवालों में डॉ. विक्रम साराभाई के साथ प्रो. एम.जी.के. मेनन तथा आणविक ऊर्जा आयोग के उप-सचिव श्री सर्राफ को देखा तो उनकी यह चमक और अधिक बढ़ गई। साक्षात्कार पूर्णतः सामंजस्यपूर्ण माहौल में हुआ। इसका उद्‌देश्य कलाम के ज्ञान या योग्यता को परखना नहीं बल्कि उनमें निहित संभावनाओं को जानना था। इसलिए यह बातचीत अधिक सफल रही। कलाम के मानस को गहरे में जानने के बाद उनके चेहरे बता रहे थे कि उन्होंने इस कार्य के लिए सही अभ्यर्थी को चुना है।

अगले दिन कलाम को उन्हें रॉकेट इंजीनियर के रूप में चुन लिये जाने की सूचना मिल गई। अब वे आई.एन.सी.ओ.एस.पी.ए.आर. का हिस्सा थे। यह एक सपने के सच होने जैसा था।

□

6

पहली छलाँग

कलाम का आई.एन.सी.ओ.एस.पी.ए.आर. में रॉकेट इंजीनियर के रूप में चयनित होना उनका अपने लिए पहले से निर्धारित मार्ग पर आगे बढ़ने जैसा था। यह सफलता की सीढ़ी पर उनका पहला कदम था। वहाँ के काम का माहौल उन्हें बहुत पसंद आया। वहाँ श्रेणी या पद कोई मायने नहीं रखता था, बल्कि आपके प्रदर्शन को महत्त्वपूर्ण माना जाता था। यह डी.टी.डी.एंड पी. के नौकरशाही व अफसरशाहीवाले माहौल के बिलकुल उलट था। आई.एन.सी.ओ.एस.पी.ए.आर. में उनका कार्य सैटेलाइट को उसकी निश्चित कक्षा में बनाए रखना था। इससे उन्हें राष्ट्रीय जीवन में अपनी महत्त्वपूर्ण भूमिका के होने पर विश्वास हो गया। अनुकूलन कोर्स के लिए उन्हें जिस टी.आई.एफ.आर. कंप्यूटर सेंटर भेजा गया, वहाँ भी इसी तरह का पेशेवर वातावरण था। वहाँ सभी लोग टीम का हिस्सा थे, बल्कि 'कार्य के प्रतीक्षारत' लोग भी उसका एक महत्त्वपूर्ण अंग थे।

अपने कर्मचारियों की योग्यता पर विश्वास रखते हुए आई.एन.सी.ओ.एस. पी.ए.आर. ने बहुत महत्त्वाकांक्षी योजना बना रखी थी। वे थुंबा में थुंबा इक्वेटोरियल रॉकेट लॉन्चिंग स्टेशन स्थापित करना चाहते थे। उस समय यह केरल के तिरुवनंतपुरम का निकटवर्ती गाँव नहीं बल्कि एक शांत व छोटा सा मछुआरों का नगर था। इस स्थान का चयन करना सरल नहीं था। यह डॉ. विक्रम साराभाई व डॉ. होमी जहाँगीर भाभा की मेहनत का फल था। इसकी खोज पी.आर.एल. (भौतिक अनुसंधान प्रयोगशाला), अहमदाबाद के डॉ. चिटनिस ने की थी। उन्होंने ही यहाँ का मुआयना कर इसे अपने कार्य हेतु उपयुक्त होने की बात कही थी। यह स्थान पृथ्वी के चुंबकीय अक्ष के सबसे करीब था, इसलिए इसे चुना गया था। इसके एक

ओर रेलवे लाइन तो दूसरी ओर समुद्र था। इसके अधिग्रहण में एकमात्र बाधा वहाँ स्थित बड़ा सा सेंट मैरी मैगडेलेन चर्च था। चर्च के साथ ही बिशप का घर भी था। भारत में अब तक का अनुभव रहा था कि यहाँ लोग छोटी या किसी राष्ट्रीय महत्त्व की परियोजना के लिए भी अपनी जमीन आसानी से नहीं देते थे। इसके अलावा, जब परियोजना के लिए किसी धार्मिक महत्त्व के स्थान की आवश्यकता हो तो संवेदनाएँ और भी अधिक उमड़ आती हैं। यहाँ भी यही हुआ।

आखिरकार डॉ. साराभाई ने स्वयं चर्च के बिशप डॉ. पीटर बर्नार्ड परेरा से बात करने का निर्णय लिया। बिशप ने उन्हें अगले दिन रविवार को आने के लिए कहा। अगले दिन प्रातःकालीन प्रार्थना के दौरान बिशप ने धार्मिक समाज को अपनी गंभीर व शांत वाणी में संबोधित करते हुए बताया कि आज यहाँ हमारे बीच एक मशहूर वैज्ञानिक उपस्थित हैं। सब लोगों ने उनका तालियों के साथ स्वागत किया। इसके बाद बिशप ने स्पष्ट किया कि किस तरह विज्ञान व आध्यात्मिकता का एक ही लक्ष्य है। जहाँ विज्ञान मानव जीवन को उन्नत बनाता है, वहीं आध्यात्मिकता मनुष्य के मन को शांति प्रदान करती है। उन्होंने बताया कि दरअसल उनका व साराभाई का काम एक जैसा ही है। वे दोनों ही लोगों की प्रगति व समृद्धि के लिए कार्य कर रहे हैं। इसलिए उन सबको इस कार्य में उनका साथ देना चाहिए। अंत में उन्होंने इस कार्य के लिए उनकी सहमति माँगी, "जब इनका व हमारा उद्देश्य एक ही है तो क्या हमें इनकी मदद नहीं करनी चाहिए? इन्हें अपने अंतरिक्ष विज्ञान व शोध कार्य हेतु हमारे इस चर्च तथा मेरे घर की आवश्यकता है। क्या हम इन्हें इस वैज्ञानिक मिशन के लिए ईश्वर का घर दे सकते हैं?"

डॉ. साराभाई की आँखों में जिज्ञासा तथा दिल में आशा का दीप टिमटिमा रहा था। जैसे ही वहाँ उपस्थित लोगों ने पूरे हृदय से 'आमीन' कहा तो उनकी आँखें चमक उठीं। ऐसा लग रहा था मानो इस मिशन को दैवी आशीर्वाद मिल गया हो। इस तरह 'थुंबा स्पेस सेंटर' का पहला ऑफिस एक चर्च में बना। प्रार्थना कक्ष में कलाम की पहली प्रयोगशाला स्थापित की गई और बिशप के कमरे में उनका डिजाइन व ड्रॉइंग ऑफिस बनाया गया। आज भी वह चर्च अपनी आधिकारिक शान से खड़ा है और उसमें भारतीय अंतरिक्ष म्यूजियम बना दिया गया है। इस तरह उत्कृष्ट मस्तिष्कवालों के योगदान से मिशन आगे बढ़ सका। वहाँ कुछ ऐसा निर्मित किया जा रहा था, जिसके भाग्य में देश के भविष्य को बदल देना लिखा था।

संभावनाओं के साथ कौशल होना भी आवश्यक है। इसलिए कलाम को छह माह के लंबे प्रशिक्षण कार्यक्रम में शामिल होने के लिए अमेरिका के 'नासा'

(नेशनल एयरोनॉटिक्स एंड स्पेस एडमिनिस्ट्रेशन) भेजा गया। विदेश जाने के पूर्व वे अपने पिता व करीबी प्रियजनों को उन्हें मिले इस बेहतरीन अवसर की खबर देने अपने गृह नगर गए। उनके पिता उन्हें साथ लेकर मसजिद में शुक्राने की नमाज अता करने गए। प्रार्थना ने जैसे जादू कर दिया। इससे उनके मन शांत हो गए। उस प्रशांत क्षण में रचनात्मकता का प्रवाह उमड़ आया। यही कारण है कि स्वस्थ जीवन के लिए प्रार्थना इतनी महत्त्वपूर्ण होती है। हमारे अवचेतन का निर्माण उन बहुत से विचारों, संभावनाओं व क्षमताओं, निष्क्रियता व उदासीनता से होता है, जिन्हें हमारा चेतन मन प्राप्त करने की इच्छा तो रखता है, लेकिन जिसे हम अभी तक पा नहीं सके हैं। कलाम के शब्दों में कहें तो, "प्रार्थना द्वारा हमें इन शक्तियों को प्रोत्साहित व विकसित करने में मदद मिलती है।"

परिवार के सदस्यों ने उन्हें बेहद भावुक विदाई दी। अब वे न्यूयॉर्क जैसे विशाल शहर की यात्रा के लिए तैयार थे। मध्यम दर्जे के शहर से आनेवाले कलाम का वास्ता अब उस सभ्यता से होने वाला था, जो स्वयं को सबसे आधुनिक मानती है। कम-से-कम भौतिक स्तर पर यह सही भी है।

'नासा' में कलाम

कलाम को उनके प्रशिक्षण के लिए वर्जीनिया में हैंपटन स्थित 'नासा' के लैंगले रिसर्च सेंटर भेजा गया। यह उन्नत एयरोस्पेस तकनीक के मूल शोध व विकास सेंटर के रूप में कार्य करता था।

नासा में कलाम ने एयरोस्पेस इंजीनियरिंग से जुड़े विभिन्न प्रभागों का दौरा किया, जिनमें गोडडार्ड स्पेस फ्लाइट सेंटर, ग्रीनबेल्ट, मैरीलैंड तथा वर्जीनिया में ईस्ट कोस्ट स्थित वैलॉप्स द्वीप पर वैलॉप्स फ्लाइट फैसिलिटी शामिल थे। इन प्रभागों में कलाम ने बहुत महत्त्वपूर्ण चीजें सीखीं, जो आगे चलकर उन्हें अपने कॅरियर में बहुत काम आईं। लेकिन भारत व अमेरिका में हालात बिलकुल उलट थे। वे जानते थे कि काम करने की ऐसी परिस्थितियाँ उन्हें भारत में नहीं मिल सकतीं। लेकिन फिर भी, यहाँ अन्वेषण व रचनात्मकता की बहुत संभावनाएँ थीं। वे जानते थे कि निश्चित रूप से हम तकनीक व ज्ञान के मामले में अमेरिका जैसे दिग्गज राष्ट्र के समान बन सकते हैं। यदि ऐसा उनके जीवनकाल में नहीं हुआ तो अगली पीढ़ी ऐसा अवश्य कर दिखाएगी।

तकनीकी सबक के अलावा कलाम ने वहाँ देखी चीजों से और भी बहुत कुछ सीखा। इनमें से दो चीजें कला से जुड़ी थीं। हैंपटन में उन्होंने एक मूर्ति

देखी, जिसमें एक सारथि दो घोड़ों को हाँक रहा था, जिनमें से एक वैज्ञानिक शोध का तो दूसरा तकनीकी विकास का प्रतिनिधित्व कर रहा था। इसका सीधा अर्थ था कि शोध व विकास कुदरती तौर पर तथा अविभाज्य रूप से अंतर्संबंधित हैं। उनके लिए यह बहुत उपयोगी सबक था। दूसरी चीज एक पेंटिंग थी, जिसमें एक युद्ध का दृश्य बनाया गया था और जिसकी पृष्ठभूमि में रॉकेट उड़ते दिखाई दे रहे थे। रॉकेट विज्ञान के लिए समर्पित स्थान पर ऐसी पेंटिंग का दिखना कोई आश्चर्य की बात नहीं थी। लेकिन उनकी आँखें उसमें दिखाए गए सैनिक पर अटक गईं, क्योंकि वह श्वेत नहीं बल्कि अश्वेत सैनिक था। ध्यानपूर्वक देखने पर उन्हें ज्ञात हुआ कि इस पेंटिंग में टीपू सुल्तान व ब्रिटिशों के बीच के युद्ध में भारतीय सैनिकों को रॉकेट चलाते दिखाया गया था। वे उस चित्र को एकटक देखते हुए सोचने लगे कि किस तरह उनका देश इन उपलब्धियों को भूल चुका है। जबकि इसी ग्रह के एक अन्य भूभाग में उनका अभिनंदन किया जा रहा है। वस्तुतः हम भारतीयों की यही सच्चाई है। हम आत्मदया की भावना से पीड़ित हैं। हममें अपनी प्राचीन उपलब्धियों के प्रति गर्व का भाव नहीं है। हमने अपनी इसी भूमि पर हजारों वर्ष पहले जिन वेदों की रचना की थी, आज हम उनके बारे में कुछ नहीं जानते। हमें उसमें ज्ञान तभी नजर आता है, जब कोई पश्चिमी विद्वान् उनपर काम करता है। ऐसा ही एक और उदाहरण 'योग' का है, जिसे अब आमतौर पर 'योगा' कहा जाता है। यह प्राचीन ज्ञान हमारे देश में अज्ञात रहा, लेकिन पश्चिम का ठप्पा लगने के बाद हमने इसे हाथोहाथ ले लिया। हमने अपने ज्ञान योग को तुच्छ मानकर त्याग दिया और 'योग' को अपना लिया। रॉकेट विज्ञान के साथ भी ऐसा ही हुआ। पश्चिम ने रॉकेट विज्ञान हमारे देश के कारीगरों से सीखा और हम यह भी नहीं जानते कि इस विज्ञान को विकसित किसने किया था। हमने इसे पूरी तरह भुला दिया है। वहीं पश्चिम ने इस विज्ञान को आगे बढ़ानेवालों को पहचान दिलाई। हम पश्चिमी लोगों पर दोषारोपण करते हैं कि उन्होंने यह सब हमसे ही सीखा है। लेकिन क्या यह हमारी त्रुटि नहीं है कि हमने अपने प्राचीन ज्ञान को कूड़ा समझकर फेंक दिया और अब हम घड़ियाली आँसू बहा रहे हैं ? कलाम का मानना था कि यदि पश्चिमी जगत् हमारे प्राचीन विचारों पर काम कर सकता है तो हमें भी उनके द्वारा विकसित किए गए विचारों को भारतीय रंग में रँगने में कोई हिचकिचाहट नहीं होनी चाहिए।

विदेश में अपने प्रवास से कलाम ने जो अन्य महत्त्वपूर्ण बातें सीखीं, उनका सारांश बेंजामिन फ्रैंकलिन के इस उद्धरण में मिल जाता है कि "चोट पहुँचाने

वाली हर बात कुछ सिखा जाती है।'' किसी चीज से पीड़ित होने पर उसे सहन न करते रहें, बल्कि उसे सुलझाने का प्रयास करें और उसे अपनी ताकत बना लें।

कलाम को भारत व अमेरिका की कार्यशैली में भारी अंतर दिखाई दिया। हमारी क्षमता व योग्यता अकसर हमारे कार्य के अनुरूप नहीं होती। वरिष्ठ लोगों का मानना है कि अपने से छोटे व मातहतों की बात सुनने में उनकी हेठी होती है। उन्हें जिस व्यक्ति से कोई उत्तम विचार पाने की आशा नहीं होती, वे उसे तिरस्कृत दृष्टि से देखते हैं। इसी तरह किसी श्रेष्ठ विचार का श्रेय शायद ही कभी सही व्यक्ति को मिल पाता हो। भारतीय संस्थाएँ इसी तरह काम करती हैं। पदानुक्रम से ही व्यक्ति के ज्ञान, बुद्धिमत्ता, क्षमता व संभावनाओं के स्तर का आकलन किया जाता है। इसी कारण से वरिष्ठ पदाधिकारियों में अपने से निचले स्तर के लोगों के शोषण व निरादर की प्रवृत्ति दिखाई देती है। अपने मातहत का शोषण करने पर आप उससे रचनात्मक व सर्जनात्मक होने की आशा नहीं रख सकते; बल्कि वे अक्षरश: वही करते हैं, जो उनके वरिष्ठ उनसे करने को कहते हैं।

नेतृत्व करना एक कला है। इसे बड़ी सूझ-बूझ के साथ उपयोग करना चाहिए। नेतृत्व करनेवालों को दृढ़ता व कठोरता, नेतृत्व व धौंसियाना, अनुशासन व प्रतिशोध जैसी दो अतियों के बीच बारीक विभाजन रेखा बनानी होती है। इन दो अतियों के बीच का अंतर समझनेवाले वरिष्ठ अधिकारी ही अपने मातहतों से बेहतरीन काम ले पाते हैं। कलाम का मानना था कि यह रेखा दरअसल 'हीरो' व 'जीरो' के बीच की होती है। इसमें जहाँ पहलेवाले मात्र कुछ सौ ही होते हैं, वहीं दूसरों की संख्या बहुत अधिक है। परिस्थिति में सुधार हेतु इस मानसिकता में बदलाव करना आवश्यक है। हम अपने देश के विकसित राष्ट्र बनने की आशा तब तक नहीं कर सकते, जब तक हम अपनी जमीनी हकीकत में बदलाव नहीं लाते। हमें किसी परियोजना पर वास्तव में काम करनेवालों, कुछ लिखनेवालों तथा अवार्ड पाने की योग्यता रखनेवालों को श्रेय देना ही होगा।

पहला रॉकेट लॉञ्च

नासा से लौटने के पश्चात् कलाम नें नासा द्वारा निर्मित 'नाइक-अपाची रॉकेट' पर काम करना शुरू किया। जहाँ तक भारत की बात है, यहाँ कोई भी कार्य करने में संसाधनों की कमी सबसे बड़ी दिक्कत थी। रॉकेट को चर्च की बिल्डिंग से लॉञ्च साइट तक पहुँचाने और उसे लॉञ्च पैड पर रखने के लिए उनके पास केवल ट्रक तथा मानव-चालित हाइड्रोलिक मशीन का ही सहारा

था। यह न्यूनतम संसाधन था। कोई तात्कालिक समस्या उत्पन्न होने पर किसी तरह की कोई सहायता नहीं थी। कलाम ने रॉकेट के संघटन व सुरक्षा कार्यों की जाँच की। 21 नवंबर, 1963 को कलाम ने अपने दो सहकर्मियों डी. ईश्वरदास और आर. अर्वामुदन की सहायता से यह कार्य किया। यहाँ रॉकेट को जोड़ने व प्रक्षेपण की जिम्मेदारी ईश्वरदास पर थी; वहीं अर्वामुदन का कार्य रेडार, टेलीमीटरी (दूरमापीय) तथा जमीनी सहायता प्रदान करना था।

रॉकेट को उठाना शुरू करते ही उन्हें सबसे पहली परेशानी का सामना करना पड़ा। ऐसा करते ही वह एक ओर को झुकने लगा, जिसका सीधा अर्थ था कि क्रेन की हाइड्रोलिक प्रणाली में कहीं रिसाव हो रहा था। शाम 6 बजे का प्रक्षेपण समय निकट ही था। क्रेन को ठीक करने का समय नहीं था। यहाँ टीम ने साथ मिलकर काम किया। पूरी टीम की सहायता से रॉकेट को अंतत: प्रक्षेपक पर रख दिया गया। सौभाग्य से, प्रक्षेपण बिना किसी त्रुटि के हो गया। इस तरह कलाम सभी आवश्यक कार्यों का ध्यान रखते हुए परियोजना को सफल कर सके। इससे टीम में गर्व व उपलब्धि का भाव उदित हो गया। लेकिन कलाम के लिए यह बस, एक पड़ाव भर ही था। उन्हें अभी और भी बहुत से बड़े व बेहतर कार्य करने थे। उन्होंने इस उपलब्धि से मिले यश में खोए बिना अपनी निगाहें अगले व बड़े लक्ष्य पर केंद्रित कर लीं।

1960 के दशक में जब यह प्रक्षेपण किया गया, उस समय भारत रॉकेट विज्ञान के मामले में बाल्यावस्था में ही था। लेकिन पूरे विश्व की ऐसी स्थिति नहीं थी। अमेरिका व रूस के पास मौजूद रॉकेट व मिसाइलों का जखीरा सारी दुनिया के लिए खतरा बना हुआ था। समस्या तब आरंभ हुई, जब रूस ने क्यूबा में अपनी मिसाइल साइट स्थापित कर ली। वहाँ से वे अपनी मिसाइलों से कई अमेरिकी शहरों को निशाना बना सकते थे। अमेरिका ने क्यूबा को कोई भी आक्रामक मिसाइल देने पर रोक लगा दी। यही नहीं, उन्होंने और आगे बढ़कर अमेरिका पर हुए किसी भी सोवियत परमाणु मिसाइल हमले के प्रतिरोध की पूरी तैयारी कर ली। इस घटनाक्रम के सामने आने पर पूरा विश्व भयभीत हो गया। यह तभी शांत हुआ, जब सोवियत संघ ने अपने क्यूबा स्थित परमाणु मिसाइल बेस को हटाने का आदेश दे दिया। रूस भारत का मित्र राष्ट्र है। लेकिन भविष्य में भारत के सामने भी ऐसा खतरा उत्पन्न हो सकता है, जिसका कारण ये दोनों राष्ट्र नहीं बल्कि कोई तीसरा राष्ट्र हो सकता है। इसलिए हमारे लिए अपनी क्षमताओं को बढ़ाना बहुत आवश्यक है।

कलाम इंजीनियरों व वैज्ञानिकों की उस पीढ़ी से थे, जिसने प्रो. साराभाई के कुशल नेतृत्व में रॉकेट विज्ञान को नई ऊँचाई पर ले जाने का कार्य किया। वे ऐसे विद्वान् थे, जो व्यक्ति को प्रशिक्षण के दौरान मिले अंकों या डिग्रियों पर नहीं बल्कि उसके निजी कौशल व क्षमताओं पर भरोसा करते थे। 'नाइक-अपाची' रॉकेट की सफलता के बाद उन्होंने अपने युवा वैज्ञानिकों व इंजीनियरों की टीम के समक्ष इसे अगले उच्च्च चरण पर ले जाकर भारतीय एस.एल.वी. (उपग्रह प्रक्षेपण यान) के निर्माण के सपने की घोषणा की।

प्रो. साराभाई जैसे व्यक्ति के विजन का लाभ पूरे संसार को होता है। वे नए दृष्टिकोण व युवा पीढ़ी पर विश्वास करनेवालों में से थे। वे अकसर अपने मातहतों को कुछ ऐसी राय देकर चौंका देते थे, जिसका उनके फिलहाल जारी कार्य से कोई संबंध नहीं दिखाई देता। लेकिन समय बीतने के साथ ही वह उस संपूर्ण परियोजना का अभिन्न अंग बन जाता। वे इतने दूरदर्शी थे। अपनी निर्णय लेने की कुशलता के चलते ही प्रो. साराभाई इतने बेहतरीन सहायकों को चुन सके। केवल यही नहीं, वे ऐसे सलाहकार थे, जो पहले ही बता देते थे कि कब रुकना है और कब अन्वेषण की दिशा को परिवर्तित करना है। वे पहले दर्जे के प्रयोगकर्ता एवं प्रवर्तक थे। यही नहीं, वे देश-विदेश में कहीं भी रहने पर किसी भी तरह की सलाह के लिए हर समय तैयार रहते थे। वे एक युवा व अनुभवहीन टीम का नेतृत्व कर रहे थे। इसके बावजूद वे ऊर्जा व उत्साह से इतने परिपूर्ण थे कि उन्होंने सामान्य तौर पर विज्ञान व प्रौद्योगिकी और विशेष रूप से अंतरिक्ष अनुसंधान के क्षेत्र में अपने व राष्ट्र के लिए इतना बड़ा लक्ष्य निर्धारित किया। उनके थुंबा में उपस्थित होने मात्र से सभी उत्तेजना से भर जाते। वे सभी कुछ नया कर दिखाने के लिए देर तक काम करते रहते। उनके उत्साह का पारावार नहीं रहता। एस.एल.वी. साइट के डिजाइन से लेकर संरचना और यहाँ तक कि प्रबंधन प्रक्रिया जैसे लगभग प्रत्येक क्षेत्र में कुछ-न-कुछ नया होता दिखाई देने लगता।

इस महत्त्वाकांक्षी परियोजना पर काम जारी रखते हुए प्रो. साराभाई ने कलाम को ऐसी प्रारंभिक अवधारणा पर काम करने के लिए कहा, जिसका एस.एल. वी. से कोई संबंध दिखाई नहीं देता था। उन्होंने कलाम को 'राटो' (रॉकेट असिस्टेड टेक ऑफ) प्रणाली का अध्ययन शुरू करने को कहा। इस प्रणाली का सैन्य विमानों में उपयोग होना था। इस प्रणाली एवं एस.एल.वी. के संबंध से प्रो. साराभाई के मस्तिष्क के अलावा और कोई परिचित नहीं था। कलाम इस महान् व्यक्ति के मस्तिष्क की कार्य-प्रणाली को पहचानते थे। इसलिए उन्होंने

इस विचार का स्वागत किया और अपनी बची हुई ऊर्जा इस कार्य में झोंक दी। उन्हें पता था कि अवसर देर-सबेर इस प्रयोगशाला के दरवाजे पर दस्तक अवश्य देगा और वे इसे अपने हाथ से जाने नहीं देना चाहते थे।

तब तक थुंबा का टी.ई.आर.एल.एस. (थुंबा इक्वेटोरियल रॉकेट लॉञ्चिंग स्टेशन) तैयार हो गया था। इसे फ्रांस, अमेरिका व सोवियत संघ के सक्रिय सहयोग द्वारा स्थापित किया गया था। प्रो. साराभाई का सपना सच होता दिखाई दे रहा था। उन्होंने ही आरंभ में विदेशी सहायता लेने के बाद इसे पूरा करने की भारतीय क्षमता पर विश्वास जताया था। यदि वे न होते तो ऐसा एकीकृत राष्ट्रीय अंतरिक्ष कार्यक्रम बनाना सरल नहीं होता। वहीं रॉकेट के निर्माण उपकरणों व प्रक्षेपण प्रणाली के मामले में भारत अभी शुरुआती अवस्था में ही था; हालाँकि पूरा ध्यान स्वदेशी क्षमताओं को विकसित करने पर केंद्रित था। भारत और विशेष रूप से थुंबा में मिसाइल, रॉकेट व अंतरिक्ष कार्यक्रमों के बेहतरीन परिणाम हासिल हो रहे थे। बहुत से क्षेत्रों में कार्य आरंभ हो चुके थे, जिनमें रॉकेट ईंधन के वैज्ञानिक व तकनीकी विकास, प्रणोदन प्रणाली, वैमानिकी, एयरोस्पेस सामग्री, उन्नत संरचनात्मक तकनीक, रॉकेट मोटर इंस्ट्रूमेंटेशन, नियंत्रण व निर्देशन प्रणालियाँ, टेलीमीटरी, ट्रैकिंग प्रणालियाँ और अंतरिक्ष में प्रयोग हेतु वैज्ञानिक उपकरण शामिल थे। इन कार्यों से जुड़ी जमीनी गतिविधियाँ बढ़ जाने के साथ ही संभावनाएँ व क्षमताएँ पुष्पित व पल्लवित होने लगीं। कुछ ही दशकों में ऐसी प्रतिभाएँ उभरकर सामने आईं, जिनकी बदौलत आज भारत अंतरिक्ष तकनीक के क्षेत्र में महत्त्वपूर्ण स्थान हासिल कर सका है।

मुझे लगता है कि यहाँ 'साउंडिंग रॉकेट', 'प्रक्षेपण वाहन' व 'मिसाइल' जैसे शब्दों के बीच का अंतर स्पष्ट करना सही रहेगा। ये सभी विभिन्न कार्यों में उपयोग होने वाले अलग-अलग तरह के रॉकेट हैं। साउंडिंग रॉकेट का उपयोग पृथ्वी के निकटवर्ती मिशनों में किया जाता है। यह किसी खास भूभाग के अनुसंधान से लेकर वातावरण में ऊपरी क्षेत्र तक जा सकता है। इसमें विभिन्न कार्यों में उपयोग होनेवाले विभिन्न तरह के पेलोड्स को विविध ऊँचाई तक भेजा जाता है। लेकिन इन रॉकेटों में पेलोड को उसकी कक्षा में स्थापित करने योग्य अंतिम वेग नहीं होता। जबकि प्रक्षेपण वाहन को किसी भी तकनीकी पेलोड या सैटेलाइट को उसकी कक्षा में पहुँचाने के लिए डिजाइन किया जाता है। यह अंतिम चरण में सैटेलाइट को उसकी कक्षा में पहुँचने योग्य आवश्यक वेग प्रदान करता है। इस रॉकेट से अधिक जटिल प्रणाली में ऑनबोर्ड निर्देश व नियंत्रण प्रणाली का

उपयोग होता है, ताकि इसका अधिकांश परिचालन कार्य जमीन पर मौजूद ट्रैकिंग प्रणाली द्वारा किया जा सके। मिसाइल अंतरिक्ष तकनीक के इन दोनों पूर्व चरणों से अधिक उन्नत होती है। पिछली दोनों प्रणालियों की तुलना में इस प्रणाली में अपने लक्ष्य के अनुसार प्रक्षेपण मार्ग में सुधार की क्षमता भी होती है। यदि मिसाइल को किसी विमान पर दागा जाए (जो एक गतिशील लक्ष्य होता है) तो अपनी टारगेट ट्रैकिंग प्रणाली की बदौलत यह अपने लक्ष्य तक पहुँचने के लिए अपना मार्ग बदल सकती है। इसलिए इसे सैन्य युद्ध उपकरणों में इस तरह तैनात किया गया है, जैसा पहले कभी नहीं हुआ।

भारतीय वैमानिकी कार्यक्रम की यात्रा का वास्तविक आरंभ आर.एस.आर. (रोहिणी साउंडिंग रॉकेट) से हुआ। इससे भारत अंतरिक्ष अनुसंधान से जुड़े तकनीकी अन्वेषण में अत्यंत उच्च स्तर पर पहुँच गया। प्रारंभिक रॉकेट कम क्षमतावाले थे। पहले 'रोहिणी' रॉकेट में मात्र 32 किलोग्राम वजनवाली एक ठोस प्रणोदन मोटर लगी थी, जो केवल 7 किलोग्राम तक के पेलोड को लगभग 10 किलोमीटर की ऊँचाई तक ले जा सकती थी। समय के साथ ही इसकी क्षमता में वृद्धि हुई और परिशुद्धि के बाद अब रॉकेट द्वारा लगभग 100 किलोग्राम के पेलोड को 350 किलोमीटर की ऊँचाई तक भेजा जाने लगा। लेकिन अभी आराम करने का वक्त नहीं आया था। लक्ष्य ऊँचा हो जाने से अब काम भी अधिक करना था।

इस प्रणाली में सबसे अहम चीज इसमें स्वदेशी अवयवों का होना था। समय के साथ ही इसमें स्वदेशी योगदान बढ़ता गया। ऐसा विशेष रूप से साउंडिंग रॉकेट तथा उसके प्रणोदन के उत्पादन में संभव हुआ। अब इसके ईंधन पर भी काम शुरू हो चुका है। यह सन् 1799 में टीपू सुल्तान के ब्रिटिश सरकार के साथ हुए युद्ध में मारे जाने के बाद से मृत पड़ी भारतीय रॉकेट कला के पुनरुद्धार जैसा था।

ऐसा नहीं था कि इस मोड़ पर केवल भारत ही स्वदेशी रॉकेट प्रणाली पर काम करनेवाला देश था; बल्कि अमेरिका, सोवियत संघ, जर्मनी तथा फ्रांस व ब्रिटेन के अलावा और भी बहुत से राष्ट्र इसमें संलग्न थे। समय बीतने के साथ ही मिसाइल व वारहेड अधिक घातक होते गए। इसमें जितना नयापन आया, मनुष्यता के लिए खतरा उतना ही अधिक बढ़ता गया। फिर भी, शक्ति ही सुरक्षा है। केवल शक्तिशाली होने पर ही आप सुरक्षा की आशा रख सकते हैं। सन् 1962 में चीन से हुए युद्ध ने हमें यही महत्त्वपूर्ण सबक सिखाया था। शुरुआती लक्ष्य पूरे हो गए थे। अब नई ऊँचाइयों को छूने का वक्त आ गया था। भारत को पता है कि इस तकनीक का उपयोग केवल शांति बनाए रखने तथा जीवन की

वास्तविक समस्याओं के समाधान में ही होना चाहिए। यह अपना दम दिखाने तथा दुनिया को भयभीत करने का साधन कतई नहीं है।

बड़ी जिम्मेदारी

कलाम उन्हें सौंपी गई विभिन्न परियोजनाओं पर पूरे मन-मस्तिष्क से कार्य करने में व्यस्त रहने के बावजूद नई जिम्मेदारियाँ लेने को तैयार रहते थे। उनका प्रो. साराभाई के साथ बढ़िया तालमेल बैठ गया था, जो वास्तव में एक द्रष्टा थे। वे विभिन्न प्रयोगशालाओं में जाकर पूरी टीम के कार्य की प्रगति की समीक्षा करते थे। कलाम को उनकी कार्यशैली बहुत पसंद थी। यही कारण है कि कलाम प्रौद्योगिकी व सैटेलाइट्स की बात करते हुए उनका नाम अवश्य लेते थे। प्रो. साराभाई मानते थे कि कर्मचारियों को इतना प्रेरित करना चाहिए कि वे अपना कार्य पूरा दिल लगाकर करें। उन्होंने एक बार कलाम से कहा था, "देखो, निर्णय लेना मेरा काम है; लेकिन यह देखना भी उतना ही जरूरी है कि मेरी टीम के लोग भी इन निर्णयों को स्वीकार करें।" वे कतई नहीं चाहते थे कि उनके मातहत केवल आदेशों का पालन करते रहें। उनका मानना था कि जो अधीनस्थ सदस्य किसी कार्य से सहमत नहीं होता, उसमें उसे करने योग्य पर्याप्त इच्छा भी नहीं होती। इसलिए उस कार्य की स्पष्ट जानकारी, उसका लक्ष्य कर्मचारी को अवश्य ज्ञात होना चाहिए। यही प्रभावकारी नेतृत्व की विशिष्टता है।

यही कारण है कि प्रो. साराभाई द्वारा दी गई सलाह अकसर लोगों के जीवन का मिशन बन जाती थी। बहुत सी परियोजनाओं पर विभिन्न प्रयोगशालाओं में कार्य चल रहा था। वे नहीं चाहते थे कि इन्हें एक के बाद एक किया जाए, बल्किवे चाहते थे कि ये सभी विकास कार्य बहुआयामी शैली में एक साथ किए जाएँ। चूँकि पदक्रम में कलाम सबसे वरिष्ठ थे, इसलिए उन्हें प्रो. साराभाई के निकट रहकर काम करने का अवसर मिला। तभी उन्हें साराभाई का मन पढ़ने का अवसर भी मिला। उन्होंने पाया कि साराभाई का दिमाग एक ही समय में किसी समस्या के विभिन्न पहलुओं पर इतने स्तरों पर विचार करने में सक्षम था, जितना अन्य कोई सोच भी नहीं सकता। हम उनकी बहुआयामी कार्यशैली के कई उदाहरण दे सकते हैं। चलिए, हम आपको उनकी इसी शैली में साउंडिंग रॉकेटों के पेलोड के विकास के बारे में बताते हैं। वे नहीं चाहते थे कि एक बार में किसी विशिष्ट पेलोड को पूरा कर उसे रॉकेट में फिट करने के बाद नए पर काम शुरू किया जाए; बल्कि वे पेलोड वैज्ञानिकों की टीम के साथ बैठकर इस

विषय से जुड़े हर छोटे विवरण पर विस्तार से चर्चा करते और फिर उससे जुड़े स्पष्ट निर्देश देते। वैज्ञानिकों की टीमें विभिन्न स्थानों और विभिन्न संस्थानों में जाकर कार्य करती थी। इस तरह साउंडिंग रॉकेट कार्यक्रम पर देश भर में काम किया जा रहा था, जो मुख्यत: आपसी विश्वास पर निर्भर था। इस तरह इसकी सफलता सुनिश्चित हो गई।

कलाम में जन्म से ही शिक्षक के गुण थे। उनमें अपनी बात मनवाने की ऐसी महान् शक्ति थी, जो उनके आगामी व्याख्यानों में भी दिखाई देती है। संभवत: उनकी इसी विशेषता को ध्यान में रखते हुए प्रो. साराभाई ने उन्हें पेलोड वैज्ञानिकों को इंटरफेस प्रदान करने का कार्य सौंपा। इस तरह कलाम की टी.आई.एफ.आर., एन.पी.एल. (राष्ट्रीय भौतिकी प्रयोगशाला), पी.आर.एल. (भौतिकी अनुसंधान प्रयोगशाला) के वैज्ञानिकों के साथ बातचीत होने लगी। इसके अलावा उन्हें अमेरिका, सोवियत संघ, फ्रांस, जर्मनी तथा अन्य राष्ट्रों के पेलोड वैज्ञानिकों के साथ भी बातचीत करनी होती थी। इस समय भारत की लगभग सभी भौतिकी प्रयोगशालाएँ साउंडिंग रॉकेट कार्यक्रम में कार्य कर रही थीं। उनमें से प्रत्येक के पास कार्य के लिए अपना विशिष्ट मिशन एवं अपना विशिष्ट पेलोड था। इन पेलोड्स को रॉकेट के ढाँचे में लगाया जाना था। इसलिए इनका सही ढंग से कार्य करना और विपरीत उड़ान परिस्थितियों का दबाव झेलने में सक्षम होना सुनिश्चित करना था। इन अलग तरह के पेलोड्स में सितारों को देखने के लिए एक्स-रे पेलोड, ऊपरी वातावरण में गैस संयोजन के आकलन हेतु रेडियो फ्रीक्वेंसी मास स्पेक्ट्रोमीटर्स पेलोड, हवा की दिशा व वेग सहित उसकी स्थिति को जानने के लिए सोडियम पेलोड, वातावरण की विभिन्न परतों की खोज के लिए आयनोस्फेरिक पेलोड और ऐसे ही कुछ अन्य पेलोड शामिल थे।

कलाम को पुस्तकें पढ़ना बहुत पसंद था। वे उनकी चिरसंगिनी थीं। वे जब भी किसी मिशन पर काम करते तो समुचित प्रेरणा पाने के लिए विभिन्न लेखकों को पढ़ा करते। वे अकसर खलील जिब्रान को पढ़ते, जिन्होंने कहीं लिखा था कि 'बिना प्रेम के पकाई गई रोटी इतनी कड़वी होती है कि उससे मनुष्य की आधी भूख भी शांत नहीं हो सकती।' कलाम को यह बात उनके अपने कार्य से जुड़ी हुई लगी। उन्होंने महसूस किया कि बेदिली से मिली खोखली सफलता केवल कड़वाहट को ही जन्म देती है। इस महान् लेखक द्वारा दी गई इस सलाह को आगे बढ़ाते हुए कलाम ने कहा कि 'बिना दिल व दिमाग लगाए काम करने से मिली आधी सफलता आपकी अपने ग्राहक के प्रति नाइनसाफी होगी।' उनका

कहना था कि व्यक्ति को वही पेशा चुनना चाहिए, जिसे वह स्वयं चुनना चाहता हो। यदि कोई व्यक्ति डॉक्टर या वकील बनना चाहता हो और वह लेखक बन जाए तो उसके लिखे शब्द पाठकों की आधी भूख ही शांत कर पाएँगे। इसी तरह व्यापारी बनने की इच्छा रखनेवाला कोई शिक्षक अपने छात्रों की आधी ज्ञान-पिपासा ही तृप्त कर सकेगा। ऐसे ही जो व्यक्ति वैज्ञानिक नहीं बनना चाहता, वह बतौर वैज्ञानिक कभी सफल भी नहीं हो सकता। यदि व्यक्ति चयन करके नहीं बल्कि अवसर मिलने के कारण किसी पेशे में आ गया है तो उसके सामने केवल दो ही विकल्प हैं—या तो उसके प्रति अपनी रुचि जाग्रत् करे या फिर उसे त्याग दे।

थुंबा में प्रो. साराभाई के योग्य नेतृत्व में हुए टीमवर्क की बदौलत दो भारतीय रॉकेटों का जन्म हुआ। हमने इन्हें देवराज इंद्र के दरबार में नृत्य करनेवाली दो पौराणिक अप्सराओं 'रोहिणी' व 'मेनका' के नाम दिए। यह बहुत बड़ी उपलब्धि थी, क्योंकि अब भारत को अपने पेलोड प्रक्षेपित करने के लिए फ्रेंच रॉकेटों की आवश्यकता नहीं थी। टीम को प्राप्त हुई इस महान् उपलब्धि में प्रो. साराभाई की अहम भूमिका थी। उन्होंने आई.एन.सी.ओ.एस.पी.ए.आर. में विश्वास व प्रतिबद्धता का बेहतरीन वातावरण तैयार किया। उन्होंने अपने निजी ज्ञान व कौशल से प्रत्येक सदस्य को उद्देश्य की पूर्ति हेतु अपना बेहतरीन प्रदर्शन करने के लिए प्रेरित किया। उन्होंने हर सदस्य को उस श्रृंखला की कड़ी होने का अहसास करवाते हुए उन सभी से बेहतरीन काम करवाया।

प्रो. साराभाई हर क्षण भलीभाँति जानते थे; कि उन्हें अपनी टीम का नेतृत्व किस तरह करना है। वे उसी के अनुसार अपने नेतृत्व-कौशल का अलग-अलग ढंग से उपयोग करते। इसके चलते प्रत्येक सदस्य अपने लक्ष्य पर प्रतिबद्ध रहता। कार्य में गलती होने पर वे अपनी निराशा व्यक्त करते थे, लेकिन इसका उद्देश्य अपनी टीम के सदस्य को हतोत्साहित करना नहीं होता था, बल्कि वे उन्हें उचित सलाह देते हुए सही कार्य की ओर निर्देशित कर देते थे। इसी तरह जब चीजें अपेक्षित दिशा में नहीं जा रही होतीं, तब वे चीजों को वास्तविकता से अधिक सकारात्मक रूप में देखते। वे अपनी अनुनय की शक्ति के उपयोग से श्रोताओं को मंत्रमुग्ध कर देते। अपनी टीम के सदस्यों को प्रेरित करने के लिए विकसित जगत् से तकनीकी भागीदारी जैसी तकनीकों का उपयोग करके अपनी टीम के सदस्यों को उनकी क्षमता के अनुसार सबसे बेहतरीन कार्य करने की जटिल चुनौती पेश कर देते।

कलाम वैसे तो डॉ. साराभाई की कई मामलों में सराहना करते थे, लेकिन

उन्हें असफलताओं का सामना करने का उनका तरीका सबसे अधिक पसंद था। बड़ी परियोजनाओं में कोई छोटी सी गलती भी पूरी प्रणाली को असफल कर सकती है। तो क्या इस आधार पर पूरी परियोजना को असफल मान लिया जाए? प्रो. साराभाई ऐसा नहीं मानते थे। जब हालात आशा के विपरीत होते तो वे हमेशा टीम का मनोबल बढ़ाते। वे कार्यों व उपलब्धियों की हमेशा सराहना करते तथा कमियों को दूर करने का प्रयास करते। यही नहीं, वे अपनी टीम के किसी भी सदस्य को क्षमता से अधिक काम न दिए जाने का भी पूरा ध्यान रखते। ऐसा होने पर वे उस कार्य का इस तरह बँटवारा करते, जिससे न केवल उनकी क्षमता व कौशल का इष्टतम उपयोग हो, बल्कि दबाव कम होने से उनका प्रदर्शन भी बेहतर हो सके।

प्रो. साराभाई ने इस बड़ी चुनौती को स्वीकार किया। हालाँकि उनके पास कर्मचारी कम और कार्य अधिक था। 20 नवंबर, 1967 को टी.ई.आर.एल.एस. से 'रोहिणी-75' के प्रक्षेपण के बाद टीम का रवैया पूरी तरह पेशेवर हो गया। कलाम दिल-ही-दिल में कुछ बड़े लक्ष्यों पर काम करने की इच्छा रखते थे। उनकी किस्मत में जल्द ही ऐसा होना लिखा था।

कलाम की उपयुक्त सलाह थी कि मखमल में टाट की बखिया नहीं लगाई जाती। यह निजी अप्रसन्नता व असफलता का कारण बन जाती है। व्यक्ति का जिस क्षेत्र में रुझान हो, उसमें वह सबसे अच्छा कार्य कर सकता है। इसके बाद वह व्यक्ति आता है, जो संयोग से किसी पेशे में आ जाने पर उचित योग्यता हासिल करते हुए अपने कार्य के साथ न्याय करता है। वह मिसाइल परियोजना इतनी बड़ी थी कि उसमें कई सौ वैज्ञानिक दिन-रात काम कर रहे थे। कार्य को यथोचित गति से जारी रखने के लिए उन सभी को एक-दूसरे से संपर्क बनाए रखना होता था।

स्वदेशी बनाम आयातित

आमतौर पर माना जाता है कि स्वदेशी वस्तुओं से विदेश में बनी वस्तुएँ अधिक बेहतर होती हैं। वस्तुतः इसका कारण अपने मूल ज्ञान के प्रति उदासीनता से उत्पन्न आत्मदया की भावना होती है। कलाम ने भी इस स्थिति का एकाधिक बार सामना किया था। आपको ऐसी ही एक घटना के बारे में बताते हैं।

प्रो. ओदा आई.एस.ए.एस. (इंस्टीट्यूट ऑफ स्पेस एंड एयरोनॉटिकल साइंस), जापान में एक्स-रे पेलोड वैज्ञानिक के रूप में कार्य करते थे। वे पूरे मन

व आत्मा से काम में डूबे रहनेवाले व्यक्ति थे। वे अपने साथ आई.एस.ए.एस. से एक्स-रे पेलोड्स लाए थे। कलाम की टीम ने अपने 'रोहिणी' रॉकेट में प्रो. यू.आर. राव द्वारा विकसित किए गए पेलोड्स के साथ ही इनका भी उपयोग किया। उन एक्स-रे पेलोड्स को एक इलेक्ट्रॉनिक टाइमर से पायरो विस्फोट द्वारा अलग कर दिया जाता था। तत्पश्चात् एक्स-रे पेलोड्स अंतरिक्ष में घूमते हुए सितारों के डाटा एकत्र करते रहते हैं।

कलाम प्रो. ओदा के पेलोड्स को अपनी स्वदेशी टाइम डिवाइस से जोड़ने पर काम कर रहे थे। हालाँकि प्रो. ओदा इस स्वदेशी मशीन से आश्वस्त नहीं थे और वे इसकी जगह जापानी टाइमर के उपयोग पर जोर दे रहे थे। कलाम को जापानी टाइमर कमजोर लग रहा था, इसलिए वे उसका उपयोग नहीं करना चाहते थे। लेकिन प्रो. ओदा अपनी बात पर अड़े हुए थे। कलाम ने उनका सुझाव मान लिया। रॉकेट का प्रक्षेपण शानदार रहा और यह अपेक्षित ऊँचाई तक पहुँच गया। लेकिन इसमें एक कमी भी रही। टाइमर की खराबी के कारण टेलीमीटरी सिग्नल मिशन फेल होने की रिपोर्ट दे रहा था। यह देखकर प्रो. ओदा की आँखें नम हो गईं। उन्होंने उसे बहुत मेहनत से बनाया था, इसलिए उसकी असफलता ने उन्हें थोड़ा निराश कर दिया।

'राटो' प्रणाली

थुंबा के दौरे के दौरान प्रो. साराभाई ने कलाम को 'राटो' (रॉकेट असिस्टेड टेक ऑफ) के अध्ययन की सलाह दी। कलाम ने इस प्रणाली से जुड़ी अपनी जानकारी को बढ़ाने हेतु हरसंभव साधन का उपयोग किया। लेकिन उन्होंने अपने थुंबा के कार्य पर इसका कोई प्रभाव नहीं पड़ने दिया। अब, जब शुरुआती लक्ष्य पूरा होने के बाद पहला 'रोहिणी-75' रॉकेट प्रक्षेपित हो चुका था तो अब उनके पास अन्य परियोजनाओं के लिए समय था। इसके बीच के अंतराल में उन्होंने उन कार्यों को पूरा करने का प्रयास किया, जिसे अपने व्यस्त कार्यक्रम के कारण वे अब तक नहीं कर सके थे।

वर्ष 1968 कलाम के कार्यों को नया क्षितिज प्रदान करने के वादे के साथ आया। नया वर्ष आरंभ हुए कुछ ही दिन बीते थे कि प्रो. साराभाई ने उन्हें फोन कर फौरन नई दिल्ली आने को कहा। इस आमंत्रण से कलाम उत्साह से भर गए, क्योंकि वह जानते थे कि अब जल्द ही कुछ महत्त्वपूर्ण होने वाला है। राटो क्या है, उन्होंने सोचा; लेकिन वे कुछ निश्चित नहीं कर सके।

दिल्ली पहुँचकर कलाम ने प्रो. साराभाई के सचिव से संपर्क कर मुलाकात का समय माँगा। उन्होंने कलाम को सुबह 3.30 बजे अशोका होटल में मिलने को कहा। वे सर्दियों के दिन थे। कलाम का बचपन गरम व नमीवाले वातावरण में बीता था। इस मौसम के प्रति वे हमेशा से ही असहज रहे थे। तड़के सुबह 3 बजे का समय उनके लिए थोड़ा असुविधाजनक था। लेकिन वे प्रो. साराभाई की असामान्य कार्यशैली से भी परिचित थे।

कलाम ने रात का भोजन किया और होटल के लाउंज में बैठकर प्रतीक्षा करने का निर्णय लिया। वे सोना नहीं चाहते थे। उन्हें लगा कि ऐसा करने से वे अपना ध्यान पर्याप्त रूप से केंद्रित नहीं रख सकेंगे, जो प्रो. साराभाई जैसे निष्ठावान व्यक्ति की उपस्थिति में कहीं से भी उचित नहीं था। अपने इस खाली समय में कलाम दो कार्य करना चाहते थे। पहले, आध्यात्मिक विचार करना और दूसरा, कोई पुस्तक पढ़ना। वे हमेशा से धार्मिक व्यक्ति रहे थे, जिनकी ईश्वर के साथ कार्यशील भागीदारी थी। दिल-ही-दिल में वे मानते थे कि उन्हें जो महत्त्वपूर्ण कार्य सौंपे जा रहे हैं, उन्हें करनी की क्षमता उनमें नहीं है। इसके बावजूद वे कड़ी मेहनत करते और सबकुछ ईश्वर पर छोड़ देते। उन्हें महसूस होता कि ईश्वर के आशीर्वाद के बिना इस संसार में कुछ हासिल नहीं किया जा सकता। इसी अहसास से उन्हें शक्ति, प्रेरणा व विचारशीलता प्राप्त होती। उनका कहना था कि वह दिव्य दरबार सभी के भीतर है, जिससे व्यक्ति शक्ति व उत्साह प्राप्त करता है और अपने लक्ष्य व सपनों को पूरा कर पाता है। लेकिन इसके लिए आपको स्वयं को उस दिव्य अभिव्यक्ति के प्रति समर्पित करना होगा।

मिलने के लिए तय हुआ समय अभी दूर था। कुछ न करते हुए समय काटना और भारी हो जाता है। कलाम ने आस-पास देखा तो उन्हें एक पुस्तक दिखाई दी। वह पुस्तक व्यापार प्रबंधन पर थी। कलाम को इस विषय में कुछ खास रुचि नहीं थी। फिर भी, उन्होंने वह पुस्तक उठाई और पृष्ठ पलटते हुए बीच-बीच में कुछ पंक्तियाँ पढ़ने लगे। उन्हें वह पुस्तक दिलचस्प नहीं लगी। जब वे उसे बंद करने वाले थे, तभी उन्हें उसमें आयरिश नाटककार व समाजवादी जॉर्ज बर्नार्ड शॉ का एक उद्धरण दिखाई दिया—'विवेकशील व्यक्ति स्वयं को दुनिया के अनुरूप ढाल लेता है, जबकि अविवेकशील व्यक्ति दुनिया को अपने अनुरूप बनाने का प्रयास करता है। इस तरह, हर तरह की प्रगति इस अविवेकशील मनुष्य पर ही निर्भर होती है।' उसी समय कलाम को इसी नाटककार का एक और उद्धरण याद आया, 'कल्पना करना सृजन की शुरुआत है। आप जो इच्छा करते हैं; उसी

की कल्पना करते हैं। आप जो कल्पना करते हैं, वैसे ही हो जाते हैं और अंत में आप जैसे होते हैं, वैसा ही सृजन करते हैं।'

किसी परियोजना के बारे में कल्पना करने तथा उस पर काम करने के बीच अनिश्चितता व अस्पष्टता का भाव रहता है। ये कोई बाधा नहीं बल्कि शक्ति होते हैं। इसका सफलतापूर्वक सामना करने पर आप किसी भी संभावित असफलता से बच जाते हैं। उन्होंने घड़ी की ओर देखा, रात के 1 बज रहा था। मिलने के समय में अभी दो घंटे बाकी थे। प्रो. साराभाई लीक पर चलनेवालों में से नहीं थे। अपने निश्चित नियमों की अवज्ञा और नए नियम स्थापित करने की आदत के कारण ही वे सफल हो सके।

कलाम काफी देर से सोफे पर बैठे थे। वे नहीं जानते थे कि इन असामयिक घंटों में उन्हें क्या करना चाहिए? उसी समय एक आगंतुक लाउंज में प्रविष्ट हुआ और कलाम के सामनेवाले सोफे पर बैठ गया। वह बढ़िया कपड़े पहने एक हट्टा-कट्टा व्यक्ति था, जिसके चेहरे पर बुद्धिमत्ता व सजगता दिखाई दे रही थी। कलाम सोच में पड़ गए कि क्या इस व्यक्ति को भी इस अजीब से समय पर किसी से मिलना है? उस व्यक्ति पर एक उचटती-सी दृष्टि डालकर कलाम पुनः पुस्तक पढ़ने लगे। तभी उन्हें सूचना मिली कि प्रो. साराभाई वहाँ पहुँच चुके हैं। जब वह उनके पास जाने के लिए उठे तो उन्होंने देखा कि यही सूचना उस आगंतुक को भी दी जा रही है। उन्हें लगा कि संभवतः वे दोनों वहाँ एक ही मकसद से आए हैं।

वास्तव में, प्रो. साराभाई ने ही उन दोनों को वहाँ एक साथ बुलाया था। वह आगंतुक वायुसेना मुख्यालय से आए ग्रुप कैप्टन वी.एस. नारायणन थे। शुरुआती अभिवादन के पश्चात् प्रो. साराभाई ने अपने मिशन के बारे में खुलासा करना आरंभ किया। यह कुछ और नहीं बल्कि 'राटो' था। उन्होंने कलाम के साथ इसी के बारे में चर्चा की थी। उस बेला में मंद पड़े विचारों को जाग्रत् करने के लिए गरम कॉफी मँगवा ली गई। अब वायुसेना के लिए यह जरूरी हो गया था कि उनके युद्धक विमान व बमवर्षक छोटे रन-वे से भी उड़ान भर सकें। पहाड़ी क्षेत्रों जैसे लंबे रन-वे रहित इलाकों से काररवाई करने तथा युद्धकाल में एयरस्ट्रिप ध्वस्त होने पर युद्धक विमानों के उड़ान न भर पाने की स्थिति में यह विशेष रूप से जरूरी हो जाता है। ऐसी ही कुछ अन्य परिस्थितियाँ भी हैं, जैसे निश्चित से अधिक भार ले जाते समय या आस-पास का तापमान बहुत अधिक होने पर भी इसकी आवश्यकता पड़ती है। 'राटो' प्रणाली के रॉकेट असिस्टेंट बूस्ट की

मदद से विमानों के लिए छोटे एयरस्ट्रिप या रन-वे से उड़ान भरना संभव हो सकता था। उत्तर भारत के अधिकांश हिस्सों में पहाड़ियाँ व ऊँचे पहाड़ होने के कारण वहाँ यह प्रणाली बहुत उपयोगी सिद्ध हो सकती थी। भारतीय वायुसेना इस प्रणाली का उपयोग अपने एस-22 व एच.एफ.-24 विमानों में करना चाहती थी। भारत ने अब तक सन् 1962 व 1965 की दो लड़ाइयाँ लड़ी हैं। इनमें एक ऐसी कमी सामने आई, जो भारत के लिए हानिकर सिद्ध हुई थी। वह थी सैन्य उपकरणों व अस्त्र प्रणाली का स्वदेशीकरण न किया जाना। 'राटो' इस कमी को कुछ हद तक दूर करने में सहायक सिद्ध हो सकता था।

इसके बाद ऊर्जा से भरपूर प्रो. साराभाई ने उन दोनों को अपने साथ दिल्ली के बाहर स्थित तिलपत रेंज चलने को कहा। वे एक घंटे में वहाँ पहुँच गए। वहाँ पहुँचकर उन्होंने अपने उन दोनों साथियों को रूसी 'राटो' दिखाते हुए पूछा कि यदि वे रूस से इन मोटरों को ले आएँ तो क्या वे अठारह माह में इस कार्य को पूरा कर सकते हैं?

उनके दोनों साथियों कलाम व नारायणन ने विश्वास भरे स्वर में लगभग एक साथ कहा, "हाँ, हम कर सकते हैं!"

सकारात्मक रवैया रखने से लक्ष्य प्राप्त करना आसान हो जाता है और यहाँ वह प्रचुर मात्रा में मौजूद था। प्रो. साराभाई ने उन्हें वापस होटल अशोक छोड़ा और अंतिम निर्णय लेने हेतु ब्रेकफास्ट मीटिंग के लिए प्रधानमंत्री निवास की ओर बढ़ गए। उसी शाम मीडिया में एक नई परियोजना की खबर गूँजने लगी। इस स्वदेशी तकनीकी विकास द्वारा उच्च दक्षतावाले सैन्य विमानों को तुरंत टेक-ऑफ करने में सहायता मिलेगी। इस परियोजना की कमान कलाम को सौंपी गई। कलाम को अपने शरीर में एक नई ऊर्जा प्रवाहित होती महसूस हुई। उनके दिमाग में तय समय के भीतर ही इस लक्ष्य को पूरा करने का विचार घर कर गया था। उनपर जो विश्वास दिखाया गया था, उसके बाद अब उन्हें इस कार्य को पूरा करमे में अपना सबकुछ झोंक देना था। वे स्वयं को प्रसन्न व अनुगृहीत महसूस कर रहे थे। इस दौरान उन्हें एक अज्ञात कवि की ये पंक्तियाँ याद आ रही थीं—

"सब दिन हैं एक समान,
करें सामना सीना तान,
कठिन समय हो सह जाएँ,
अवसर हो आगे बढ़ जाएँ।"

कलाम, नारायणन व उनकी टीमों ने इस महत्त्वपूर्ण परियोजना पर काम

करने के लिए कमर कस ली। उन्होंने रूसी प्रणाली का अध्ययन किया और एस.एस.टी.सी. (अंतरिक्ष विज्ञान एवं प्रौद्योगिकी केंद्र) में डी.आर.डी.ओ. (रक्षा अनुसंधान एवं विकास संगठन), एच.ए.एल., डी.टी.डी. एंड पी. (एयर) तथा वायुसेना मुख्यालय के साथ मिलकर काम करने लगे। अपनी प्रणाली की योग्यता बढ़ाने के लिए उन्होंने उसके लिए फाइबर ग्लास आवरण जैसी सुरक्षा प्रणालियों के अलावा अन्य आवश्यक घटकों का भी निर्माण किया। इस परियोजना द्वारा उनमें अन्य मिसाइल प्रणालियों व अंतरिक्ष सैटेलाइट्स के निर्माण संबंधी विचार पनप रहे थे।

भारत की नौकरशाही प्रणाली बहुत सुस्त है। इसमें कुछ ऐसी खामियाँ हैं, जो प्रगति की राह में रोड़ा बन जाती हैं। वे जिन नियमों के तहत काम करते हैं, वह जड़ प्रकृति के होते हैं और वे इनका अक्षरशः पालन करते हैं। इनसे किसी भी तरह के प्रस्ताव की अनुमति लेने के लिए लंबे पदक्रम से अनुमति लेनी पड़ती है और अकसर जब तक यह अनुमति मिलती है, तब तक उस प्रस्ताव का कोई औचित्य ही नहीं रह जाता। कई मामलों में यह जिम्मेदारी कुछ विशिष्ट लोगों पर होती है, जिससे यह अनुमति प्रक्रिया कुछ ज्यादा ही लंबी खिंच जाती है। सरकारी विभाग नियमों व अधिनियमों को लेकर बहुत अनुदार होते हैं। 'राटो' परियोजना को ऐसी स्वच्छंद शैली की आवश्यकता थी, जिसे सरकार आसानी से स्वीकार नहीं करने वाली थी।

इन सब बाधाओं के बावजूद कलाम व उनकी 20 इंजीनियरों की टीम कोई महत्त्वपूर्ण कार्य दिए जाने से पहले ही अपने लक्ष्य के पर्याप्त रूप से निकट पहुँच गई। एस.एल.वी. परियोजना की शुरुआत के पूर्व ही कलाम ने परियोजना की शुरुआत के दिन से बारहवें महीने में 'राटो' का पहला स्थैतिक परीक्षण कर लिया। अगले चार माह में उन्होंने तथा उनकी टीम ने सफलतापूर्वक 64 स्थैतिक परीक्षण कर लिये। तत्पश्चात् 8 अक्तूबर, 1972 को बरेली (उत्तर प्रदेश) में वायुसेना स्टेशन में इसके सफलतापूर्वक परीक्षण के बाद कलाम स्वयं इसपर काम करने लगे। वायुसेना ने अपने चालीसवें वायुसेना दिवस पर इसका परीक्षण किया। इसमें तेज गतिवाले सुखोई–16 जेट विमान ने अपने सामान्य 2 किलोमीटर के स्थान पर 1,200 मीटर के छोटे से रन के बाद ही उड़ान भर ली। रक्षा मंत्रालय के तत्कालीन वैज्ञानिक सलाहकार डॉ. बी.डी. नाग चौधरी की उपस्थिति में वायुसेना ने इस प्रणाली की उत्कृष्टता को कृतज्ञतापूर्वक स्वीकार किया। इससे न केवल युद्धक विमान का प्रदर्शन बेहतर हुआ, बल्कि इससे बड़ी मात्रा में विदेशी

मुद्रा भी बच सकी। स्वदेशी 'राटो' के निर्माण में 17,000 रुपए प्रति मोटर की लागत आई, जबकि आयातित राटो मोटर की कीमत 33,000 रुपए प्रति मोटर पड़ती थी। इसका एक अर्थ यह भी था कि अब राष्ट्र को महत्त्वपूर्ण उपकरणों के लिए विदेशी आपूर्तिकर्ताओं पर निर्भर नहीं रहना पड़ेगा।

कलाम ने अपनी इस उपलब्धि का श्रेय डॉ. साराभाई को दिया, जबकि इस परियोजना में उन्होंने ही पूरे दिल व आत्मा से कार्य किया था। इससे उनके नेतृत्व के महत्त्वपूर्ण गुण सामने आते हैं। किसी भी अगुआ के लिए त्रुटियों की जिम्मेदारी खुद लेने तथा उपलब्धियों का श्रेय अन्य लोगों को देने का गुण होना आवश्यक है। कलाम ने ऐसा ही किया।

□

7

मिसाइल मैन

आत्मनिर्भर होना अनेक मामलों में लाभकारी सिद्ध होता है। स्वदेशी तकनीक में तेजी लाने के पीछे यही कारण था। आयातित प्रणालियों के साथ बेहद जरूरत के समय उपकरणों व प्रणालियों की आपूर्ति न होने जैसी समस्याएँ जुड़ी होती हैं। स्वतंत्रता के बाद भारत ने एकाधिक अवसरों पर इस तरह की बाधाओं का सामना किया था। इस समस्या का समुचित उत्तर स्वदेशीकरण ही था। स्वदेशी निर्माण में सबसे बड़ी बाधा इस कार्य में विदेशी भागीदारों का अपना तकनीकी ज्ञान साझा न करना होती है। इसलिए देश को किसी भी नई तकनीक के विकास के सभी प्रयास स्वयं ही करने थे। हमारे सामने 1960 के दशक के दो युद्ध और भविष्य में इनका आसन्न खतरा प्रत्यक्ष था। ऐसे हालात में विदेशी हथियारों पर निर्भर रहना समझदारी नहीं थी। इसी कारण स्वदेशी विकास को प्रोत्साहन दिया गया था।

जब कलाम 'राटो' प्रणाली पर काम कर रहे थे, उस दौरान प्रो. साराभाई ने राष्ट्र के अंतरिक्ष अनुसंधान का एक दस वर्षीय प्रारूप तैयार किया। इसे बाद में अंतरिक्ष अनुसंधान कार्यक्रम में बदला जाना था। इस प्रारूप का चरम बिंदु इन सैटेलाइटों का टेलीविजन प्रसारण, मौसम की जाँच तथा प्राकृतिक संसाधनों के प्रबंधन जैसे विभिन्न उद्‌देश्यों में उपयोग करना था। इस प्रारूप का सबसे महत्त्वपूर्ण हिस्सा सैटेलाइट प्रक्षेपण वाहनों का विकास तथा लॉञ्च करने जैसी महत्त्वाकांक्षी योजना थी। इस क्षेत्र में भारत पहले ही काफी आगे था। लेकिन विकसित राष्ट्रों द्वारा प्राप्त मानकों के सामने अभी भी यह लगभग नगण्य ही था।

इस प्रारूप का एक लक्ष्य विदेशी भागीदारी आसान बनाना भी था। शुरुआती वर्षों में ऐसा करना बहुत जरूरी था। हालाँकि इसमें सारा जोर आत्मनिर्भरता व

स्वदेशीकरण पर था। इनमें सबसे महत्त्वपूर्ण कार्य एस.एल.वी. (सैटेलाइट प्रक्षेपण वाहन) का निर्माण था। इसी के माध्यम से स्वदेश निर्मित हलके वजनवाले सैटेलाइटों को पृथ्वी की निचली कक्षा में स्थापित किया जाना था। इस योजना की सहायता हेतु कुछ अन्य सहायक प्रणालियाँ भी बननी थीं, जिनमें भारतीय सैटेलाइटों के प्रयोगशाला मॉडल को अंतरिक्षीय अस्तित्व देते हुए अंतरिक्ष यान तथा उसकी उप-प्रणालियों की व्यापक रेंज तैयार करना था।

इन लक्ष्यों को मन में रखते हुए रक्षा मंत्रालय में एक मिसाइल पैनल का गठन किया गया। इस पैनल में कलाम एवं ग्रुप कैप्टन नारायणन दोनों को रखा गया। सैटेलाइट व रॉकेट का आधारभूत कार्य पूरा हो चुका था। अब समय आ गया था कि देश अपने सैन्य उद्देश्यों के लिए मिसाइलों के निर्माण की सोच सकता था। इसमें स्ट्रेटेजिक व टैक्टिकल दोनों ही तरह की मिसाइलों के निर्माण का विचार था। इन दोनों तरह की मिसाइलों के बीच स्पष्ट अंतर है। आमतौर पर स्ट्रेटेजिक मिसाइलों का उपयोग दुश्मन की सीमा में सामरिक महत्त्व के ठिकानों पर हमला कर उसे अक्षम करने में होता है। वहीं टैक्टिकल मिसाइल का उपयोग मुख्यत: वास्तविक युद्ध के दौरान लड़ाई की दिशा बदलने में किया जाता है। इसलिए स्ट्रेटेजिक मिसाइल की रेंज टैक्टिकल मिसाइल से अधिक होती है। लेकिन दूरी का यह अंतर तब निरर्थक हो जाता है, जब टैक्टिकल मिसाइल अपनी सीमा के काफी अंदर तैनात किया गया हो। जैसे अमेरिका की 'टॉमहॉक' मिसाइल, जो अपनी 3,000 किलोमीटर की लंबी रेंज के बाद भी टैक्टिकल मिसाइल के रूप में उपयोग की जाती है।

उस समय भारत अपनी सभी मिसाइल प्रणालियाँ सोवियत संघ से आयात करता था। देश का रक्षा अनुसंधान व विकास पूरी तरह इन आयातित उपकरणों पर ही निर्भर था। इनके स्वदेश में बनाने के लिए अन्य राष्ट्रों के अनुभवों से सीखने के बाद ही इसे यहाँ विकसित किया जा सकता था।

कलाम ने प्रो. providing साराभाई के साथ सन् 1963 से लेकर 1971 तक काम किया। ये उनके लिए काफी अच्छा अनुभव रहा, क्योंकि उन्हीं के नेतृत्व में वे एक युवा इंजीनियर से अपने क्षेत्र के विशेषज्ञ बन सके। यही कारण था कि कलाम अकसर प्रो. साराभाई की प्रशंसा के गीत गाया करते थे। एक बार उन्होंने प्रो. साराभाई को ऐसी गाय बताया, जिसके बछड़े को खूँटे से बाँध दिया हो। वह यहाँ-वहाँ घूमती रहती है; लेकिन जब उसके थन दूध से भर जाते हैं तो वह अपने शरारती बछड़े का पेट भरने के लिए उसके पास लौट आती है। इसी तरह साराभाई विचारों की

खोज में जगह-जगह घूमते रहते थे। उन्हें जैसे ही कोई उर्वर विचार मिल जाता तो वे उसे तार्किक निष्कर्ष पर पहुँचाने के लिए अपने टीम के सदस्यों को सौंप देते। उन्हें विचारों की कभी कमी नहीं हुई। वे घटनाओं को उनके होने से पहले ही भाँप जाते थे। वे एक सच्चे भविष्य द्रष्टा थे। वे अपने टीम के प्रत्येक घटक की क्षमताओं से भलीभाँति परिचित थे।

प्रो. साराभाई के विजन के कारण ही भारतीय वैज्ञानिक समुदाय अपनी भारत भूमि से सुदूर संवेदन सैटेलाइटों को सूर्य-समकालिक कक्षा में और संचार सैटेलाइट्स को भू-समकालिक कक्षा में स्थापित करने के हेतु प्रक्षेपण के लिए अपने सैटेलाइट प्रक्षेपण वाहन को विकसित करने पर विचार कर सका। भारत के पहले सैटेलाइट प्रक्षेपक वाहन 'एस.एल.वी.-3' की डिजाइन परियोजना का काम वी.एस.एस.सी. (विक्रम साराभाई अंतरिक्ष केंद्र) ने किया। इस प्रोजेक्ट में विविध व बहुआयामी प्रयासों की संभावना को देखते हुए इसकी प्रत्येक प्रणाली के लिए अलग परियोजना प्रमुख को चुना गया। कलाम को चौथे चरण के डिजाइन का कार्य सौंपा गया। यह रॉकेट का उच्चतर चरण था, जिसका कार्य 'रोहिणी' को अंतिम वेग देकर कक्षा में पहुँचाना था। संभवतः उनकी निर्माण प्रौद्योगिकी में विशेषज्ञता को देखते हुए ही उन्हें इस कार्य के लिए चुना गया था, क्योंकि इस प्रौद्योगिकी के चौथे चरण में बड़े पैमाने पर अन्वेषण की आवश्यकता थी।

जब कलाम अपनी टीम के साथ इस डिजाइन पर काम कर रहे थे, उसी दौरान प्रो. साराभाई फ्रेंच स्पेस एजेंसी सी.एन.ई.एस. के चेयरमैन प्रो. ह्यूबर्ट के साथ वहाँ के दौरे पर आए। प्रस्तुतीकरण के बीच कलाम को यह जानकर सुखद आश्चर्य हुआ कि उनके द्वारा विकसित किए जा रहे चौथे चरण को फ्रेंच डायमॉण्ट पी-4 प्रक्षेपण वाहन के लिए भी उच्चतर चरण माना जा रहा है। हालाँकि इसमें उपयोग करने के लिए इसके प्रणोदक को दोगुना करना होगा, जिससे इसका आकार भी बढ़ जाएगा। उस मीटिंग में तत्काल यह निर्णय लिया गया कि चौथे चरण को डायमॉण्ट पी-4 और एस.एल.वी.-3 दोनों को ध्यान में रखते हुए बनाया जाएगा। कलाम के लिए यह बहुत उत्साहवर्धक अनुभव रहा। भारतीय टीम के इसके डिजाइन चरण में होने के बावजूद प्रो. साराभाई को पूरा विश्वास था कि भारतीय प्रतिभाएँ इस परियोजना को अवश्य पूरा कर सकेंगी। फ्रेंच एजेंसी के आगंतुक इस सुनियोजित व सुविचारित कार्यशैली से इतने प्रभावित हुए कि उन्होंने बिना किसी हिचक के इस परियोजना को 'डायमॉण्ट पी-4' के लिए स्वीकार कर लिया।

एक वर्ष बाद जब प्रो. कुरियन ने अपने अगले दौरे में गत एक वर्ष की समीक्षा की तो उन्होंने पाया कि इस अवधि में कलाम व उनकी टीम ने जो कार्य किया है, वह यूरोप में उनके समकक्ष तीन वर्ष में भी नहीं कर सके थे। उन्होंने देखा कि टीम के हर स्तर के कर्मचारी का इसमें भरपूर योगदान था। यहाँ पद या स्तर से अधिक महत्त्व व्यक्ति की क्षमता को दिया जाता था। इसके अतिरिक्त, कलाम समय-समय पर अपनी टीम के सदस्यों के साथ मीटिंग भी किया करते थे।

इस नए उपक्रम ने कलाम की टीम का उत्साह बढ़ा दिया, जिससे विकास की गति भी तीव्र हो गई। दुर्भाग्य से, वर्ष 1971 में प्रो. साराभाई का निधन हो गया। लेकिन अभी एक धक्का लगना और बाकी था। उसी दौरान फ्रांस की सरकार ने 'डायमॉण्ट पी-4' कार्यक्रम पर रोक लगा दी। इस धक्के को कलाम अपनी असफलताओं में गिना करते थे, जिसमें इसके अलावा सबसे पहले देहरादून में वायुसेना में पायलट के रूप में चयन न होना, उसके बाद ए.डी.ई. का 'नंदी' परियोजना से हाथ खींचना शामिल थीं। इस फ्रांसीसी उपक्रम को तब समाप्त किया गया, जब इसका अधिकांश कार्य हो चुका था और यह पूर्णता के निकट था।

कलाम के लिए प्रो. साराभाई का निधन सबसे बड़ा धक्का था। दोनों में अकसर बातचीत होती रहती थी और उनके संबंध भी काफी घनिष्ठ थे। सकारात्मक ऊर्जा से भरपूर मस्तिष्कवाले इन दोनों व्यक्तियों ने शानदार परिणाम दिए थे। किसी भी कार्य को आरंभ करने से पूर्व वे दोनों उसके प्रत्येक बिंदु पर विस्तारपूर्वक चर्चा करते।

कलाम को मिसाइल पैनल की मीटिंग में शामिल होना होता था, जो अकसर नई दिल्ली में हुआ करती थी। 30 दिसंबर, 1971 को वह एक ऐसी ही मीटिंग में शामिल होने के लिए दिल्ली आ रहे थे। त्रिवेंद्रम जानेवाले विमान में बैठने के पूर्व उन्होंने प्रो. साराभाई से उस मीटिंग के मुख्य बिंदुओं पर चर्चा की। उस समय प्रो. साराभाई थुंबा के दौरे पर थे। उन्होंने कलाम से मीटिंग के लिए त्रिवेंद्रम हवाई अड्डे पर ही रुक जाने को कहा।

कुछ घंटों बाद जब कलाम का विमान त्रिवेंद्रम हवाई अड्डे पर उतरने वाला था, तभी उन्हें वातावरण में विषाद का अनुभव हुआ। अचानक उनका हृदय उदासी से भर गया। वे समझ नहीं पाए कि ऐसा क्यों हो रहा है; क्योंकि इससे पहले वे जब भी प्रो. साराभाई से मिलने जाते थे तो उन्हें अपने भीतर ऊर्जा प्रवाहित होने का अहसास होता था। शीघ्र ही उन्हें अपने हृदय की विकलता का कारण पता चल गया। कुछ घंटे पहले ही प्रो. विक्रम साराभाई का दिल का दौरा पड़ने से

निधन हो गया था। इस भारी हानि से कलाम घोर निराशा में डूब गए। विज्ञान का अग्रदूत नहीं रहा। प्रेरणा का स्रोत सूख गया। अनंत ऊर्जा का दीपक बुझ गया। उनकी नेतृत्व गुणवत्ता का अंदाजा इसी बात से लगाया जा सकता है कि उन्होंने अपने सभी 22 वैज्ञानिकों व इंजीनियरों की योग्यता को इतना निखार दिया था कि आनेवाले समय में उन सभी ने राष्ट्र के लिए महत्त्वपूर्ण परियोजनाओं की बागडोर सँभाल ली। भारतीय विज्ञान एवं प्रौद्योगिकी हमेशा उनकी ऋणी रहेगी। कलाम उन्हें 'भारतीय विज्ञान के महात्मा गांधी' का दर्जा देते थे, क्योंकि उन्होंने न केवल अपनी टीम के नेतृत्व गुणों को उभारा, बल्कि उन्हें अपने विचारों व उदाहरण पेश कर प्रेरित भी किया। प्राय: व्यक्ति या संस्थान की त्रुटियाँ संस्थागत उद्देश्य की उचित उपलब्धि में देरी या हानि का कारण बन जाती हैं। लेकिन प्रो. साराभाई ऐसे दूरदर्शी थे, जो त्रुटियों को अवसर बनाकर अन्वेषण व नए विचारों के विकास को आकार देते थे।

अपने अस्तित्व के लिए इस व्यक्ति का ऋणी होने के चलते संपूर्ण थुंबा भवन समूह को दिवंगत आत्मा की स्मृति में वी.एस.एस.सी. (विक्रम साराभाई अंतरिक्ष केंद्र) का नाम दे दिया गया। इसके पूर्व इस भवन समूह में टी.ई.आर.एल.एस., एस.एस.टी.सी. (अंतरिक्ष विज्ञान एवं प्रौद्योगिकी केंद्र), आर.पी.पी., आर.ई.एफ. (रॉकेट फैब्रिकेशन फैसिलिटी) तथा पी.एफ.सी. (प्रोपलेंट फ्यूल कॉम्पलेक्स) स्थित थे।

इन अवरोधों के बावजूद परियोजना का कार्य जारी रहा। कलाम ने अपने से पहले की तीन परियोजनाओं के पूर्व ही अपनी परियोजना को पाँच वर्ष के भीतर पूरा कर लिया। फ्रांसीसी सरकार के बंद करने के बावजूद यह परियोजना उनके लिए बेहद संतुष्टि-प्रदायक अनुभव रहा; क्योंकि उन्होंने इसमें न केवल कड़ी मेहनत की, बल्कि वे इसमें सफल भी रहे। शुरुआती निराशा के पश्चात् वे ऐसे कार्यों की खोज में लग गए, जहाँ वे स्वयं को व्यस्त कर सकें। इस घटना से उत्पन्न खालीपन उस समय भर गया, जब उनकी 'राटो' का बरेली में उपयोग होने लगा। हम इसके बारे में आपको पहले ही बता चुके हैं।

त्रुटियाँ खेल का ही हिस्सा होती हैं। कलाम के शब्दों में कहें तो 'उत्कृष्टता की कीमत चुकानी पड़ती है। त्रुटियाँ सीखने की प्रक्रिया का हिस्सा हैं।' इसलिए वे हमेशा साहसिक संघर्ष तथा पूर्णता की हठ को प्राथमिकता देते थे। वे अपनी टीम के सदस्यों को उनके प्रत्येक प्रयास में पूरी सतर्कता बरतने को कहते थे; क्योंकि असफलताएँ ही सफलता की सीढ़ी बनती हैं। वे अपने सहकर्मियों से

कहते थे, ''असफलता की परवाह न करें। ऐसे हर मोड़ के बाद आपके ज्ञान में वृद्धि हो जाती है।''

कलाम को सौंपी गई परियोजनाएँ राष्ट्रीय महत्त्व की थीं, इसलिए उन्हें उनकी दिशा को लेकर संशय बना रहता था। अपनी टीम के सदस्यों का मूल्यवान सहायक बनने के लिए वे उनकी हरसंभव सहायता करते थे। जब भी किसी कमी का अहसास होता तो वे पेशेवरों की सहायता लेते। उनकी इस कार्यशैली से हमारे लिए यह सबक है कि आवश्यकता पड़ने पर मदद माँगने में कभी संकोच नहीं करना चाहिए, भले ही आपको प्राप्त सलाह पसंद न आए। लेकिन इस तरह आप अपने तब तक किए गए कार्यों का निरीक्षण कर सकेंगे, जिससे आपको उचित दृष्टिकोण प्राप्त हो सकेगा।

इस परियोजना ने कलाम को नेतृत्व से जुड़े बहुत से मूल्यवान सबक सिखाए। अपनी टीम के प्रत्येक घटक को घटनाक्रम का हिस्सा मानो। वे प्रत्येक मीटिंग में अन्य सभी के साथ सबकुछ साझा करते, फिर वह उपलब्धि चाहे कितनी ही छोटी क्यों न हो। टीमवर्क की भावना व प्रतिबद्धता के मूल में विश्वास का होना बहुत आवश्यक है और उन्होंने यह कार्य बखूबी कर दिखाया। आपको अपनी टीम के भीतर ही ऐसा नेतृत्व तैयार करना होगा, जो विभिन्न चरणों पर कार्य की जिम्मेदारी सँभाल सकें।

बर्ट्रेंड रसेल ने कहा था, ''संसार के साथ समस्या यह है कि मूर्ख पूरी तरह सुनिश्चित होते हैं, जबकि बुद्धिमान हमेशा संशयग्रस्त रहते हैं।'' प्रो. साराभाई के निधन के बाद प्रो. सतीश धवन वी.एस.एस.सी. के निदेशक बने। वी.एस.एस.सी. में एस.एल.वी. का काम पूरी गति से जारी था। डिजाइन से लेकर प्रक्रियाओं के विकास व प्रौद्योगिकी सबको उनके उचित स्थान पर पहुँचाया जा रहा था। तभी एक समस्या आ खड़ी हुई। एस.एल.वी. का कार्य चूँकि एक बड़ी परियोजना थी, इसलिए इसके विविध केंद्रों पर जारी कार्य बड़े क्षेत्रफल में फैले हुए थे। इसके लिए विभिन्न एजेंसियों व विभागों के बीच तालमेल होना आवश्यक था, जिनमें से प्रत्येक अपने पैमाने पर अपनी तरह से काम कर रहे थे और उन सभी की प्रबंधन शैली भी विशिष्ट थी। एस.एल.वी. परियोजना का लक्ष्य 40 किलो के एक सैटेलाइट को पृथ्वी से 400 किलोमीटर की कक्षा में प्रक्षेपित करना था।

इन सभी एजेंसियों व विभागों के बीच प्रबंधन ढाँचे की अनुपस्थिति से थोड़ी मुश्किल हो रही थी। इसलिए प्रो. धवन ने डॉ. ब्रह्मप्रकाश की सलाह पर

तालमेल स्थापित करने का यह कार्य कलाम को सौंप दिया। उन्हें एस.एल.वी. परियोजना का प्रोजेक्ट मैनेजर बना दिया गया। मूल रूप से इंजीनियर होने के कारण कलाम स्वयं को प्रबंधक पद की जिम्मेदारी उठाने योग्य नहीं मानते थे। सेवा के दौरान उन्होंने प्रबंधन की कुछ बातें सीखी अवश्य थीं, लेकिन उन्हें इस स्तर पर उपयोग करना विनाशकारी साबित हो सकता था। इसके अलावा, इस कार्य के लिए वहाँ उनसे अधिक योग्य लोग भी मौजूद थे। उन्होंने अपनी यह दुविधा डॉ. ब्रह्मप्रकाश को बताई। वे मुसकराए और बोले, ''अपना ध्यान दूसरे लोगों से अपनी क्षमता की तुलना करने पर केंद्रित मत करो।'' उन्होंने कलाम को अपनी क्षमताओं पर ध्यान केंद्रित कर उनके उपयोग द्वारा परियोजना से जुड़े अन्य लोगों की क्षमता बढ़ाने की सलाह दी।

डॉ. ब्रह्मप्रकाश ने उन्हें बताया कि एक प्रोजेक्ट निदेशक के रूप में उनसे किन कार्यों की अपेक्षा की जाती है। उन्होंने कहा कि उन्हें यह ध्यान रखना होगा कि इस परियोजना का प्रत्येक घटक अपने हिस्से का कार्य सही तरह से करे। कलाम समझ गए कि इस परियोजना में उनकी सफलता अन्य लोगों की कार्यशैली पर निर्भर रहेगी। इसके लिए उन्हें व्यवहार, कुशल, सुविज्ञ, सहिष्णु व धैर्यवान होना होगा। सबसे पहले उन्हें इस परियोजना में कार्य कर रहे कर्मचारियों को श्रेणीबद्ध करना होगा। कुछ लोग केवल काम को महत्त्वपूर्ण मानते हैं, जबकि कुछ लोगों के लिए वे कर्मचारी अधिक महत्त्वपूर्ण हैं, जिनके द्वारा वह काम किया जाता है। इसके अलावा कुछ ऐसे लोग भी होते हैं, जिनकी काम व कर्मचारी किसी में रुचि नहीं होती। वे कामचोर होते हैं और उनसे सही तरह से निपटना सबसे आवश्यक है। उन्हें उनके काम के महत्त्व के अलावा इस बात का भी अहसास दिलाना होगा कि किस तरह वे इसके द्वारा इतिहास बनाने जा रहे हैं। उन्होंने सभी विकल्पों पर विचार करने के बाद निर्णय लिया कि वे अपने कर्मचारियों को उनका काम करने के लिए प्रेरित करेंगे। इस तरह वे कार्य व कर्मचारियों का एक साथ इच्छित दिशा में आगे बढ़ना सुनिश्चित कर सकेंगे। वे अपनी टीम का ऐसा छोटा सा ग्रुप होने की परिकल्पना करने लगे, जहाँ प्रत्येक कर्मचारी पूरी टीम को आगे बढ़ाने का काम करता है। वे चाहते थे कि उनमें से हर एक व्यक्ति विकास के प्रत्येक चरण पर हासिल होनेवाली उपलब्धि का समान रूप से आनंद उठा सके।

एस.एल.वी. परियोजना बहुत बड़ी थी, इसलिए इसे सँभालने के लिए किसी पेशेवर व्यक्ति की आवश्यकता थी। कलाम ने इससे जुड़े छोटे-छोटे

विवरणों पर भी विचार किया और उसके बाद परियोजना के प्रमुख उद्देश्य को इससे जुड़े नीतिगत निर्णयों, प्रबंधन योजना, बजट तथा उन्हें प्रदत्त शक्तियों के साथ संयोजित कर दिया। तत्पश्चात् उन्होंने पेशेवर सलाह लेकर परियोजना के परीक्षण से लेकर कार्यान्वयन तक के सभी कार्यों को अंजाम देने के लिए तीन ग्रुप बनाए। उनकी सहायता के लिए चार सलाहकार समितियों का भी गठन किया गया, जो उन्हें रॉकेट मोटर, नियंत्रण व निर्देश, इलेक्ट्रॉनिक्स व अन्य विशेषज्ञतावाले क्षेत्रों में सलाह देने का कार्य करेंगी। इसके अलावा, वे उस समय के बेहतरीन वैज्ञानिकों का मार्गदर्शन प्राप्त करने के भी इच्छुक थे।

एक लोकप्रिय कहावत है, 'ईश्वर उसी की सहायता करते हैं, जो स्वयं अपनी सहायता करता है।' कलाम ने अनुमान लगाया कि उस परियोजना को पाँच वर्ष में पूरा करने के लिए उन्हें कम-से-कम 275 इंजीनियरों व वैज्ञानिकों की आवश्यकता होगी। लेकिन उन्हें केवल 50 ही मिल सके थे। यह एक बड़ी कठिनाई थी, क्योंकि इसके चलते यह परियोजना अपने तय समय से बहुत आगे तक खिंच सकती थी। तभी उन्हें एक विचार आया। उन्होंने निर्णय लिया कि वे इस परियोजना से जुड़े कुछ निश्चित संघटकों पर अपने युवा इंजीनियरों व वैज्ञानिकों को स्वतंत्र रूप से कार्य करने के लिए प्रेरित करेंगे। इसके अलावा, उनके मातहत निश्चित संख्या में तकनीशियनों को रखने से यह कार्य सहक्रियात्मक रूप ले लेगा। वरिष्ठ वैज्ञानिकों के सक्षम मार्गदर्शन व देख-रेख में ये युवा इंजीनियर व वैज्ञानिक एक स्वतंत्र टीम के रूप में अपने बनाए नियमों पर चलते हुए कुशलतापूर्वक कार्य करने के अलावा संपूर्ण परियोजना से भी जुड़े रहेंगे। किसी भी टीम को छोटी सी भी सफलता मिलने पर कलाम उसकी खुशी मनाने में पूरे ग्रुप को शामिल करते। इस तरह उन सभी ने एक पारस्परिक 'प्रशंसा क्लब' का रूप ले लिया। उन्होंने प्रत्येक टीम को उसकी विशेषज्ञतावाले क्षेत्र में पूरी स्वतंत्रता सहित काम करने की अनुमति दी, जो किसी भी तरह के रचनात्मक कार्य हेतु अति आवश्यक है। कलाम ने यह भी सुनिश्चित किया कि प्रत्येक टीम आत्म-प्रेरित होकर काम करे। इससे पूरे ग्रुप के लिए काम करना आसान हो गया। इस कार्यशैली से अगली पीढ़ी का वह नेतृत्व भी तैयार होने लगा, जिसे भविष्य में इस तरह की परियोजनाओं पर काम करना था। कलाम केवल जरूरत भर का दखल देते, न उससे अधिक और न ही उससे कम। वे टीम के किसी भी सदस्य की मदद के लिए हमेशा तैयार रहते।

एस.एल.वी. परियोजना की विशालता का अंदाजा इसी बात से लगाया जा

सकता है कि इसके डिजाइन चरण में ही लगभग 250 सब-असेंबली व 44 मुख्य उप-प्रणालियाँ शामिल थीं, जिसमें उपयोग होनेवाली सामग्री की संख्या 10 लाख से भी अधिक थी। इतनी बड़ी परियोजना को सँभालने के लिए आपको पूर्णत: संगठित व समर्पित प्रयास करने होते हैं, जिसमें प्रत्येक प्रणाली व उप-प्रणाली की सतर्कतापूर्वक जाँच की जाती है। ऐसा करना विशेष रूप से तब आवश्यक होता है, जब किसी भी छोटे से हिस्से के फेल होने का अर्थ पूरी परियोजना का असफल होना हो। किसी जटिल प्रोग्राम को स्थायी व्यवहार्यता के स्तर तक पहुँचाने में सात से दस वर्ष का समय लग जाता है। प्रो. धवन ने वादा किया कि वे वी.एस.एस.सी. तथा एस.एच.ए.आर. को इस परियोजना के लिए फंड व संसाधनों की कभी कमी नहीं होने देंगे। सभी चीजों को कॉम्पलेक्स के भीतर बनाना संभव नहीं था। इसलिए इस कार्य में निजी व सार्वजनिक उद्योगों की भी सहायता लेनी थी। इसके विभिन्न हिस्सों व उप-प्रणालियों के निर्माण हेतु 300 से भी अधिक उद्योगों से बात की गई। इस तरह न केवल प्रत्येक संघटक का सुचारु रूप से कार्य करना सुनिश्चित हो सका, बल्कि जरूरत पड़ने पर इसके डिजाइन में इच्छानुकूल परिवर्तन भी किया जा सकता था। इस परियोजना का एक और महत्त्वपूर्ण भाग इसके लिए आवश्यक सामग्री को प्राप्त करना भी था।

इस परियोजना को मुख्यत: तीन हिस्सों में वर्गीकृत किया जा सकता था—इसकी मशीनी संरचना, इसके आंतरिक प्रभाग व मार्गदर्शन प्रणाली में काम करनेवाली इलेक्ट्रॉनिक प्रणाली तथा इन सबको जोड़नेवाला इलेक्ट्रिकल सर्किट। इसके विभिन्न हिस्सों के निर्माण हेतु धातु की आवश्यकता थी, जिसमें स्टील, अल्यूमीनियम, कॉपर व अन्य धातुएँ शामिल थीं। इन सबको मिलाकर वह मिश्र धातु बनाई जाती है, जिससे यह अपने निर्माण का उद्‌देश्य पूरा कर सके। इसके अतिरिक्त गैर-धातु सामग्री की भी आवश्यकता होती है, जिसमें सिरेमिक, ग्लास आदि से लेकर फाइबर जैसी विविध तरह की सामग्री शामिल होती है। यही नहीं, उचित सम्मिश्रण तैयार करने के लिए इस भिन्न-भिन्न सामग्री का तय अनुपात में उपयोग किया जाता है। इसे इतना मजबूत होना चाहिए कि अपनी कक्षा में स्थापित होने पर यह दबावों, समयावधि तथा परियोजना से जुड़ी अन्य जरूरतों पर खरा उतर सके। तत्पश्चात् इसका बारंबार परीक्षण किया जाता है। इसमें एक बार में एक सामग्री का उपयोग किया जाता है। उचित पाया जाने पर इसके विकल्प को चुना जाता है। इस उद्‌देश्य की पूर्ति हेतु विशेष जानकारी रखनेवाले इंजीनियरों व वैज्ञानिकों की सेवा की जरूरत होती है। इस प्रक्रिया

में निजी उद्योगों से भी योगदान माँगा गया। उन्होंने इसके लिए एक विस्तृत कार्यविधि तैयार की। यह कार्यविधि बाद में बहुत से सरकार-चालित विज्ञान व प्रौद्योगिकी व्यापारिक संस्थानों का ब्लूप्रिंट बन गई।

जब आप 'एस.एल.वी.-3' जैसा विशाल कार्य हाथ में लेते हैं तो उसमें समय का प्रबंधन करना बहुत आवश्यक होता है। कलाम को इस बात का अहसास था। वे सुबह की ताजा हवा से ऊर्जा प्राप्त करने के लिए अपने दिन की शुरुआत लंबे मार्निंग वॉक से करते। इसके फौरन बाद वे कई तरह के कार्यों में व्यस्त हो जाते, जिनमें योजना बनाना, मीटिंगों में शामिल होना, टीम की देख-रेख करना, सामग्री प्राप्त करना, पत्र लिखना और उनके उत्तर देना, समीक्षा करना, निर्देश देने जैसे कार्य शामिल रहते। सभी कार्य आवश्यक थे, जिनके लिए उन्हें समय निकालना ही पड़ता था। इन सभी कार्यों को निर्विघ्न अंजाम देने के लिए वे सुबह की सैर के दौरान दिन भर की योजना बना लेते।

कलाम को दफ्तर की अपनी मेज स्वयं साफ करना अच्छा लगता था। इस कार्य के पश्चात् वे उनके ध्यानार्थ रखे कागजों व फाइलों को देखते। कुछ मिनट लगाकर वे इन्हें विभिन्न वर्गों में श्रेणीबद्ध कर देते। इसके बाद वे उनके त्वरित काररवाई, पढ़ने हेतु आवश्यक—कम प्राथमिकता के अनुसार—अलग-अलग ढेर बना लेते। इसके अलावा वे उन्हें सरसरी तौर पर पढ़ने योग्य तथा समय लगाकर पढ़ने योग्य में भी वर्गीकृत कर देते। मुख्य रूप से वे उन फाइलों पर ध्यान देते, जिनपर त्वरित काररवाई की आवश्यकता होती थी। लेकिन कई बार तो उन्हें वह काम करना अधिक अच्छा लगता, जिसमें कम समय लगना हो; जैसे पिछले दिन लिखवाए गए पत्रों पर हस्ताक्षर करना या किसी विभाग को सहभागितापूर्ण कार्यों के लिए बुलाना आदि। इससे लंबित कार्यों को हलका करने में मदद मिल जाती थी। दफ्तर आने के बाद आधे घंटे के भीतर ही कुछ काम निपटा लेने पर आपको स्फूर्ति व ताजगी का अहसास होता है, जिससे आप में अन्य कार्यों को करने के लिए ऊर्जा मिल जाती है।

कलाम अपनी कुरसी पर बैठते ही सबसे पहले अपनी प्राथमिकताओं को तीन महत्त्वपूर्ण भागों में विभाजित करते थे—डिजाइन-सामर्थ्य, लक्ष्य-निर्धारण तथा चरण-दर-चरण लक्ष्य प्राप्त करना। इसके अलावा, वे इतनी बड़ी परियोजना का अपरिहार्य हिस्सा रहे विघ्नों से बचाव का भी प्रयास करते। सूचना प्रणाली इस परियोजना का एक अहम हिस्सा थी। सैटेलाइट के साथ निरंतर अबाधित संपर्क बनाए रखने के लिए जमीन व वाहन दोनों पर ही कई

प्रकार की इलेक्ट्रॉनिक प्रणाली की आवश्यकता थी। भेजे जाने तथा प्राप्त किए जानेवाले सिग्नल बोधगम्य कूट संकेताक्षरों में होने चाहिए थे। साथ ही यह भी सुनिश्चित करना था कि यह प्रणाली भलीभाँति काम करती रहे, क्योंकि जमीनी स्टेशन से यान को अपने नियंत्रण में रखने का केवल यही एक माध्यम था।

इस सब में सबसे महत्त्वपूर्ण बात यह थी कि इस संपूर्ण परियोजना का लक्ष्य सभी हिस्सों का स्वदेश में विकास व निर्माण करते में आत्मनिर्भरता प्राप्त करना था। टीम के सदस्य इस नई परियोजना में जुटे हुए थे। कई बार तो उन्हें कोई मार्गदर्शन करनेवाला भी नहीं मिला। लेकिन फिर भी, सबने साथ मिलकर बेहतरीन चरित्र, प्रतिबद्धता व दृढ़ता का प्रदर्शन करते हुए बेहद शानदार डिजाइन तैयार कर लिया। अपनी इस दीर्घकालीन कारस्वाई के दौरान उनके सामने निरंतर समस्याएँ आती रहीं। लेकिन वे धैर्यपूर्वक अपना काम करते रहे। कई बार कार्य के घंटे अनियमित हो जाते। वे देर रात तक काम करते रहते। वे अकसर नाश्ता, खाना और यहाँ तक कि अपने परिवार को भी भूल जाते। एक बार कलाम ने अपनी टेबल से उठने के पूर्व लिखा—

''संपूर्ण जगत् पुनः गहन शांति में निमग्न है,
ब्रह्मांड ऊर्जा से ओत-प्रोत है,
दोनों महासागरों की उफनती हुई लहरें
धीमे से उस दिव्यता के चरण पखारती हैं
और मधुर शहनाई दिव्य संगीत छेड़ देती है।''

उपर्युक्त पंक्तियाँ दरशाती हैं कि व्यस्त कार्यक्रम व जटिल परिस्थितियों के बावजूद कलाम का मन पूरी तरह से शांत था। यही नहीं, राटो तथा मिसाइल निर्माण जैसे विज्ञान व प्रौद्योगिकी के जिन पहलुओं से वे पहले से जुड़े हुए थे, वे अब भी उनके संपर्क में थे। उन्हें यह जानकर दुःख हुआ कि 'राटो' को जिस विमान पर लगाया जाना था, वह अब चलन से बाहर हो गया था और उनकी जगह लेनेवाले विमानों को इसकी आवश्यकता नहीं थी। लेकिन उन्हें इस बात की खुशी थी कि वी.एस. नारायणन (अब एयर कमोडोर) के संचालन में डी.आर.डी.एल. का मिसाइल कार्यक्रम उचित गति से चल रहा था।

वर्ष 1975 में कलाम को एक कमेटी में नियुक्त किया गया, जिसका कार्य डी.आर.डी.एल. में अब तक हुए कार्य की समीक्षा करना था। उन्हें साथ जोड़ने का उद्देश्य मिसाइल के एयरोडायनेमिक संरचना तथा प्रोपल्शन (संचालक शक्ति) का निर्विघ्न निष्पादन सुनिश्चित करना था। कलाम को यह देखकर

बहुत संतुष्टि मिली कि मिसाइल टीम ने बहुत अच्छा काम किया था। उनमें से हर व्यक्ति चाहता था कि वह भारतीय मिसाइल को उड़ान भरते देखे। उसे संभव बनाने के लिए उन्होंने एड़ी-चोटी का जोर लगा दिया। इसके हार्डवेयर फैब्रिकेशन तथा प्रणाली विश्लेषण सहित सभी क्षेत्रों में हुई पर्याप्त प्रगति को देखना काफी संतोषजनक था। कुछ मामलों में यह मिसाइल प्रणाली अभी बाल्यावस्था में ही थी, लेकिन यह उचित गति से आगे बढ़ रही थी। कमेटी ने दृढ़ता सहित परियोजना को जारी रखने का पक्ष लिया, जिसे सरकार ने स्वीकार कर लिया। इसी के साथ मिसाइल कार्यक्रम को आवश्यकतानुरूप संसाधन व श्रम शक्ति मिलने से इसकी गति तीव्र हो गई।

चरण-दर-चरण एस.एल.वी. का कार्य आगे बढ़ता हुआ ठोस आकार लेने लगा। यह धीमी लेकिन सतत प्रक्रिया थी। टीमों का निजी प्रदर्शन बहुत बेहतरीन रहा। अब कार्य उस स्तर पर पहुँच गया था, जहाँ उसे एकीकृत किया जाना था। यहाँ कलाम को अपने निरीक्षण के अलावा निर्देशन का कौशल भी प्रदर्शित करना था। उन्होंने टीमों को अपना निजी लक्ष्य हासिल करने के अलावा उनका जिनके साथ एकीकरण होना था, उनसे संपर्क साधने के लिए भी प्रेरित किया। उन्होंने द्विमार्गीय संपर्क पद्धति की अनुमति दी। उन्होंने सबसे कनिष्ठ स्तर के व्यक्ति के विचारों का भी स्वागत किया।

एस.एल.वी. परियोजना के दौरान कई बार कुछ चिंताजनक पल भी आए। विशेष रूप से तब, जब देरी का कारण प्रशासनिक या वित्तीय प्रक्रियाएँ रही हों। देरी पर चर्चा के विषय में हुई एक ऐसी ही मीटिंग में कलाम अपना आपा खो बैठे, जिसके बाद डॉ. ब्रह्मप्रकाश मीटिंग छोड़कर चले गए। हालाँकि इसके परिणाम सुखद रहे। डॉ. ब्रह्मप्रकाश ने प्रशासनिक व वित्तीय विभाग से वित्तीय अधिकार लेकर उन्हें परियोजना प्रबंधन को सौंप दिया। इससे कलाम को बहुप्रतीक्षित संबल व स्वतंत्रता प्राप्त हो गई। किसी भी पेशेवर को दो चीजें होने पर ही निजी स्वतंत्रता प्राप्त हो सकती है—ज्ञान व दायित्व। बेकन ने ठीक ही कहा है कि 'ज्ञान ही शक्ति है।' कलाम का मानना था कि इस कथन में परिवर्तन होना चाहिए—'नवीनतम ज्ञान ही शक्ति है।' चलन से बाहर हो जाने पर इस शक्ति द्वारा आपको स्वतंत्रता का कोई अवसर प्राप्त नहीं हो सकता। इसे ध्यान में रखते हुए कलाम कहते थे कि पेशेवरों को पुनः मूल ज्ञान की ओर जाना चाहिए। उन्हें कॉलेज जाकर नियमित रूप से अपने ज्ञान को अद्यतन करते रहना चाहिए। जहाँ तक व्यक्तिगत दायित्व की बात है, यह उत्साह द्वारा ही

हासिल हो सकता है। किसी भी तरह का दायित्व मिलने पर आप अनायास ही शक्तिशाली हो जाते हैं और तब आपको उत्साह की आवश्यकता होती है। इससे आप वे कार्य कर पाते हैं, जिनमें आपको विश्वास हो। इसके परिणामस्वरूप आपको सच्ची स्वतंत्रता प्राप्त होती है। काम के प्रति इस उत्साह का परिणाम एस.एल.वी.-3 के लिए कुछ प्रणालियों व उप-प्रणालियों के निर्माण के रूप में सामने आया। ऐसा देश में पहली बार हुआ था। इस स्वतंत्रता के द्वारा इंजीनियरों ने वह कार्य कर दिखाया, जिसका इससे पहले उन्हें कोई अनुभव नहीं था। सृजन स्वागत योग्य कदम है।

हर चीज के गहन विवरण तक जानेवाले प्रो. सतीश धवन के विवेकपूर्ण व सक्षम नेतृत्व में रहते हुए कलाम को बहुत कुछ सीखने को मिला। किसी भी तरह का संदेह होने पर प्रश्न पूछने में उन्हें कभी हिचकिचाहट नहीं हुई। इसके साथ ही एस.एल.वी. के मार्ग में शामिल विज्ञान के बहुत से सिद्धांतों के खुलासे के अलावा अलग-अलग लोगों के साथ काम करने से उनके ज्ञान में वृद्धि होती गई।

वर्ष 1974 तक बहुत सी उप-प्रणालियाँ अपने अंतिम चरण पर पहुँच गई थीं, जबकि अभी कुछ अन्य पर काम किया जाना बाकी था। अब साउंडिंग रॉकेट के लिए वर्ष 1975, सब-ऑर्बिटल फ्लाइट्स के लिए 1976 और ऑर्बिटल फ्लाइट्स को 1978 के अंत तक निर्मित कर लेने का लक्ष्य तय किया गया। अभी बहुत सा काम किया जाना बाकी था, इसलिए सामूहिक प्रयास जारी रखे गए। 24 जुलाई, 1974 को तत्कालीन प्रधानमंत्री इंदिरा ने संसद् में अपने स्वागत भाषण में जानकारी दी—''सभी प्रासंगिक प्रौद्योगिकियों, उप-प्रणालियों तथा हार्डवेयर के विकास व निर्माण का कार्य संतोषजनक ढंग से जारी है। इसके घटकों के निर्माण हेतु विभिन्न उद्योगों को भी साथ जोड़ा गया है। भारत वर्ष 1978 में अपनी पहली अंतरिक्षीय उड़ान भर सकेगा।''

जब कलाम एस.एल.वी.-3 पर कार्य कर रहे थे, उसी दौरान उनके बचपन के मित्र सलाहकार जलालुद्दीन का निधन हो गया। यह कलाम व उनके परिवार के लिए एक बड़ी क्षति जैसा था। उनके मन में बचपन की यादें घूमने लगीं। इससे वे कुछ मिनट के लिए अशांत हो गए। कलाम को मंदिर आवागमन के लिए नाव बनाने व समुद्र किनारे पैदल घूमने जैसे दोनों के साथ किए गए काम याद आने लगे। इसके अलावा कलाम को श्वाटर्ज हाईस्कूल में दाखिले के समय या नासा जाने से पहले उनके कहे गए सुखद व प्रेरणाप्रद शब्द आ गए।

वे उनके घर गए और अनवरत रो रही अपनी बहन व भानजे को दिलासा दी। यह ऐसा क्षण होता है, जब व्यक्ति स्वयं को असहाय महसूस करता है। उस समय कलाम के पिता सौ वर्ष से भी अधिक उम्र के हो चुके थे।

कलाम कहते थे कि उन्हें मृत्यु से डर नहीं लगता; क्योंकि एक-न-एक दिन सभी को जाना ही है। लेकिन जलालुद्दीन के साथ यह बहुत जल्दी हो गया। कलाम कुछ और दिन अपने परिवार के साथ बिताना चाहते थे। लेकिन वे जानते थे कि यह संभव नहीं है। उनका काम उन्हें पुकार रहा था। काम पर वापस लौटने के बाद भी कुछ दिन तक उन्हें अपने भीतर रिक्तता का अहसास होता रहा। तत्पश्चात् उन्होंने स्वयं को परियोजना कार्य में डुबो दिया। उन्हें काम करने में ही शांति मिली। वे लिखते हैं—

'मुझे बनाने में दिन-रात एक करते हुए,
हर हिस्से को बनाने व प्रणाली की जाँच करते हुए,
किसी सृजक की भाँति चिंतित व आनंदित होते हुए,
अपनी भूख व प्यास को मिशन में डुबोते हुए।'

इस परियोजना पर कार्य करते समय वर्ष 1976 में अपने शतायु पिता के निधन से कलाम को एक और झटका लगा। उनका स्वास्थ्य बहुत दिनों, विशेष रूप से जलालुद्दीन के निधन के बाद से ही, बिगड़ रहा था। उनकी जीने की इच्छा समाप्त हो गई थी। पहले जब भी कलाम को उनके बीमार होने की जानकारी मिलती तो वे अपने साथ शहर से डॉक्टर ले जाया करते थे। लेकिन उनके पिता उन्हें इस व्यर्थ की चिंता करने के लिए झिड़कते हुए कहते; "तुम्हारे आने भर से मैं ठीक हो जाता हूँ।" वे अकसर यही बात कहते, लेकिन क्या कोई भी पुत्र केवल यह सुनने से संतोष कर सकता था! उन्होंने 102 वर्ष की बड़ी उम्र में देह त्यागी। वे अपने पीछे पंद्रह पोते-पोतियाँ व एक पड़पोता छोड़ गए।

कलाम ने नम आँखों से अपनी माँ से विदा ली और थुंबा वापस लौट आए। उनकी माँ अपने पति का घर छोड़कर जाने के लिए तैयार नहीं हुईं। उन्होंने कहा कि अब वही इस घर की कर्ता-धर्ता हैं। लेकिन कलाम वहाँ नहीं रुक सकते थे। उनका भाग्य उन्हें थुंबा बुला रहा था। दुर्भाग्य से, इसके बाद उनकी माँ भी अधिक समय तक जीवित नहीं रहीं। उस समय कलाम फ्रांस जाने वाले थे, जहाँ उन्हें इस चौथे चरण से जुड़े कुछ जटिल मामले सुलझाने थे। लेकिन तभी उन्हें यह समाचार मिल गया। वे तुरंत रामेश्वरम पहुँच गए और अपनी माँ का अंतिम संस्कार किया। वे कुछ दिन वहीं रुकना चाहते थे। लेकिन वे

ऐसा नहीं कर सके। उन्हें अगले दिन ही लौटना पड़ा। परंतु उन्होंने लिखा—

'मुझे आज भी वो दिन याद है
दस वर्ष का मैं आपकी गोद में लेटा,
अपने बड़े भाई-बहनों की डाह का कारण बन रहा था।
उस दिन पूनम का चाँद था, मेरी दुनिया बस, तुमसे ही थी;
मैं आधी रात को गालों पर ढुलकते आँसू लिये उठ जाता।
मेरा माँ, तुम अपने बच्चे का दुःख समझती थीं।
तुम्हारे नर्म हाथों के स्पर्श से मेरा सारा कष्ट दूर हो जाता,
तुम्हारा प्रेम, तुम्हारा स्नेह, तुम्हारा विश्वास ही मेरा संबल था,
जिससे मैं बिना डरे संसार का सामना करता हूँ,
मेरी माँ, जब न्याय का दिन होगा
तब ईश्वर की शक्ति से हम एक बार फिर मिल जाएँगे।'

कलाम अपने काम पर वापस लौट गए। वे फ्रांस गए और वापस लौट आए। इसी बीच वॉन ब्रॉन ने थुंबा का दौरा किया। वे जर्मनी से थे। उन्होंने रॉकेटों का निर्माण किया था। बाद में वर्ष 1944 में मित्र राष्ट्र की सेनाओं ने उन्हें गिरफ्तार कर लिया। तत्पश्चात् वे नासा में काम करने लगे। 'अपोलो मिशन' के दौरान उन्हीं के बनाए रॉकेट 'सैटर्न' में सवार होकर मनुष्य ने चाँद पर पहला कदम रखा। एस.एल.वी.-3 देखने के बाद उन्होंने उसकी बहुत प्रशंसा की। इसके साथ ही उन्होंने कलाम को आनेवाली कठिनाई के प्रति भी सचेत किया। उन्होंने कहा, "...हम केवल सफलताओं से ही नहीं सीखते, बल्कि असफलताएँ भी हमें बहुत कुछ सिखा जाती हैं।" उन्होंने सलाह देते हुए कहा, "केवल कड़ी मेहनत से ही काम नहीं चलेगा। आपको द्रष्टा बनना होगा। निर्माण कार्य में कड़ी मेहनत करने पर आप विशालकाय ढाँचा बना सकते हैं; लेकिन विजन होने पर ही आप उसे फूलों भरा बगीचा या सेब के बगीचे की दीवार का रूप दे सकते हैं। प्रतिबद्धता के लिए भागीदारी आवश्यक है।" उन्होंने यह भी कहा कि कलाम ने अपने परिवार में इतने कम समय में हुए तीन देहांत के बावजूद बहुत बेहतरीन कार्य किया है। उनका मानना था कि काम के प्रति पूर्ण प्रतिबद्धता सभी सफल पुरुषों व स्त्रियों के बीच का एक समान गुण है और वे अपना नाम इन्हीं लोगों में शामिल करवाना चाहते थे। उनका मानना था कि किसी कार्य में आपने कितने घंटे लगाए हैं, इससे जरूरी यह है कि इन घंटों में से कितना समय कुछ उपयोगी व सार्थक करते हुए बीता है। पूरी प्रतिबद्धता सहित कार्य करने पर आपको अपने कार्य से

ही अनंत ऊर्जा प्राप्त होती है। आप जितना अधिक कार्य करते हैं, आपकी काम करने की इच्छा उतनी ही बढ़ती जाती है।

असफलता व सफलता

10 अगस्त, 1979 को वह समय आ गया, जब वर्षों से जारी कड़ी मेहनत की पूर्णता की जाँच होनी थी। अब समय था 'एस.एल.वी.-3' की पहली प्रयोगात्मक उड़ान परीक्षण का। 23 मीटर लंबे, 17 टन वजनी तथा चार चरणवाले 'एस.एल.वी.-3' रॉकेट ने सुबह के ठीक 7.58 पर शानदार उड़ान भरी और अपने निश्चित प्रक्षेप-पथ पर बढ़ गया। पहला चरण बिलकुल सही रहा और वह निर्विघ्न दूसरे चरण में पहुँच गया। यह एक सपने के सच होने जैसा था। लेकिन अगले ही क्षण यह सपना टूट गया। दूसरे चरण में कुछ समस्या आ गई और जल्द ही वह नियंत्रण से बाहर हो गया। उड़ान के 317 सेकंड के बाद यान श्रीहरिकोटा से 560 किलोमीटर दूर गहरे समुद्र में जा गिरा। यह अत्यंत निराशा का क्षण था। यह केवल कलाम के लिए ही नहीं बल्कि इस परियोजना से जुड़े सभी वैज्ञानिकों, इंजीनियरों व अन्य लोगों के लिए गहन निराशा का क्षण था। एक बार फिर कलाम को अपनी सभी पुरानी असफलताएँ याद आने लगीं। वे पहले भी कई बार असफलताओं का सामना कर चुके थे। लेकिन यह परियोजना उनके लिए अत्यधिक निराशा का कारण बन गई। उन्हें लगा मानो उनके पैर उनका भार नहीं उठा पा रहे। वे वहीं जम गए थे। उन्होंने किसी तरह अपने आपको सँभाल लिया।

सब ओर से प्रश्न उठ रहे थे। कलाम को इन सबके उत्तर तलाशने थे। लेकिन इतनी बड़ी परियोजना में असफलता का सटीक कारण खोजना आसान कार्य नहीं था। असफलता की यह गुत्थी अभेद्य थी। सब लोग, सारा देश उत्तर माँग रहा था, जो उनके पास नहीं था। वे पिछले एक हफ्ते से सोए नहीं थे और पिछली सारी रात उन्होंने जागते हुए काटी। वे मानसिक व शारीरिक रूप से पूर्णतः थके हुए थे। वे अपने कमरे में जाकर बिस्तर पर ढेर हो गए। दोपहर को डॉ. ब्रह्मप्रकाश ने उन्हें जगाया। उन्होंने कलाम को दिलासा देते हुए भोजन के लिए आमंत्रित किया। कलाम के दुःखी मन को उनकी बातों से कुछ सांत्वना मिली। उन्होंने कहा कि इस घटना से कलाम को एक क्षण के लिए भी निराश नहीं होना चाहिए, क्योंकि अब असफलता से ऊपर उठकर सफलता हासिल करने का समय आ गया है।

कलाम को वे घटनाएँ याद आ गईं, जहाँ वैज्ञानिकों ने कई असफलताओं के पश्चात् सफलता प्राप्त की थी। डॉ. ब्रह्मप्रकाश का साथ मिलने से उन्हें आत्मविश्वास की अनुभूति हुई। अपने साथी की बात सुनकर वे पुनः संतुलित हो गए। उन्होंने कहा था, ''बड़ी वैज्ञानिक परियोजनाएँ उन पर्वतों के समान होती हैं, जिन्हें न्यूनतम प्रयासों द्वारा बिना जल्दबाजी के चढ़ना चाहिए''। यदि आप संतुलित रहे तो पर्वत पर अवश्य चढ़ सकेंगे।''

तभी परीक्षा की एक और घड़ी आ गई। कलाम के अनुसार, यह कुछ जल्दी ही हो गया। यह परीक्षण 18 जुलाई, 1980 की सुबह होना था। उससे पहले ही सारे अखबार नकारात्मक व हतोत्साहित करनेवाली बातों से भर गए। वे याद दिला रहे थे कि पिछली बार के परीक्षण किस बुरी तरह नाकाम रहे थे, जिनमें उनके अनुसार कई लाख रुपए समुद्र की गर्त में समा गए थे। वे समझ गए थे कि यान का इस बार का प्रदर्शन ही भारतीय अंतरिक्ष कार्यक्रम का भविष्य तय करेगा। निस्संदेह, सभी अखबारों का रुख नकारात्मक नहीं था। कुछ का मानना था कि भारतीय वैज्ञानिकों ने अवश्य ही अपनी पिछली असफलता से सबक सीखा होगा।

सुबह 8.03 पर भारत के पहले उपग्रह प्रक्षेपण यान 'एस.एल.वी.-3' ने पूरी शान के साथ एस.एच.ए.आर. से उड़ान भरी और 'रोहिणी' (पेलोड) को पृथ्वी की निचली कक्षा में स्थापित कर दिया। अंततः सफलता मिल ही गई। इसके बाद आनंद व उत्सव का दौर आरंभ हुआ। कलाम की प्रशंसा करते हुए लोगों ने उन्हें कंधों पर उठा लिया। पूरा राष्ट्र उत्साहित था। अब भारत उपग्रह प्रक्षेपण की क्षमता रखनेवाले देशों के समूह का हिस्सा बन गया था। यह घटना अखबारों के पहले पन्ने की खबर बनी। सभी ओर से बधाइयों का ताँता लग गया। लोगों द्वारा मनाए जा रहे इस उत्सव में सबसे खास बात यह थी कि यह सौ फीसदी स्वदेशी प्रयास था।

इससे पहले कलाम को सिर्फ असफलताओं से ही वास्ता पड़ा था; लेकिन उनकी इस सफलता ने पिछली सभी असफलताओं को धूमिल कर दिया। यद्यपि सफलता के उन क्षणों में कलाम को कुछ लोगों की कमी खल रही थी, जिनमें प्रो. साराभाई, उनकी माँ, उनके पिताजी व जलालुद्दीन शामिल थे। लेकिन ये सभी लोग इस दुनिया से जा चुके थे।

पहचान

कड़ी मेहनत करने पर भी यह जरूरी नहीं कि आपको उस कार्य से पहचान

मिल सके। कलाम के मामले में उन्हें यह मिलना उचित ही था। हालाँकि कई लोगों का मानना था कि उन्हें ऐसे कार्य का श्रेय दिया जा रहा है, जिसमें और भी कई लोगों ने पूरी सक्रियता सहित महत्त्वपूर्ण योगदान दिया है। कलाम का यह समय व्याख्यान देने, सांसदों को संबोधित करने, प्रशस्ति स्वीकारने और ऐसे ही अन्य कार्यों में बीता। कलाम 'एयरोस्पेस डायनेमिक्स एंड डिजाइन ग्रुप' के निदेशक बना दिए गए। अगले वर्ष गणतंत्र दिवस पर उन्हें और बड़ी पहचान हासिल हुई—उन्हें 'पद्म भूषण' से सम्मानित किया गया।

कलाम अपनी इस प्रशंसा में निमग्न नहीं हुए। अब वे ऐसे अन्य क्षेत्रों की तलाश करने लगे, जहाँ कार्य करके वे राष्ट्र की प्रगति में अपना योगदान दे सकें। उन्हें यह अवसर अगले वर्ष 1982 की फरवरी में डी.आर.डी.एल. के निदेशक पद पर नियुक्ति के बाद प्राप्त हुआ। यह वही प्रयोगशाला थी, जहाँ नारायणन ने मिसाइल से जुड़े महत्त्वपूर्ण कार्य किए थे। 1 जून, 1982 को उन्होंने डी.आर. डी.एल. का पदभार ग्रहण किया। वहाँ आने पर उन्हें पता चला कि नारायणन के मिसाइल कार्यक्रम को ठंडे बस्ते में डाल दिया गया है तथा वहाँ वैज्ञानिकों व इंजीनियरों को अपना बेहतरीन कार्य करने के लिए प्रोत्साहित किए जाने की आवश्यकता थी।

कलाम ने निर्णय लिया कि वे डी.आर.डी.एल. को केवल एक दिशा में कार्यरत नहीं रख सकते। वे ऐसी वस्तुओं का निर्माण करना चाहते थे, जिन्हें आगे चलकर बेचा जा सके। वे नहीं चाहते थे कि उनके वैज्ञानिक एक ही कार्य में अपना जीवन खपा दें। वे समझ गए कि मिसाइल का विकास करना एक बहु-आयामी कार्य है। एक ही दिशा में किए गए कार्य में सफलता मिलना संदिग्ध होता है। यदि आप 'इसरो' की डी.आर.डी.एल. से तुलना करें तो आपको दोनों के बीच चौंकानेवाला अंतर दिखाई देगा। नेतृत्व इस अंतर का सबसे बड़ा कारण है। जहाँ 'इसरो' को सौभाग्यवश प्रो. साराभाई व प्रो. धवन जैसे द्रष्टा वैज्ञानिकों का नेतृत्व हासिल हुआ, वहीं डी.आर.डी.एल. इतना खुशनसीब नहीं रहा। कलाम के रूप में उन्हें संभवतः अपना पहला द्रष्टा व नेता मिल गया था। कलाम अपनी टीम के सदस्यों से कहते थे, "सपनों को सच बनाने से पहले आपको सपने देखने होंगे। कुछ लोग ऐसे होते हैं, जो जीवन से जो कुछ भी चाहते हैं, उसकी ओर कदम बढ़ा देते हैं। जबकि बाकी लोग कभी शुरुआत नहीं कर पाते, क्योंकि वे न तो यह जानते हैं कि उन्हें क्या चाहिए और न ही यह कि उसे हासिल कैसे किया जाए!"

कलाम की अपनी टीम को दी प्रेरणा व प्रोत्साहन के बाद लंबे समय तक चलनेवाले 'जी.एम.डी.पी.' (निर्देशित मिसाइल विकास कार्यक्रम) की शुरुआत हुई। इसमें अन्य वैज्ञानिक उद्देश्यों की पूर्ति के अलावा स्ट्रेटेजिक व टैक्टिकल उपयोग में आनेवाली दोनों ही तरह की विविध भाँति की मिसाइलों के निर्माण की योजना बनाई गई। इसके अलावा, कलाम ने अपने दफन हुए सपने 'री-एंट्री एक्सपेरिमेंट लॉञ्च वेहिकल' (रेक्स) को साकार करने की इच्छा जताई। मिसाइल को चरणबद्ध तरीके से बनाने की जगह सरकार से आई.जी.एम.डी.पी. (एकीकृत निर्देशित मिसाइल विकास कार्यक्रम) की अनुमति मिलना बिन माँगे मोती मिलने जैसा था। यह कलाम व डॉ. अरुणाचलम के देखे गए सपनों से कहीं अधिक था; लेकिन सरकार स्वयं इस परियोजना को आगे बढ़ाना चाहती थी। इससे राष्ट्र नई ऊँचाई छू सकता था। यह कलाम के लिए भी एक सबक था कि सफलता सुनिश्चित कर देती है कि अब लोग आपको गंभीरता से लेंगे। यहाँ ऐसा ही हो रहा था। उन्हें उनकी इच्छा से अधिक मिल रहा था।

भारत दिनोदिन शक्तिशाली होता जा रहा था और पूरी तरह स्वदेशी मिसाइल कार्यक्रम विकसित करना बेहद महत्त्वाकांक्षी विचार था। लेकिन सफल होने के लिए इससे जुड़े सभी लोगों को परियोजना के प्रति पूर्णतः समर्पित व संलग्न रहना होगा। लंबी चर्चा के पश्चात् प्रयोगशाला में प्रौद्योगिकी आधारित संरचना के निर्माण की योजना बनाई गई। एक मैट्रिक्स प्रारूप का ढाँचा बनाना होगा, जिसमें विभिन्न समूहों के वैज्ञानिक व तकनीशियन साथ मिलकर विभिन्न पहलुओं पर कार्य करेंगे। इस परियोजना की शुरुआत पूरी गंभीरता से की गई, जिसमें 400 से अधिक वैज्ञानिक व इंजीनियर एकीकृत मिसाइल कार्यक्रम में काम करने लगे।

इसके सभी कार्यों की जिम्मेदारी कलाम पर थी। परियोजना के निर्विघ्न संचालन हेतु वे इन शक्तियों को दूसरों में बाँटना चाहते थे। शुरुआत के लिए उन्होंने योग्य व्यक्तियों को खोजा और उनमें से परियोजना संचालकों को चुन लिया तथा उनकी जरूरत के मुताबिक अन्य लोगों को नियुक्त कर दिया। महत्त्वपूर्ण कार्य के लिए लोगों को चुनते समय उन्हें यह सुनिश्चित करना था कि वे सही लोगों का चयन करें। वे किसी दबाव में नहीं आना चाहते थे, इसलिए पक्षपात से बचने के लिए उन्होंने शुरुआती चरण में ही स्वयं को निचले पदक्रम से बिलकुल अलग कर लिया। वे जानते थे कि परियोजना संचालक या किसी अन्य महत्त्वपूर्ण पद के लिए किसी अनुपयुक्त व्यक्ति के चयन का अर्थ पूरे कार्यक्रम को खतरे में डालना होगा। वे ऐसा सोच भी नहीं सकते थे। सही लोगों की खोज के दौरान

उन्होंने अपने प्रतिभाशाली सहकर्मियों को देखा और एक बहुत दिलचस्प नतीजे पर पहुँचे। उनका विचार था कि उन्हें सूचीबद्ध करना उपयोगी साबित होगा।

उनमें प्रत्येक व्यक्ति की कार्यशैली दूसरे से अलग थी। ये पूर्णतः उनके अपने कार्य संबंधी योजना बनाने तथा उसके कार्यान्वयन पर निर्भर करता था। वह सतर्क योजनाकार या तेजी से आगे बढ़नेवालों में से कोई भी हो सकते थे। इनमें से पहले जहाँ सावधान होकर योजना बनाते, वहीं दूसरेवाले बिना किसी योजना के सीधे कार्य में जुट जाते। काम ही उनका मूलमंत्र था। इसी तरह कुछ लोगों का ध्यान सारा नियंत्रण अपने हाथ में लेने पर था तो कुछ स्वतंत्र प्रतिनिधित्व शक्ति के इच्छुक थे।

कलाम ने उन सभी की विशेषताओं पर गहराई से विचार किया और फैसला किया कि वे उन लोगों को चुनेंगे, जो मध्यम मार्ग पर चलते हों। तत्पश्चात् उन्होंने इसी मानक के आधार पर लोगों की खोज आरंभ कर दी। उन्हें टीमवर्क, सभी के विचारों का स्वागत करने, दूसरों के कार्य व बुद्धिमत्ता का सम्मान करनेवाला तथा प्रतिनिधित्व की इच्छा रखनेवालों की तलाश थी। इस तरह 'पृथ्वी', 'त्रिशूल', 'अग्नि', 'आकाश' व 'नाग' टीमों का गठन किया गया। उन्होंने इस बात का पूरा ध्यान रखा कि प्रत्येक टीम में अनुभवी व युवा दोनों तरह के लोगों को जगह मिले। सभी ने सकारात्मक जोश के साथ काम करना आरंभ कर दिया।

जब हम मिसाइल प्रणालियों की बात करते हैं और वह भी स्वदेशी विकास की, तो एक उचित प्रश्न बारंबार सिर उठाता है। हमारा राष्ट्र शांति के दूत बुद्ध व गांधी का देश है। क्या मिसाइल प्रणालियों का निर्माण उनकी शिक्षाओं के विपरीत नहीं है? वह भी तब, जब हमारी सशस्त्र सेनाओं ने ऐसी कोई माँग न की हो। इसके अलावा, मीडिया में भी कुछ आलोचना के स्वर मुखर थे। उनका कहना था कि भारत एक विकासशील राष्ट्र है। वह किसी ऐसे मिशन में अपना धन व संसाधन खर्च नहीं कर सकता, जिसमें अनिश्चितता का तत्त्व उपस्थित हो। कुछ भी हो, एक बात तो स्पष्ट थी कि यदि हम शांति चाहते हैं तो हमें स्वयं को शक्तिशाली बनाना ही होगा। सन् 1962 में चीन के आक्रमण ने उचित रीति से हमें यह सिखा दिया है। इतिहास पर नजर डालें तो यदि हमारे देश में आक्रमणों का सामना करने योग्य एकता व शक्ति होती तो मुसलिमों या अंग्रेजों का हमें जीत लेने का प्रश्न ही नहीं उठता था। यह मिसाइल प्रणाली हमारे लिए ऐसा संसाधन सिद्ध हो सकती है, जिससे सशस्त्र सेनाओं में धन व संसाधनों की माँग में कमी आने के बाद भी वे उतने ही शक्तिशाली बने रहेंगे। आनेवाला

समय साबित कर देगा कि भारतीय वैज्ञानिक न्यूनतम बुनियादी सुविधाओं व निवेश के बावजूद विश्व-स्तरीय उपकरणों का निर्माण करने में सक्षम हैं। भारत अब प्रौद्योगिकी विकास के नवीन युग में प्रवेश के लिए पूरी तरह से तैयार है।

निराशा व असफलता किसी भी विकास कार्य का अभिन्न अंग है। यहाँ भी ऐसा ही था। यद्यपि उन्होंने ऐसी व्यवस्था बनाई, जिसमें उनके मातहत कभी भी स्वयं को कमजोर महसूस न करें। उन्होंने ऐसा खाका तैयार किया, जिसके माध्यम से उनकी किसी भी तरह की शिकायत का समाधान किया जा सके।

एक प्रश्न सभी लोगों के मन में अवश्य उठता होगा कि इस संपूर्ण कार्यक्रम को पुराने बंद हुए मिसाइल कार्यक्रम के मार्ग पर जाने से रोकने के लिए उन्होंने क्या सोचा होगा? यहाँ कलाम ने चतुराई दिखाई। योजना के स्तर पर ही उन्होंने यह सुनिश्चित कर लिया कि अपनी सार्थक परिणति तक पहुँचने के पूर्व यह कार्यक्रम बहुत से चरणों से गुजरे। इसमें डिजाइन चरण से विकास चरण, उसके बाद परीक्षण चरण, तत्पश्चात् निर्माण चरण तथा अंत में तैनाती चरण शामिल था।

सभी पाँच मिसाइलों पर काम करने के लिए मौजूदा स्थान अपर्याप्त था। इसलिए अतिरिक्त स्थान का प्रबंध किया गया और रिसर्च सेंटर इमारत (आर. सी.आई.) की स्थापना कर ली गई। कलाम ने इसे सबसे संतोषजनक अनुभव बताया था। इसके अतिरिक्त, परीक्षण स्थल भी तैयार किए गए और मिसाइलों का निर्माण कार्य विस्तृत रूप से आरंभ हो गया। मिसाइल प्रणाली के विकास में पहला महत्त्वपूर्ण कदम 26 जून, 1984 को आया, जब ठंडे बस्ते में पड़ी 'डेविल मिसाइल प्रणाली' को पुनर्जीवित करते हुए उसमें आवश्यक परिवर्तन कर लिये गए। अब यह सभी मानकों पर खरी उतरती थी। इस सफलता से वैज्ञानिकों में इस कार्य को करने के प्रति आत्मविश्वास में वृद्धि हो गई। तत्पश्चात् इस तरह के और भी कई महत्त्वाकांक्षी कार्यक्रमों को प्रक्रियागत योजनाओं में शामिल किया गया। इसका प्रभाव इतना अधिक था कि प्रधानमंत्री श्रीमती इंदिरा गांधी सहित सभी महत्त्वपूर्ण लोगों और मीडिया ने भी इस प्रयास की सराहना की। इस प्रशंसा से उनके मनोबल में अत्यधिक वृद्धि हुई। प्रधानमंत्री ने स्वयं डी.आर. डी.एल. का दौरा कर पूरी टीम को बधाई दी। वे इसे लेकर कितनी उत्साहित थीं, इसका अनुमान कलाम से हुई उनकी इस बातचीत से लगाया जा सकता है।

उन्होंने पूछा, ''आप 'पृथ्वी' का उड़ान परीक्षण कब करने वाले हैं?''

''जून 1987।''

श्रीमती गांधी ने अपने चेहरे पर सदा बनी रहनेवाली मुसकान के साथ अपनी

चमकदार आँखों से कलाम को देखते हुए कहा, "इस उड़ान परीक्षण को और जल्दी करने के लिए जिन भी चीजों की आवश्यकता हो, मुझे अवश्य बताइएगा।"

ऐसा नेतृत्व होने पर आपका परिणाम हासिल करना सुनिश्चित होता है। उनका स्पष्ट व सीधा संदेश था कि कोई भी बाधा इतनी बड़ी नहीं है, जो इस परियोजना को रोक सके। जाने से पहले इंदिराजी ने फिर से कहा, "आपके कार्य की तेज गति से देश भर की आशा बँधी है।" हालाँकि उन्होंने यह भी कहा कि इसमें गुणवत्ता से किसी भी तरह का समझौता नहीं होना चाहिए और इसकी प्रौद्योगिकी में सुधार के हरसंभव प्रयास किए जाएँ। दुर्भाग्य से, उसी वर्ष इस राजनीतिक दुनिया की प्रतिष्ठित सदस्य की हत्या कर दी गई। इसके बावजूद कलाम ने सुनिश्चित किया कि इसका मिसाइल कार्यक्रम पर कोई प्रभाव न पड़े।

उनकी प्रयोगशाला की प्रबंधन व्यवस्था में शीघ्रता की भावना रोपित कर दी गई थी। कलाम कहते थे, "...निर्देशित मिसाइल कार्यक्रम ऑफिस में इस शीघ्रता के चलते कार्यशैली ऐसी थी कि यदि आपको निर्माण केंद्र में पत्र भेजना हो तो उसकी जगह फैक्स कर दें। यदि आपको टेलेक्स या फैक्स करना है तो उसकी जगह टेलीफोन करें और यदि टेलीफोन पर कोई चर्चा करनी है तो उसके बदले स्वयं वहाँ चले जाएँ।" इन नीति-नियमों पर चलते हुए कलाम के नेतृत्व में कार्य कर रहे डी.आर.डी.एल. के वैज्ञानिकों ने देश को निराश नहीं किया। आज आई.जी.डी.एम.पी. उत्कृष्टता का पर्याय बन चुकी है।

कलाम को भारतीय प्रतिभा पर हमेशा से विश्वास था। वे पहले के उदाहरण देते हैं। वे बताते हैं कि हरित क्रांति की नींव पड़ते ही भारतीय प्रतिभा ने आगे बढ़कर काम किया। इसी तरह सन् 1974 में परमाणु परीक्षण की योजना बनने पर भी उन्होंने पूरा-पूरा साथ दिया था और जब इस मिसाइल कार्यक्रम की शुरुआत के साथ ही उदित हुई नई प्रतिभाओं ने इस संपूर्ण कार्यक्रम को वास्तविक बनाया। अब ये प्रतिभाएँ देश की विभिन्न प्रयोगशालाओं व कार्यशालाओं में कार्य कर रही हैं। हालाँकि उन्हें एक बात का मलाल था। जब भारत ने परमाणु विस्फोट किया तो वह ऐसा करनेवाला छठा राष्ट्र था। जब हमने 'एस.एल.वी.-3' प्रक्षेपित किया तो हम ऐसा करनेवाले पाँचवें राष्ट्र बने। हम किसी भी तरह का प्रौद्योगिकीय कमाल करनेवाला पहला राष्ट्र कब बन सकेंगे?

भारत आघात सहने में माहिर है। श्रीमती इंदिरा गांधी के बाद उनके पुत्र राजीव गांधी ने पर्याप्त वोटों से विजय हासिल कर प्रधानमंत्री पद की शपथ ली। तब तक आर.सी.आई. (रिसर्च सेंटर इमारत) का काम पूरा हो चुका था। अगले

वर्ष 3 अगस्त, 1985 को नए प्रधानमंत्री ने इस नवीन भवन का उद्‌घाटन किया। राजीव गांधी सामान्य रूप से वैज्ञानिक कार्यों व मिसाइल विकास कार्यक्रम में विशेष रुचि रखते थे। उन्होंने वैज्ञानिक समुदाय से वादा किया कि राष्ट्र उन्हें यहाँ अच्छा जीवन-स्तर प्रदान करने का हरसंभव प्रयास करेगा, जिससे देश से प्रतिभा पलायन रुक सके। विशेष रूप से ऐसे जटिल समय पर, जब देश को प्रौद्योगिकीय अन्वेषण की अत्यंत आवश्यकता है।

इसके अतिरिक्त उन्होंने विशेष रूप से डी.आर.डी.एल. में विभिन्न कार्यों में जुटी नई प्रतिभाओं से भी दो शब्द कहे, जिसमें उन्होंने री-एंट्री टेक्नोलॉजी व संरचना, मिलीमीट्रिक वेब राडार, फेज्ड ऐरे राडार, रॉकेट प्रणालियों तथा ऐसे ही अन्य उपकरणों का निर्माण करने की बात कही। युवा वैज्ञानिक आरंभिक स्तर पर उन्हें सौंपे गए कार्यों की अहमियत नहीं समझ पाते थे। लेकिन इसके प्रति आश्वस्त होने पर वे पूर्णतः कार्य में जुट जाते। वे जब भी वरिष्ठ वैज्ञानिकों को कार्य करते देखते तो उन्हें देखकर वे आश्वस्त हो जाते कि प्रक्रिया का वास्तविक आनंद उसे करने में निहित है। एक बार कार्य समाप्त करने के बाद जब आप अपने अगले लक्ष्य की ओर बढ़ते हैं तो यह आनंद भी उसी ओर चलायमान हो जाता है। समीक्षा बैठकों में अपने कार्य पर चर्चा होने के कारण युवा वैज्ञानिक भी इससे पूरी तरह जुड़े रहते। इससे उन्हें पूरी प्रणाली को जानने का अवसर मिल जाता था। कलाम उनसे कहते थे, ''आपको किसी से भी डरने की आवश्यकता नहीं है। यदि आपको कोई संदेह है तो हम साथ मिलकर उसका समाधान खोज सकते हैं।'' युवा वैज्ञानिक जानते थे कि सभी वरिष्ठ अधिकारी उनके साथ हैं, इसलिए वे पूरे उत्साह सहित कार्य करते।

सबसे पहले 'त्रिशूल' का प्रारंभिक परीक्षण हुआ। इसे 16 सितंबर, 1985 को श्रीहरिकोटा के परीक्षण स्थल से प्रक्षेपित किया गया। मिसाइल अपने सभी लक्ष्य भेदने में सफल रही। लेकिन उसके कुछ हिस्से में सुधार की आवश्यकता थी। उप-प्रणालियों ने बेहतरीन कार्य किया। इससे डी.आर.डी.एल. का अपने सही मार्ग पर होने का आत्मविश्वास और अधिक बढ़ गया। यह परीक्षण उड़ान ही अंतिम नहीं थी। इस कड़ी में अगला प्रक्षेपण 'पायलट-रहित लक्षित विमान' (पी.टी.ए.) से होना था।

इस दौरान कलाम अकादमियों से विशेषज्ञों को आमंत्रित करने का प्रयास करने लगे। इस तरह वे निरंतर प्रतिभा-प्राप्ति को सुनिश्चित करना चाहते थे। इस हेतु उन्होंने आई.आई.एम., जादवपुर विश्वविद्यालय, आई.आई.टी. जैसे कई

शैक्षिक संस्थानों से संपर्क किया। इन संस्थानों में मिसाइल की उप-प्रणालियों के संबंध में महत्त्वपूर्ण कार्य किया गया था। उदाहरण के लिए, प्रो. आई.जी. शर्मा ने 'आकाश' के बहु-लक्षित प्रारूप के लिए 'एयर डिफेंस सॉफ्टवेयर' तैयार किया था। मिसाइल में बहुत सी उप-प्रणालियों की आवश्यकता होने से यह चुनौती बहुत बड़ी थी; लेकिन उन्होंने इसके लिए उचित योजना तैयार की थी।

किसी भी संस्थान में, विशेष रूप से सरकारी विभागों में, नौकरी को बेहद कठिन माना जाता है। हर वर्ष की भाँति एक बार फिर अपने अधीनस्थ स्टाफ की वार्षिक गोपनीय रिपोर्ट (ए.सी.आर.) बनाने का समय आ गया था। इस प्रक्रिया में समस्या यह होती है कि बॉस अपने सभी अधीनस्थों को 'अति उत्तम' नहीं बता सकता, फिर भले ही वे अपनी अधिकतम क्षमता से ही कार्य क्यों न कर रहे हों। साथ ही किसी भी व्यक्ति पर प्रतिकूल टिप्पणी देना निजी रूप से उसकी घृणा का पात्र बनना होता है। कलाम भी इसी दुविधा का सामना कर रहे थे। यह वह समय था, जब अधीनस्थ कर्मचारी उन्हें सौंपे गए कार्य को करने की जगह बॉस को खुश करने में लगे रहते हैं। यह समस्या इसलिए और गंभीर हो जाती है, क्योंकि इस ए.सी.आर. का व्यक्ति की पदोन्नति व तैनाती से भी गहरा संबंध होता है। इस कारण बॉस को सभी की आशाओं की पूर्ति करने के अलावा उनकी प्रशंसा भी करनी होती है। कलाम ने निष्पक्ष रहने का प्रयास किया। हालाँकि तब भी यह कार्य उतना ही जटिल रहा। उन्होंने लोगों के प्रकट आशय को नहीं, बल्कि उनकी अंत:प्रेरणा पर दृष्टि डाली।

वर्ष 1988 के आरंभ होते ही 'पृथ्वी' मिसाइल के प्रक्षेपण की तैयारियाँ शुरू हो गईं। आखिरकार उसी वर्ष 25 फरवरी को इसका श्रीहरिकोटा से प्रक्षेपण कर दिया गया। इसने इतिहास रच दिया। अमित्र व पश्चिमी देश इस मिसाइल के प्रक्षेपण से नहीं, बल्कि इसकी सटीकता देखकर स्तंभित रह गए। इसकी सटीकता दर 50 मीटर सी.ई.पी. (संभावित त्रुटि वृत्त) थी—अर्थात् यह लक्ष्य के 50 मीटर के वृत्त में वार करने में सक्षम थी। इससे विशेष रूप से क्रुद्ध हुए पश्चिमी जगत् ने भारत पर प्रौद्योगिक प्रतिबंध लगा दिए। अब हमारे लिए निर्देशित मिसाइल से संबंध रखनेवाली कोई भी चीज खरीदना असंभव हो गया। भारत को पता था कि यही होने वाला है, इसलिए शुरुआत से ही सारा ध्यान स्वदेशी विकास पर केंद्रित रखा गया था। इस प्रतिबंध से अगले लक्ष्य हासिल करने का इरादा और भी दृढ़ हो गया।

'अग्नि' इस श्रृंखला की अगली कड़ी थी। कार्यस्थल पर पूर्ण संलग्नता,

भागीदारी व प्रतिबद्धता लोक-स्वभाव बन गई थी। टीम का प्रत्येक सदस्य अपने आराम के प्रति बेपरवाह होकर पूर्णता पाने के लिए काम में जुटा था। प्रक्षेपण के लिए 20 अप्रैल, 1989 की तारीख निश्चित होते ही इस परीक्षण को रोकने के लिए भारी विदेशी दबाव आने लगा; बल्कि इस परियोजना द्वारा किए गए संपूर्ण विकास को निरस्त करने की माँग उठने लगी। इन सबके बावजूद भारत सरकार डी.आर.डी.एल. के साथ चट्टान की तरह खड़ी रही। मीडिया में खबरें आ रही थीं कि राजनीतिक नेतृत्व इस अत्यधिक अंतरराष्ट्रीय दबाव के सामने झुक सकता है। परीक्षण के दौरान उलटी गिनती में बाधा आने के कारण प्रक्षेपण की तारीख आगे बढ़ानी पड़ी। आलोचना करना सबसे सरल कार्य होता है। माना जाने लगा कि दबाव के कारण प्रक्षेपण को रोका गया है। लेकिन आगामी कारवाई ने साबित कर दिया कि यह सच नहीं था। प्रक्षेपण 1 मई, 1989 को होना था। लेकिन इसे एक बार फिर आगे बढ़ाना पड़ा। मीडिया उन्मत्त हो उठा। एक अखबार ने तो आई.डी.बी.एम. को 'असतत विलंबित बैलिस्टिक मिसाइल' का नाम दे दिया।

लेकिन कलाम व उनकी टीम सच से वाकिफ थे। उन्हें पूरा विश्वास था कि वे इस कमी से पार पा लेंगे। इसके अलावा, इस बार हालात अपनी मिसाइल के साथ ही समुद्र में डूब जानेवाले 'एस.एल.वी.-3' के पहले प्रक्षेपण जितने खराब नहीं थे। कलाम ने अपने सहयोगियों को एकत्रित किया और कहा, "देश हमसे सफलता के अतिरिक्त और कोई अपेक्षा नहीं रखता। हमें यह करना ही होगा और वह भी बिना किसी त्रुटि के।"

'अग्नि' के प्रक्षेपण की अगली तारीख 22 मई, 1989 तय की गई। उलटी गिनती की शुरुआत होते ही इस परियोजना से जुड़ी वैज्ञानिक बिरादरी की चिंता बढ़ गई। वहीं आलोचक इसमें कमियाँ खोज रहे थे। उस समय के रक्षा मंत्री श्री के.सी. पंत प्रक्षेपण स्थल पर उपस्थित थे। दो बार तारीख बढ़ाने के बाद, बल्कि तीन बार, क्योंकि अभी तय की गई तीसरी तारीख की घोषणा नहीं की गई थी। अब जिज्ञासा ने उत्सुकता का रूप ले लिया था। क्या यह प्रक्षेपण सफल रहेगा? प्रत्येक व्यक्ति के दिमाग में यही प्रश्न घूम रहा था। पंत भी यही सोच रहे थे, इसलिए उन्होंने कलाम से पूछा, " 'अग्नि' के सफल प्रक्षेपण की खुशी आप किस तरह मनाना चाहेंगे?"

कलाम मीडिया के दबाव में थे। एक क्षण को वे कोई उत्तर नहीं दे सके। उन्होंने फौरन स्वयं को संयत किया तथा वर्तमान परिस्थितियों को देखते हुए कहा, "मैं आर.सी.आई. में 1,00,000 पौधे लगवाना चाहूँगा।"

पंत ने उत्साह भरे प्रभावपूर्ण तरीके से कहा, "अब आपको चिंता करने की कोई आवश्यकता नहीं है। आपको धरती माता का आशीर्वाद मिल गया है। आप कल अवश्य सफल रहेंगे।"

उनकी भविष्यवाणी सच हो गई। अगले दिन 'अग्नि' ने असीम आकाश में बिलकुल उसी तरह उड़ान भरी, जैसा उसने पिछले कई अभ्यासों में कर दिखाया था। यह उतना ही सहज था, मानो कोई हंस अपने पंख फैलाकर आकाश में उड़ गया हो। विपरीत मीडिया, नकारात्मक अंतरराष्ट्रीय दबाव, तकनीकी अवरोधों व उत्सुकता पर पार पाते हुए प्रक्षेपण उतना ही सफल रहा, जितना उसे होना चाहिए था। कठिन परीक्षा का युग बीत चुका था। चेहरों पर छाई व्यग्रता अब उल्लास में बदल गई थी। मीडिया अपनी प्रतिकूल टिप्पणियाँ भुलाकर उनकी तारीफों के गीत गा रहा था। इसमें कोई नई बात नहीं थी। मीडिया हमेशा से ऐसा ही करता रहा है। तत्पश्चात् उत्सवों की शुरुआत हुई। राष्ट्रपति व प्रधानमंत्री ने वैज्ञानिकों की खूब सराहना की। जहाँ भारतीय स्वयं को अधिक शक्तिशाली महसूस कर रहे थे, वहीं शत्रु राष्ट्र जलन से व्यथित थे।

इन सबके बीच इस प्रयास के पूर्णतः स्वदेशी न होने की भी अटकलें लगाई गईं। दुनिया के कुछ अखबारों ने कुछ निश्चित चरण एवं उप-प्रणालियों की तकनीक को जर्मनी व फ्रांस जैसे पश्चिमी राष्ट्रों द्वारा दिया गया बताया। कलाम इन सब पर केवल हँस ही सकते थे। उन्हें दार्शनिक जलालुद्दीन रूमी की लिखी ये प्रसिद्ध पंक्तियाँ याद आ रही थीं—

"किसी दीये, रक्षा नौका या सीढ़ी जैसा बनकर
किसी की आत्मा को स्वस्थ करो,
अपने घर से किसी चरवाहे की तरह निकलो।"

'अग्नि' से हमारी सैन्य शक्ति को क्या लाभ होगा? हमारी सशस्त्र सेनाओं का गठन रक्षात्मक काररवाइयों के लिए हुआ है। अंदर तक मार करनेवाले उपकरण न होने से हम आक्रामक भूमिका में नहीं आ सकते थे। इन दोनों मिसाइलों के प्रक्षेपण के बाद अब भारतीय सशस्त्र सेनाओं को अंदर तक मार करने की शक्ति मिल गई थी। अब वे शत्रु की सीमा में भीतर तक वार कर सकते थे और वह भी बिलकुल सटीक। अभी 'नाग' और 'आकाश' पर काम जारी था। इनके माध्यम से भारत वैश्विक समुदाय में शक्तिशाली स्थान हासिल कर सकता है। आत्मविश्वास से परिपूर्ण राष्ट्र भारत कुछ और प्रणालियों का विकास करने का इच्छुक था, जिनमें एल.सी.ए. (हलके युद्धक विमान), अस्त्र, हवा से हवा में

मार करनेवाली मिसाइल, 'दागो और भूलो' की क्षमतावाली अगली पीढ़ी की टैंकरोधी मिसाइल प्रणाली तथा अन्य प्रणालियाँ शामिल थीं। 'पृथ्वी' व 'अग्नि' के आगामी प्रक्षेपण भी सफल साबित हुए। इसके बाद उनकी क्षमता व रेंज बढ़ाना संभव था। यह क्षमता विश्व की किसी भी आधुनिक तकनीक की आँखों में आँखें डालकर देखने में पूर्णतः सक्षम थी।

वर्ष 1990 में राष्ट्र अपने मिसाइल कार्यक्रम में मिली सफलता की खुशियाँ मना रहा था। इसी दौरान कलाम व उनके सहयोगियों—डॉ. अरुणाचलम, जे.सी. भट्टाचार्य व आर.एन. अग्रवाल को पद्म अवार्ड मिलने की घोषणा हुई। कलाम को 'एस.एल.वी.-3' के सफल प्रक्षेपण के पश्चात् 'पद्म भूषण' दिया गया था। इस बार उन्हें सर्वोच्च पद्म अवार्ड 'पद्म विभूषण' से नवाजा गया। इस खबर से कलाम को संतुष्टि का अहसास हुआ। उन्हें लगा कि अपने देश के लोगों द्वारा दिए गए इस सम्मान से बड़ा और कुछ भी नहीं है। वे उन वैज्ञानिकों, इंजीनियरों तथा अन्य पेशेवरों के बारे में सोचने लगे, जो भारत-भूमि को छोड़कर अधिक पैसे कमाने के लिए विदेश चले गए थे। वे वहाँ अपने देशवासियों द्वारा दिए गए इस तरह के सम्मान की आशा भी नहीं रख सकते थे। उन्होंने निष्कर्ष निकाला कि किसी भी तरह की भौतिक समृद्धि प्रेम व सम्मान की तुलना में कुछ भी नहीं है।

वर्ष 1990 में जादवपुर विश्वविद्यालय ने कलाम को एक विशेष दीक्षांत समारोह के दौरान 'डॉक्टर ऑफ साइंस' की मानद उपाधि प्रदान की। इस समारोह की विशिष्टता यह थी कि इसी कार्यक्रम में सुविख्यात नेल्सन मंडेला को भी इसी सम्मान से नवाजा जा रहा था। कलाम स्वयं को इस महान् नेता के साथ सम्मानित करने के लिए चुने जाने पर चकित रह गए। संभवतः अपने कार्य के प्रति उन दोनों की प्रतिबद्धता उन्हें साथ ले आई थी। वे दोनों अपने क्षेत्रों में समान दिलचस्पी रखते थे। जहाँ उनमें से एक का कार्य लोगों में प्रसन्नता फैलाना था, वहीं दूसरे का कार्य अपने देश के विकास हेतु स्वदेशी प्रौद्योगिकी का विकास करना था।

इन प्रक्षेपणों के बाद अब बारी उपयोगकर्ता परीक्षण की थी। किसी तकनीकी क्षमता का वास्तविक उपयोग न किए जाने पर उसे हासिल करने का भी कोई औचित्य नहीं होता।

सन् 1991 में खाड़ी युद्ध छिड़ गया। टेलीविजन सैटेलाइट के माध्यम से उस युद्ध का सीधा प्रसारण लोगों के ड्राइंग रूम तक पहुँच गया। अपने टेलीविजन सेट पर नजरें गड़ाए लोगों के मन में स्वाभाविक रूप से एक विचार बारंबार सिर उठा रहा था कि क्या हमारी 'पृथ्वी', 'अग्नि' या 'त्रिशूल' मिसाइलें 'स्कड'

या 'पेट्रियट' का मुकाबला कर सकती हैं? जब कलाम ने इसका उत्तर 'हाँ' में दिया तो सभी को इसमें आशा की किरण दिखाई दी। वैज्ञानिकों द्वारा यह बड़ा कार्य किए जाने के बाद अब देश सुरक्षित था। इस युद्ध से यह तथ्य सभी के सामने आ गया कि अब भविष्य के युद्ध मिसाइल व इलेक्ट्रॉनिक हथियारों द्वारा लड़े जाएँगे। इसमें पहले की तरह शत्रु की सीमा में सेना व टैंकों को नहीं भेजा जाएगा। अब युद्ध की मूल अवधारणा में आमूल-चूल बदलाव की नींव पड़ गई थी। खाड़ी युद्ध ने भली प्रकार से दिखा दिया था कि भविष्य में युद्ध केवल प्रौद्योगिकी के बल पर ही जीते जा सकते हैं। बल्कि सैन्य संघर्षों का इतिहास भी शुरू से ही युद्ध संबंधी इस तथ्य की पुष्टि करता रहा है। बाबर ने इब्राहीम लोदी को अपनी तोपों के बल पर हराया था। भारत की स्थिति उस समय और खराब हो गई, जब यहाँ के शासकों ने प्रौद्योगिकी के विकास या उसे आधुनिक बनाने के लिए पर्याप्त प्रयास नहीं किए। टीपू सुल्तान इसका सबसे बड़ा उदाहरण हैं। प्रथम युद्ध के दौरान उनकी मिसाइल तकनीक ब्रिटिशों पर भारी पड़ गई थी। लेकिन जब तीसरी और अंतिम लड़ाई हुई, तब उनकी सेना ब्रिटिशों की प्रौद्योगिक उत्कृष्टता के आगे कहीं नहीं ठहरती थी और इसका जो परिणाम हुआ, उससे हम सभी परिचित हैं। भारत ने पाकिस्तान को युद्ध के दौरान पैटन टैंकों व सैबर जेट विमानों जैसे श्रेष्ठ तकनीकी संसाधनों का उपयोग करते देखा है। इस खतरे को केवल उन मशीनों के पीछे का मनुष्य ही टाल सकता है। लेकिन दोनों राष्ट्रों के बीच हुई प्रत्येक लड़ाई में ऐसे इच्छित परिणाम हासिल नहीं किए जा सकते। इसलिए रक्षात्मक तत्परता के मूल में प्रौद्योगिकी आधार का होना आवश्यक है।

मिसाइलों को और अधिक विकसित बनाने के प्रयासों की शुरुआत में इस मुद्दे पर काफी चर्चा-परिचर्चा हो चुकी है। अब पूरा ध्यान इन्हें लड़ाई के मैदान की जमीनी हकीकत बनाने और सी.ई.पी. में कटौती के हरसंभव प्रयास करने पर केंद्रित होना चाहिए। इससे प्राप्त परिणाम बेहद उत्साहवर्धक रहे। कलाम की सहायता से भारत उस परिस्थिति में है, जहाँ अवसरों की कोई कमी नहीं है। भारत अपनी मिसाइल परियोजनाओं के अलावा अपनी 'चंद्रयान' व 'मंगलयान' जैसी सैटेलाइट्स संबंधी परियोजनाओं के लिए भी विख्यात है। अपने इस शानदार उत्साह की बदौलत भारत आज उस स्थिति में है, जहाँ किसी भी राष्ट्र के लिए हमें नजरअंदाज करना संभव नहीं है।

यहाँ कलाम मिसाइल कार्यक्रम में अपने योगदान के परिप्रेक्ष्य में चिली के जीव-विज्ञानी मातुराना की कविता याद करते हैं। इस कविता का एक अंश है—

"शो मी सो दैट आई कैन स्टैंड
ऑन योर शोल्डर्स
रिवील योरसेल्फ सो दैट आई कैन बी
समथिंग डिफरेंट।

डोंट इंपोज ऑन मी व्हाट यू नो
आई वांट टू एक्सप्लोर दि अननोन
एंड बी द सोर्स ऑफ माई ओन डिस्कवरीज,
लेट द नॉन बी माई लिबरेशन, नॉट माई स्लेवरी।"

□

8

अगला चरण

15 अक्तूबर, 1991 को अपना साठवाँ जन्मदिन मनाने के पश्चात् डॉ. कलाम ने अपनी अद्‌भुत कार्यों से भरपूर लंबी सरकारी नौकरी से सेवानिवृत्ति लेने का मन बना लिया। मिसाइल कार्यक्रम अभी चल ही रहा था, लेकिन उन्हें पूरा विश्वास था कि नई पीढ़ी के वैज्ञानिकों व इंजीनियरों में इस कार्य को सही तरह से आगे बढ़ाने की पूरी क्षमता है। अब वे ऐसे क्षेत्र में प्रवेश करना चाहते थे, जिसे वे बहुत पसंद करते थे; लेकिन उन्हें इसके लिए कभी समय नहीं मिल सका। वे शिक्षा के क्षेत्र से जुड़ने के इच्छुक थे, जहाँ वे विशेष रूप से गरीब बच्चों को पढ़ाना चाहते थे। उन्हें भारत के दूसरे राष्ट्रपति व शिक्षक-दार्शनिक डॉ. सर्वपल्ली राधाकृष्णन के ये शब्द याद थे कि ''भारत के सर्वश्रेष्ठ मस्तिष्क वाले व्यक्ति ही शिक्षक बनने चाहिए।'' कलाम यह नहीं मानते थे कि उनका दिमाग सबसे श्रेष्ठ है। लेकिन वे अपने ज्ञान को बाँटना चाहते थे, जिससे विज्ञान व प्रौद्योगिकी की विरासत उनके बाद भी आगे बढ़ती रहे। वे युवाओं के मन में अनुसंधान व आत्मविश्वास का गुण अंतर्निविष्ट करना चाहते थे, क्योंकि वे ही भारत का भविष्य हैं। वे यह सुनिश्चित करना चाहते थे कि देश का भविष्य इन युवाओं के हाथ में सुरक्षित रहे। उन्होंने भावपूर्ण होकर लिखा—

''मैं इस महान् भूमि का कुआँ हूँ,
जो यहाँ के करोड़ों बालक-बालिकाओं को
अपने भीतर की
असीम दिव्यता प्रदान कर
ईश्वर की कृपा को हर ओर फैला देता है
बिलकुल कुएँ से खींचे गए पानी की तरह।''

उनके मित्र प्रो. पी. रामाराव भी जल्द ही रिटायर होने वाले थे। इसलिए उन दोनों ने मिलकर सेवानिवृत्ति के पश्चात् एक स्कूल खोलने की योजना बनाई। उन्होंने उसे 'राव-कलाम स्कूल' का नाम दिया। वैज्ञानिक उत्कृष्टता और प्रौद्योगिकी नवोन्मेष उनके जीवन का हिस्सा बन गए थे। लेकिन अब वे जीवन के उन पहलुओं पर ध्यान देना चाहते थे, जो विज्ञान व प्रौद्योगिकी से लंबे समय तक जुड़े रहने के कारण अब तक अनदेखे रह गए थे। लेकिन चीजें हमेशा वैसी नहीं होतीं जैसे आप चाहते हैं। मनुष्य कुछ सोचता है और ईश्वर कुछ और कर देते हैं। उनकी स्कूल की योजना परवान नहीं चढ़ सकी, क्योंकि सरकार ने उन दोनों को ही सेवानिवृत्त करने से इनकार कर दिया।

सरकार के अपना निर्णय सुनाने के पूर्व ही कलाम अपनी यादों को लिपिबद्ध करने का विचार बना चुके थे। यह उनकी आत्मकथा 'विंग्स ऑफ फायर' (अग्नि की उड़ान) के रूप में प्रकाशित हुई। यह पुस्तक उनके पेशेवर जीवन तथा उनके वहाँ तक पहुँचने की कहानी का चित्रात्मक वर्णन करती है। इसमें उनके द्वारा व्यक्त की गई भावनाएँ उनके ज्ञान की गहराई को दरशाती हैं। वे एक सच्चे इनसान, सच्चे राष्ट्रवादी, सच्चे देशभक्त तथा सच्चे वैज्ञानिक का मिला-जुला रूप हैं।

जुलाई 1992 में डॉ. कलाम को रक्षा मंत्री का वैज्ञानिक सलाहकार तथा डॉ. वी.एस. अरुणाचलम के बाद डी.आर.डी.ओ. का प्रबंध निदेशक बनाया गया। उस समय श्री पी.वी. नरसिम्हा राव प्रधानमंत्री व शरद पवार रक्षा मंत्री थे। कलाम ने डी.आर.डी.एल. का प्रभार लेफ्टिनेंट जनरल वी.जे. सुंदरम को सौंप दिया। उस समय तक डी.आर.डी.एल. में 'पृथ्वी' व 'अग्नि' विकास से आगे बढ़कर सीमित शृंखला उत्पादन तक पहुँच गए थे, जहाँ इन्हें उपयोगकर्ता (सेना) की क्षेत्रीय आवश्यकताओं को ध्यान में रखते हुए तैनाती व उपयोग हेतु तैयार किया जा रहा था। कलाम ने अपने शानदार कॅरियर के दौरान जिन विशिष्ट संस्थानों में काम किया था, उन सभी ने उनके लिए विशाल विदाई कार्यक्रम का आयोजन किया।

परमाणु परीक्षण

अब 'मिसाइल मैन' के नाम से प्रसिद्ध डॉ. कलाम को अपने इस नए पद पर राष्ट्रीय कल्याण के कार्य करने थे। भारत फिलहाल आतंकवाद के एक बिलकुल नए खतरे से जूझ रहा था। इन आतंकवादियों को नाकाम करने में देश की अर्थव्यवस्था को हानि पहुँच रही थी; बल्कि ऐसा आज भी हो रहा है। प्रधानमंत्री नरसिम्हा राव मुक्त बाजार अर्थव्यवस्था की शुरुआत कर चुके थे। लेकिन देश की

अर्थव्यवस्था के काफी कमजोर होने के कारण अभी और भी बहुत कुछ किए जाने की आवश्यकता थी। इसके अलावा, सोवियत संघ के विघटन के बाद भारत को किसी अन्य महाशक्ति से किसी तरह की सहायता नहीं मिल रही थी। भारत अभी सुपर पावर तो छोड़िए, आत्मनिर्भरता की शक्ति प्राप्त करने से भी कोसों दूर था। भारत के लिए परमाणु हथियार एक बेहतरीन विकल्प था। लेकिन क्या देश इसके बाद लगनेवाले आर्थिक प्रतिबंधों का सामना कर सकता था?

इतने खराब हालात के बावजूद प्रधानमंत्री राव ने परमाणु परीक्षण की अनुमति प्रदान कर दी। गुप्त रूप से इसकी तैयारी शुरू कर दी गई, जिसमें डॉ. कलाम की भी भूमिका रही। इससे पहले वर्ष 1974 में भारत ने परमाणु विस्फोट किया था। लेकिन इस बार भारत उस प्रणाली में महत्त्वपूर्ण बदलाव के बाद परीक्षण विस्फोट करना चाहता था। इस कार्य को वर्ष 1995 में बहुत सावधानी के साथ किए जाने की योजना था। लेकिन अमेरिका को इसकी भनक लग गई और उन्होंने इससे उत्पन्न हालात की चेतावनी दे दी। नरसिम्हा राव आर्थिक प्रतिबंधों के बारे में विचार करने लगे। वे अंतरराष्ट्रीय समुदाय के अत्यधिक दबाव के आगे झुक गए। लेकिन परमाणु विस्फोट न करने के बावजूद भारत के इसे बनाने की क्षमता प्राप्त कर लेने पर किसी को संदेह नहीं रहा।

इसके पश्चात् देश के राजनीतिक हालात अस्थिर होने लगे। सन् 1996 के आम चुनावों में भाजपा (भारतीय जनता पार्टी) सबसे बड़ी पार्टी के रूप में उभरी और त्रिशंकु संसद् बनी। राष्ट्रपति डॉ. शंकर दयाल शर्मा ने अटल बिहारी वाजपेयी को सरकार बनाने के लिए आमंत्रित किया। लेकिन वे आधी संसद् का विश्वास नहीं जीत सके और उन्होंने इस्तीफा दे दिया। इसके बाद एच.डी. देवेगौड़ा अगले प्रधानमंत्री बने। लेकिन उन्होंने परमाणु मामले में कोई रुचि नहीं दिखाई और इस तरह इसमें आगे कुछ नहीं हो सका।

उनके बाद आई.के. गुजराल ने प्रधानमंत्री की गद्दी सँभाली। उनका मानना था कि परमाणु परीक्षण के लिए यह समय ठीक नहीं है। हालाँकि वे डॉ. कलाम व उनकी वैज्ञानिक क्षमता के बहुत बड़े प्रशंसक थे। उनके रक्षा मंत्री मुलायम सिंह यादव को भी इस महान् वैज्ञानिक के वैज्ञानिक कौशल पर पूरा भरोसा था। लेकिन उन दोनों का यही मानना था कि यह समय परमाणु परीक्षण के लिए ठीक नहीं है। वहीं उन्होंने कलाम को देश का सबसे बड़ा नागरिक सम्मान 'भारत रत्न' प्रदान करने की माँग की। नवंबर 1997 में इसकी घोषणा हो गई और सर सी.वी. रमण के बाद डॉ. कलाम इस प्रतिष्ठित सम्मान से सम्मानित होनेवाले दूसरे वैज्ञानिक

बन गए। इस महान् व्यक्ति की वैज्ञानिक कुशाग्रता और उनके भारत के मिसाइल व अंतरिक्ष कार्यक्रम को देखते हुए यह सम्मान उचित ही था।

मगर सन् 1998 में पाकिस्तान के अपनी परमाणु-क्षमता संपन्न 'गोरी' मिसाइल के परीक्षण के बाद भारत को एक बार फिर परमाणु बम परीक्षण की आवश्यकता महसूस होने लगी। पाकिस्तान की इस मिसाइल का नाम खूँखार हमलावर मुहम्मद गोरी पर रखा गया था। इससे लोगों में यह आम राय बनने लगी कि हमें इसका उचित उत्तर देना ही होगा। हालाँकि राजनीतिक संस्थान में इच्छा शक्ति की कमी थी। यह मिसाइल सीधा भारत के दिल को भेद सकती थी। इसलिए हमें 'अग्नि' को परमाणु मुखास्त्र से लैस करना होगा, जिसके लिए परीक्षण करना आवश्यक था।

उसी वर्ष आम चुनावों में भाजपा ने परमाणु परीक्षण को मुद्दा बनाया और चुनाव जीत गई। एक बार फिर श्री अटल बिहारी वाजपेयी ने प्रधानमंत्री का पद सँभाला। तत्पश्चात् पश्चिमी जासूसों ने भारत में परमाणु डिजाइन खोजना आरंभ कर दिया। विदेशी उपग्रह भारत में परमाणु परीक्षण से जुड़ी किसी भी तरह की अप्रिय गतिविधि पर नजर रखने लगे। उधर देश में पूर्ण व प्रकट परमाणु शक्ति बनने पर सहमति बनने लगी, न कि पाकिस्तान की तरह, जो गुप्त रूप से परमाणु बम विकसित करने के बाद भी उससे इनकार कर रहा था।

इस बार राजनीतिक इच्छा शक्ति मौजूद थी। लेकिन इस पूरे कार्यक्रम को बहुत गोपनीय ढंग से अंजाम देना आवश्यक था। इसके पूर्व सन् 1995 में हम एक कड़वे अनुभव से गुजर चुके थे, जहाँ अमेरिका ने भारत पर अभूतपूर्व दबाव डालकर इस परीक्षण को नहीं होने दिया था। प्रधानमंत्री के स्पष्ट आदेश थे कि इस कार्य को गुप्त रखने के लिए पूरी सावधानी बरती जाए। यहाँ तक कि उन्होंने इस संबंध में रक्षा मंत्री समेत अपने मंत्रिमंडल के सहयोगियों को भी कुछ नहीं बताया।

वाजपेयी ने अधिक समय खराब नहीं किया और पद सँभालने के पंद्रह दिन के भीतर ही उन्होंने डॉ. कलाम और डॉ. आर. चिदंबरम को अधिकृत रूप से परमाणु परीक्षण का कार्य सौंप दिया। इस संपूर्ण ऑपरेशन की कमान केवल प्रधानमंत्री के तत्कालीन मुख्य सचिव ब्रजेश मिश्र के हाथ में थी। इससे जुड़ा अधिकांश कार्य पहले ही पूरा किया जा चुका था तथा परीक्षण स्थल सन् 1995 से ही तैयार था। इसलिए इस काम को अंजाम देने में एक माह के समय को पर्याप्त माना गया। सेना इससे जुड़े सभी काम रात के अँधेरे में करती थी। इसकी ढाँचागत तैयारी का काम 58 इंजीनियर रेजिमेंट को सौंपा गया था।

पूरी गोपनीयता बनाए रखने के लिए इस काररवाई से जुड़े सभी गैर-सैनिक

वैज्ञानिकों व इंजीनियरों को कोड नाम तथा पहनने के लिए सेना की वरदी दी गई थी। इस कार्य में डॉ. कलाम को 'मेजर जनरल पृथ्वीराज' तथा डॉ. चिदंबरम को 'मेजर जनरल नटराज' का नाम दिया गया। यहाँ तक कि कुओं व शाफ्टों को भी 'ताज महल' व 'व्हाइट हाउस' आदि जैसे कोड नाम दिए गए। अब इससे अधिक विवरण देना उचित नहीं होगा। शाफ्ट में सब-किलोटोन डिवाइस रखी गई। उसे टैक्टिकल हथियार के रूप में उपयोग होना था, इसलिए वह कम तीव्रता की थी। इसके अलावा, विज्ञान संबंधी महत्त्वपूर्ण डाटा भी एकत्रित किया जाना था, ताकि उसके आधार पर यथोचित मिसाइलों का निर्माण किया जा सके। इस विस्फोट के कारण केवल सैन्य उद्देश्य ही नहीं बल्कि शांतिपूर्ण उद्देश्य भी थे, इसलिए इसमें से स्रावित होनेवाली ऊर्जा की मात्रा भी सुनिश्चित करनी थी।

यह 11 मई, 1998 का दिन था। भारत अगले पायदान पर जाने के लिए कमर कस चुका था। डॉ. कलाम एवं उनकी टीम हर तरह की परिस्थिति का सामना करने के लिए तैयार थे। लेकिन पोखरण शहर की ओर आनेवाली हवाएँ इसमें अड़चन बनी हुई थीं। उनके रुकने की प्रतीक्षा की जाने लगी। वे उस क्षण की प्रतीक्षा कर रहे थे, जो इस प्रतीक्षा के योग्य था। उनके चेहरे पर व्यग्रता साफ दिखाई दे रही थी। प्रधानमंत्री उनके कक्ष में मौजूद थे, जो एक सुरक्षित हॉटलाइन द्वारा सीधे परीक्षण स्थल के संपर्क में था। दोपहर 3 बजे डॉ. कलाम ने सूचना दी कि हवा की गति धीमी होते हुए अनुकूल स्वीकार्य स्तर पर पहुँच गई है और अगले कुछ ही घंटों में यह परीक्षण किया जा सकता है। इस ओर से हरी झंडी दिखा दी गई। तत्पश्चात् मात्र 45 मिनट में पहली तीन डिवाइसों में एक साथ विस्फोट किया गया। यह विस्फोट इतना जोरदार था, जिससे फुटबॉल के मैदान जितने भू-भाग को पृथ्वी से कुछ मीटर ऊपर उछाला जा सकता था। चारों ओर धूल के बादल छा गए। परीक्षण सभी मानकों पर खरा उतरा व सफल रहा। सरकार ने बिना देरी किए दृढ़तापूर्वक बयान दिया कि आज भारत ने अपने हथियार-युक्त परमाणु कार्यक्रम की क्षमता साबित कर दी है।

दो दिन बाद दो और परीक्षण किए गए। हालाँकि उस दिन तीन परीक्षण किए जाने थे, लेकिन दो ही किए गए। ये पाँच विस्फोट सभी आवश्यक कसौटियों पर खरे उतरे। इसलिए छठी डिवाइस का उपयोग नहीं किया गया। इसके साथ ही भारत संसार की चुनिंदा परमाणु शक्तियों के समूह में शामिल हो गया। यह हलकी व शक्तिशाली शास्त्र प्रणाली अब सबके सामने थी। इसके द्वारा भारत को शक्ति संतुलन करनेवालों की साख हासिल हो गई। इस पूरे ऑपरेशन को इतनी गोपनीयता

सहित अंजाम दिया गया कि पोखरण पर नजर रखनेवाले उपग्रह यहाँ होने वाली गतिविधियों को सामान्य सैन्य अभ्यास ही समझते रहे। इससे संसार और विशेष रूप से पश्चिमी जगत् हैरान रह गया, जबकि अंतरराष्ट्रीय स्तर पर आलोचनाओं का दौर आरंभ हो गया।

इस परीक्षण का एक और सकारात्मक परिणाम मिला। अभी तक पाकिस्तान अपने परमाणु बम गुप्त रूप से विकसित कर रहा था। वे यह स्वीकार करने को तैयार नहीं थे कि उनके पास इसे बनाने की क्षमता है। उसी वर्ष एक पखवाड़े के भीतर ही 26 मई को उन्होंने भी परमाणु परीक्षण कर डाले। पर्याप्त तैयारी न होने पर इतने कम समय में परमाणु परीक्षण करना संभव नहीं है। इस तरह भारत ने पाकिस्तान का असली चेहरा सबके सामने बेनकाब कर दिया।

परमाणु हथियार मूल रूप से स्ट्रेटेजिक प्रकृति के होते हैं। जब डॉ. कलाम से इस बारे में बात की गई तो उन्होंने प्रभावपूर्ण तरीके से पूछा कि जब ब्रिटेन या अमेरिका या रूस के पास इनका होना उचित है तो भारत के लिए क्यों नहीं ? जहाँ पश्चिमी देश अपने परमाणु मुखास्त्रों की संख्या कम करने को भी तैयार नहीं, वहीं वे यह नहीं चाहते कि भारत के पास एक भी परमाणु मुखास्त्र हो। इसके अलावा, जब देश की सीमाएँ दो परमाणु-संपन्न शत्रु राष्ट्रों से लगती हों तो भारत के लिए ऐसा करना मजबूरी बन जाता है।

कई वर्षों बाद अन्ना विश्वविद्यालय में डॉ. कलाम के व्याख्यानों के दौरान बातचीत के चरण में उनसे यह प्रश्न पूछा गया कि महान् अर्थशास्त्री अमर्त्य सेन ने भारत के परमाणु परीक्षण को बुरी कल्पना बताया है। क्या उनके इन विचारों को स्वीकार किया जाना चाहिए ? डॉ. कलाम ने उत्तर दिया, ''यह बात ठीक है कि आर्थिक रूप से समृद्ध होने के लिए भारत को संसार के सभी देशों के साथ मित्रवत् रिश्ते रखने चाहिए। लेकिन क्या अन्य राष्ट्रों से संभावित खतरों को हम बैठकर देखते रहें ? जब आर्थिक विकास में कहीं नहीं ठहरनेवाले पाकिस्तान ने गुप्त रूप से अपना परमाणु कार्यक्रम चलाया और यही नहीं, वह भारत को गंभीर परिणाम भुगतने की धमकी भी देता रहा तो क्या भारत को अपनी सुरक्षा हेतु ये कदम नहीं उठाने चाहिए थे ? डॉ. अमर्त्य सेन भारत को पश्चिमी चश्मे से देखते हैं। वे कभी भी अमेरिका या रूस के खिलाफ कुछ नहीं बोलते, जिनके परमाणु जखीरे में 10,000 से भी अधिक मुखास्त्र शामिल हैं और जो उनमें जरा भी कटौती के लिए तैयार नहीं हैं। फिर आप केवल भारत को ही ऐसा करने से क्यों रोकना चाहते हैं ?''

डॉ. कलाम को महसूस हुआ कि उन्हें इस उत्तर को और अधिक विस्तार

सहित समझाना चाहिए। इसलिए उन्होंने आगे कहा, "भारत विगत 3,000 वर्षों से घुसपैठ का निशाना रहा है। फिर चाहे इसका कारण जमीन हथियाना हो, अपने धर्म का विस्तार करना रहा हो या इस देश की संपदा को लूटना रहा हो। ऐसा क्यों है कि यदि कुछ तमिल साम्राज्यों को छोड़ दिया जाए तो भारत ने कभी किसी दूसरे देश में घुसपैठ नहीं की है? क्या हममें यह साहस नहीं था? नहीं, हम साहसी हैं; लेकिन इसके साथ ही हम सहिष्णु भी हैं। हमने कभी भी दूसरों के शासन में रहने के परिणामों पर विचार नहीं किया। यदि भारतीय राजा शक्तिशाली होते तो क्या ब्रिटेन भारत व उसकी नैसर्गिक संपदा को लूट सकता था? बलवान बल का ही सम्मान करता है, निर्बलता का नहीं। सैन्य शक्ति व आर्थिक समृद्धि एक ही सिक्के के दो पहलू हैं। बाहरी खतरों व घुसपैठ से सुरक्षित रहने पर ही आप आर्थिक रूप से समृद्ध रह सकते हैं।"

भारत संयुक्त राष्ट्र संघ के संस्थापक सदस्यों में से एक है, इसके बावजूद हमें आज तक सुरक्षा परिषद् में स्थायी जगह नहीं मिल सकी है। आज भारत सैन्य व आर्थिक रूप से एक शक्तिशाली राष्ट्र के रूप में उभर रहा है। बहुत से राष्ट्र सुरक्षा परिषद् को विस्तार देते हुए इसे शामिल करने के लिए तैयार हैं। इसका सीधा सा अर्थ यह है कि अंतरराष्ट्रीय स्तर पर सम्मान पाने के लिए आपको शक्तिशाली होना ही होगा।

अप्रकट त्याग

इस परमाणु परीक्षण के पीछे उस व्यक्ति का एक महान् त्याग छिपा हुआ है, जिसे हम सब 'मिसाइल मैन' के नाम से जानते हैं। वर्ष 1998 में जब वाजपेयी पुनः प्रधानमंत्री बने तो उन्होंने लगभग आधी रात को डॉ. कलाम को फोन कर उन्हें अपने मंत्रिमंडल में शामिल करने की इच्छा जताई। यह प्रस्ताव अचानक आया था। स्वाभाविक रूप से डॉ. कलाम को इस पर विचार करने के लिए समय चाहिए था। इसलिए उन्होंने प्रधानमंत्रीजी से अगले दिन सुबह 9 बजे मिलने का समय लिया। डॉ. कलाम इस महत्त्वपूर्ण प्रस्ताव को लेकर दुविधा में थे; क्योंकि इस समय वे दो राष्ट्रीय महत्त्व की परियोजनाओं पर काम कर रहे थे। उन्होंने अपने कुछ शुभचिंतक मित्रों को एकत्रित किया और उनसे इस बारे में सलाह माँगी। अगले दिन प्रधानमंत्रीजी से मिलने पर डॉ. कलाम ने उनसे कहा, "सर, इस समय मैं दो महत्त्वपूर्ण परियोजनाओं में व्यस्त हूँ। पहला, हमें 'अग्नि' को तैनाती के लिए तैयार करना है और दूसरा, इसमें आसन्न परमाणु कार्यक्रम में जुटना है। मेरे विचार

से मुझे इन परियोजनाओं को पटरी से उतार देने की जगह इन्हें अपना समय देना चाहिए।'' वाजपेयीजी के प्रभावशाली चेहरे पर मुसकान खेल गई। उन्होंने कलाम के विचारों की सराहना करते हुए उन्हें अपना काम जारी रखने को कहा।

परमाणु सामर्थ्य के निर्माण का कार्य जारी था और जैसाकि हमने आपको बताया था कि 11 अप्रैल, 1999 को पूर्ण परमाणु क्षमता सहित 'अग्नि-II' का परीक्षण कर लिया गया। 2,100 किलोमीटर दूर बंगाल की खाड़ी में गिरने के पूर्व इसने अपने सभी लक्ष्य हासिल कर लिये। डॉ. कलाम 'अग्नि-II' के प्रदर्शन से बहुत प्रसन्न हुए। यही वह क्षण था, जब उनके भीतर का कवि भावपूर्ण अभिव्यक्ति किया करता था। उन्होंने तमिल में एक कविता लिखी, जिसका हिंदी अनुवाद यहाँ दिया जा रहा है—

''सुदूर बंगाल की खाड़ी में
जहाँ सागर बहुत गहरा और लहरें उफान पर हैं
वहाँ अग्नि अपने पूरे गर्व व प्रकाश सहित उतर गया,
इससे प्राप्त बल ने राष्ट्र को जाग्रत् कर दिया है।

जहाँ संसार भयभीत हो इसके नेतृत्व की प्रशंसा कर रहा है
वहीं अग्नि जलमग्न जलचरों से घिरा हुआ है,
जो उसके उद्गम स्रोत की पड़ताल में पूछते हैं।
'अग्नि तुम्हें किसने बनाया, अग्नि तुम्हें किसने यह आकार दिया है?'

'यह शानदार कमाल किसका है?'
थकित अग्नि विचार करता है,
और अपने गत जीवन को मथकर कहता है—
'मेरा जन्म वैज्ञानिकों व इंजीनियरों के श्रम का फल है।'

'मुझे बनाने में दिन-रात एक करते हुए,
हर हिस्से को बनाने व प्रणाली की जाँच करते हुए,
किसी सृजक की भाँति चिंतित व आनंदित होते हुए,
अपनी भूख व प्यास को मिशन में डुबोते हुए।'

'अपने कर्मों में निहित उत्साह व अनुराग से
और आशा को गलाकर फूँके मुझमें प्राण ये,'

'तो वैज्ञानिकों ने किया निर्माण ये।'
परिहास में कह के वे जलचर जुट गए पुनः बात में।

अग्नि बोला—'नहीं मित्रो, केवल वे ही नहीं,
इस सफलता में प्रेरणा व आकांक्षा भी एक अंग हैं,
श्रम और प्रौद्योगिकी इसको बनाने के अभिनव ढंग हैं,
और उन निर्माताओं की पत्नियाँ व माताएँ भी संग हैं।'

'मेरे निर्माताओं की आस को कोई कष्ट न बेध सका
दीप जलाकर मौन में वह प्रार्थना करता रहा
वे अपनी आशा के दीपक प्रतिदिन जलाते रहे
इन नारियों की शुभकामनाओं में असंख्य आशाएँ जुड़ती रहीं।'

'प्रेमियों का प्रेम व संतान के स्नेह क्षेपक
वृद्धों के आशीष व स्व-नारियों के दीप्त दीपक
मैं हूँ जनमा जब चहुँओर प्रकाश अतीव था
मुझमें उम्मीदें, प्रेम व दृष्टिकोण अनूप था।'

'जब यह नर-नारी सब साथ हुए
तब प्रेम व मिलाप संग में सृजित हुए,
जब आशादीप व रचना कर्म की कोंपलें थीं फूटती
और शुद्धता व शक्ति गर्भ से जनमा था अग्नि तभी।'

'राष्ट्र में अभिमान व समृद्धि का विस्तार था
तब देख चहुँओर अग्नि ने भरा गहरा श्वास था
वहाँ उपस्थित निकट जन के सामने घोषित किया
मेरा जन्म निर्माताओं की माँ व स्त्रियों द्वारा प्रज्वलित दीप से हुआ है'।''

डॉ. कलाम का मस्तिष्क सदा न्याय का पक्ष लेता था। उनका पूर्ण विश्वास था कि राष्ट्रहित सर्वोपरि है और व्यक्तिगत अहंकार के लिए कोई जगह नहीं है। सन् 1996 में पाकिस्तान को अमेरिका से 'हारपून' मिसाइल तथा फ्रांस से 'एक्सोसेट'

मिसाइल हासिल होना भारतीय नौसेना के लिए बड़ा खतरा बन गया; क्योंकि हमारे पास इन नए खतरों के प्रतिरोध हेतु कोई मिसाइल प्रणाली नहीं थी। वे इस समस्या के निस्तार व त्वरित काररवाई की अपेक्षा में डॉ. कलाम के पास पहुँचे। 'त्रिशूल' मिसाइल डॉ. कलाम के हृदय के बहुत निकट थी और वे उसे जितना जल्दी हो सके, तैनात होते हुए देखना चाहते थे। लेकिन अनेक कारणों से इसकी तैनाती में देरी होती रही। लेकिन अब, जब हमारे जहाज पाकिस्तान के निशाने पर थे तो उन्होंने इजराइल से 'बराक' मिसाइल प्रणाली खरीदने में कोई देरी नहीं की।

डॉ. कलाम खाड़ी युद्ध के दौरान 'क्रूज' मिसाइलों की सफलता को देख चुके थे। वे इतनी शानदार थीं कि मात्र कुछ सौ क्रूज मिसाइलों ने थोड़े ही समय में इराक के संपूर्ण नियंत्रण व संपर्क केंद्र को ध्वस्त कर दिया, जिससे युद्ध की दिशा बदल गई और इराक ने घुटने टेक दिए। इस कारण वे 'सुपरसोनिक क्रूज' मिसाइलों के डिजाइन, विकास, निर्माण व विपणन हेतु रूस से भागीदारी के पक्ष में थे। बाद में इस भागीदारी के कारण 'ब्रह्मोस' का जन्म हुआ। यह संयुक्त उपक्रम डॉ. कलाम के दिमाग की ही देन था। इससे न केवल भारत व रूस को निकट आने तथा अपनी प्रौद्योगिकी साझा करने में सहायता मिली, बल्कि इससे देश की सामरिक आवश्यकताओं की भी पूर्ति हो सकी।

'ब्रह्मोस' की कल्पना अपने आप में अभिनव थी। डॉ. कलाम इसे पर्याप्त रूप से तेज गति का बनाना चाहते थे। इसलिए वे इसे 'सबसोनिक' हथियार बनाने की जगह 'टॉमहॉक' की भाँति 'सुपरसोनिक' गति से चलाना चाहते थे। 'ब्रह्मोस' को सबसे तेज परिचालन गतिवाली क्रूज मिसाइल बनाने का श्रेय पूरी तरह से डॉ. कलाम को जाता है।

□

9

सेवानिवृत्ति अभी नहीं

वर्ष 1999 में डॉ. कलाम सेवानिवृत्त जीवन गुजारने की अपेक्षा रखने लगे। वे अपना शिक्षक बनने का सपना पूरा करना चाहते थे। लेकिन सरकार अभी उन्हें छोड़ना नहीं चाहती थी। उन्हें सरकार में बनाए रखने के लिए प्रधान वैज्ञानिक सलाहकार (पी.एस.ए.) के ऑफिस का गठन किया गया और उन्हें उसका सबसे पहला प्रमुख बनाया गया। भारत सरकार को विज्ञान व प्रौद्योगिकी के क्षेत्र में नीतियाँ, रणनीतियाँ व सहायता प्रणालियों के निर्माण में उनकी सेवाओं की आवश्यकता थी, जिससे राष्ट्र-निर्माण की विभिन्न जरूरतों एवं आर्थिक समृद्धि हासिल करने के लिए उद्योगों की आवश्यकताओं को पूरा किया जा सके।

नया होने के कारण इस ऑफिस की कोई जिम्मेदारियाँ निश्चित नहीं थीं। इसलिए डॉ. कलाम स्वयं कार्य की खोज करने लगे। इस प्रक्रिया में उन्होंने कुछ ऐसी विशिष्ट परियोजनाओं को हाथ में लिया, जिससे प्रत्येक भारतीय के जीवन में सुधार हो सके। उन्होंने भारत की बड़ी आबादी को लाभ पहुँचाने के उद्देश्य से जीवन-रक्षक चिकित्साओं को सस्ती दर पर उपलब्ध करवाने पर ध्यान केंद्रित किया। उन्होंने इसी उद्देश्य से पद सँभालने के छह माह के भीतर ही पचास मेडिकल विशेषज्ञों, सरकारी प्रयोगशालाओं के निदेशकों, अनुसंधानकर्ताओं तथा उद्योगपतियों को विज्ञान भवन में आयोजित सम्मेलन में आमंत्रित किया। इस सम्मेलन में यह निष्कर्ष निकला कि आम लोगों के लिए वहनीय बनाने हेतु दवाइयों व चिकित्सीय उपकरणों के मूल्य में कमी करना बहुत आवश्यक है। उन्हें यह भी पता लगा कि कुछ मामलों में रोगियों द्वारा चुकाए गए शुल्क से उसकी वास्तविक

कीमत बहुत कम थी। यह भी ज्ञात हुआ कि दिग्गज मल्टीनेशनल कंपनियाँ भी गरीबों के कल्याण के लिए कुछ नहीं करतीं। इसलिए भारतीय कंपनियों को ही आगे आकर अपने लोगों के लिए व्यावहारिक समाधान प्रदान करने होंगे। इस सम्मेलन के परिणामस्वरूप भारत के हेल्थकेयर क्षेत्र में तीन महत्त्वपूर्ण विकास हुए। मलेरिया टीकाकरण, स्वदेशी यकृत प्रत्यारोपण तथा ऑप्थेल्मोलॉजी में स्टेम सेल अनुसंधान की शुरुआत हुई।

इसके अतिरिक्त डॉ. कलाम ने कृषि विकास में भी रुचि लेते हुए कुछ शुरुआती कदम उठाए, जिनके द्वारा किसानों को अपनी कृषि प्रक्रिया में प्रौद्योगिकी को अपनाने के लिए प्रेरित किया गया।

अपने प्रधान वैज्ञानिक सलाहकार के कार्यकाल के दौरान डॉ. कलाम हमेशा उन क्षेत्रों की खोज में रहते, जहाँ वे हर वर्ग के व्यक्ति की सहायता कर सकें। इस उद्देश्य से उन्होंने विभिन्न संस्थाओं व विभागों का दौरा किया और विभिन्न पहलुओं से जुड़े अपने ज्ञान को बढ़ाने के लिए आम लोगों से मुलाकात की। जब वे तेजपुर विश्वविद्यालय द्वारा उन्हें दी गई डॉक्टरेट की मानद उपाधि प्राप्त करने के लिए असम गए तो वहाँ उन्होंने प्रश्न किया कि क्या कोई ऐसा तरीका है, जिसके द्वारा ब्रह्मपुत्र में आई बाढ़ के पानी को राजस्थान जैसे पानी की कमीवाले क्षेत्रों की ओर भेजा जा सके?

डॉ. कलाम हमेशा कुछ ऐसा तलाशते रहते थे, जहाँ वे अपने विज्ञान व प्रौद्योगिकी के ज्ञान द्वारा लोगों का जीवन बेहतर बना सकें। उन्हें यह बहुत बुरा लगता था कि कुछ राज्य अपने भू-भाग में मौजूद प्राकृतिक संसाधनों पर अपना हक जताते हुए अन्य लोगों को उसे उपयोग करने से रोकते हैं। उनका मानना था कि राष्ट्र-हित हमेशा तथा हर स्थिति में सर्वोपरि है। उन्होंने नदियों को जोड़ने का कार्य अपना मिशन बना लिया और उसे आगे बढ़ाने के लिए हर तरह का प्रयास करने लगे। राष्ट्रपति बनने के बाद भी वे इस विषय पर काम करते रहे। उन्हें अहसास था कि देश की अत्यधिक जल की आवश्यकता की चुनौती को केवल योजनाबद्ध तथा बेहतर जल प्रबंधन द्वारा ही पूरा किया जा सकता है।

डॉ. कलाम ने 'पुरा' (प्रोवाइडिंग अर्बन सर्विसेज इन रूरल एरियाज) योजना तैयार की और उत्साह सहित मुख्य वैज्ञानिक सलाहकार के पद से अवकाश मिलने की प्रतीक्षा करने लगे। यह विचार मूल रूप से आई.आई.टी., मद्रास के पूर्व निदेशक प्रो. पी.वी. इंद्रसेन के दिमाग की उपज था। डॉ. कलाम इस महान्

वैज्ञानिक से अपनी मुलाकात को याद करते हुए बताते थे, ''जब मेरे मित्र प्रो. इंद्रसेन के दिमाग में 'पुरा' का विचार आया तो इससे मेरे भीतर भी कुछ झंकृत हो उठा।'' इस विषय पर हम बाद में विस्तार सहित चर्चा करेंगे।

30 सितंबर, 2001 को झारखंड के बोकारो की यात्रा के दौरान डॉ. कलाम एक हेलीकॉप्टर दुर्घटना में बाल-बाल बचे। उस समय वे सत्तर वर्ष के होने वाले थे और उनकी सेवानिवृत्ति की योजना खटाई में थी। वे अपना खाली समय छात्रों के साथ बातें करने में गुजारते थे; लेकिन अब वे इस कार्य को अधिक बड़े स्तर पर करने के इच्छुक थे। इस घटना के पश्चात् वे प्रधानमंत्री वाजपेयी से मिले और उनसे स्वयं को मुख्य वैज्ञानिक सलाहकार के पद से मुक्त करने की प्रार्थना की। अपनी आँखों में हर समय बनी रहनेवाली चमक के साथ उन्होंने कहा, ''सर, क्या मुझे सूर्य के सत्तर चक्कर लगाने के बाद छुट्टी मिलेगी?'' वाजपेयी उनका मूल्य जानते थे। उन्होंने उनके समक्ष मंत्रिमंडल में शामिल होने का प्रस्ताव रखा। लेकिन कलाम ने शिष्टतापूर्वक उनका यह प्रस्ताव ठुकरा दिया। अब प्रधानमंत्रीजी के पास उनकी बात मान लेने के अलावा और कोई चारा नहीं था।

बतौर मुख्य वैज्ञानिक सलाहकार के रूप में कार्य करते हुए उनके कार्यकाल का सबसे सुनहरा क्षण 'इंडिया 2020 विजन' को अंतिम रूप देना था। इस पर हम कुछ देर बाद बात करेंगे। उनके नौकरी जारी करने के पीछे एक कारण था। वे ऐसे वैज्ञानिक थे, जिन्होंने हमेशा उन परियोजनाओं को हाथ में लिया, जिन्हें वे समय पर पूरा करने को लेकर सुनिश्चित थे। वे इसी तरह काम करना पसंद करते थे। मुख्य वैज्ञानिक सलाहकार के तौर पर उन्होंने 'पुरा' और 'इंडिया 2020' जैसे कार्यक्रमों को अंतिम रूप दिया। लेकिन उन्हें महसूस हुआ कि इसमें उनकी शक्तियाँ बहुत कम हैं और वे केवल समन्वय व सलाहकार की भूमिका में ही हैं। जबकि इस कार्यक्रम के लिए जिन बेशुमार सरकारी विभागों की सहायता चाहिए थी, वे इस कार्यक्रम को कभी भी उचित प्राथमिकता नहीं देंगे। इन सभी कार्यक्रमों के लिए कुछ विभागों की सहायता की आवश्यकता थी, जिनकी अपनी प्राथमिकताएँ थीं। उदाहरण के लिए, विभिन्न नदियों को जोड़ने के लिए जल संसाधन प्रबंधन, कृषि, ग्रामीण विकास, पंचायती राज से संबंधित विभिन्न मंत्रालयों के अलावा विभिन्न राज्य सरकारों के समर्थन की भी आवश्यकता थी और इस महत्त्वपूर्ण कार्यक्रम पर सबका एक समान दृष्टिकोण नहीं था। डॉ. कलाम के पास इन विभागों व मंत्रालयों से काम करवाने का अधिकार नहीं था,

इसलिए इस कार्यक्रम के निकट भविष्य में पूरा होने की कोई संभावना नहीं थी। इस कारण उन्होंने अन्ना विश्वविद्यालय का कार्य हाथ में ले लिया। छात्रों से बात करने के लिए वे कितने उत्साहित थे, यह इस बात से पता चलता है कि अपने इस छोटे से कार्यकाल में वे 60,000 से अधिक छात्रों व युवाओं से मिले और उन्हें राष्ट्र-निर्माण के लिए प्रेरित किया।

कुछ ही महीने बाद उनके जीवन में एक बार फिर हलचल मच गई। □

10

राष्ट्रपति भवन की ओर प्रस्थान

भारत के राष्ट्रपति का पद देश में सबसे बड़ा है। यह शक्ति से अधिक सम्मान से जुड़ा है। हालाँकि वे तीनों सेनाओं के सर्वोच्च कमांडर होते हैं। सेवानिवृत्ति के पश्चात् डॉ. कलाम अन्ना विश्वविद्यालय में प्रोफेसर के तौर पर सामाजिक परिवर्तन के लिए प्रौद्योगिकी पढ़ाने लगे। बाद में उन्होंने विश्वविद्यालय में यह पद सँभालने को अपने जीवन का छठा मोड़ बताया। यह इस बात का सूचक है कि वे शिक्षण से किस हद तक जुड़े हुए थे। हालाँकि वे अपने इस पसंदीदा कार्य को अधिक समय तक नहीं कर सके। राष्ट्रपति बनना उनकी सूची में संभवत: अंत में होता। उन्होंने यह सपना कभी नहीं देखा था; बल्कि वे अपनी उन महत्त्वाकांक्षी परियोजनाओं पर काम करना चाहते थे, जिन्हें अपनी सरकारी नौकरी के कारण वे कभी करने का समय नहीं निकाल सके। वे ताड़ के पत्तों पर लिखे राष्ट्र के प्राचीन ज्ञान का डिजिटलीकरण कर उन्हें सबके सामने लाना चाहते थे।

10 जून, 2002 को जब डॉ. कलाम अपनी कक्षा समाप्त कर बाहर आए तो उन्हें कुलपति के ऑफिस में जाने को कहा गया, क्योंकि उनके लिए पी.एम.ओ. (प्रधानमंत्री कार्यालय) से फोन आया था। 'क्या हो सकता है?' उन्होंने स्वयं से पूछा। थोड़ी ही देर बाद वे फोन पर प्रधानमंत्री वाजपेयी से बात कर रहे थे। उनके लिए संदेश था—"देश आपको अपने अगले राष्ट्रपति के रूप में देखना चाहता है।"

डॉ. कलाम ने उन्हें इस प्रस्ताव के लिए धन्यवाद दिया और कहा कि वे उन्हें एक घंटे में अपना निर्णय बता देंगे। वाजपेयीजी ने स्पष्ट कहा कि वे प्रत्युत्तर में 'न' नहीं, बल्कि 'हाँ' सुनना चाहते हैं।

कुछ ही घंटों बाद डॉ. कलाम की एन.डी.ए. (राष्ट्रीय जनतांत्रिक गठबंधन) के राष्ट्रपति पद के प्रत्याशी के रूप में डॉ. ए.पी.जे. अब्दुल कलाम के नाम की

घोषणा हो गई। कांग्रेस के लिए इस गैर-राजनीतिक व अल्पसंख्यक समुदाय के प्रख्यात व्यक्ति का विरोध करना कठिन था। मीडिया में आरोप लगे कि सरकार ने एन.डी.ए. की हर चीज का विरोध करनेवाली कांग्रेस को विरोध का अवसर न देने के लिए यह चालाकी भरा खेल खेला है। संसदीय कार्य मंत्री प्रमोद महाजन ने उन्हें फोन करके पूछा कि वे अपना नामांकन-पत्र कब दाखिल करना चाहेंगे? भारत में राजनेताओं के लिए किसी शुभ मुहूर्त पर नामांकन-पत्र दाखिल करना आम बात थी। महाजन का प्रश्न इसी संदर्भ में था। वे चाहते थे कि डॉ. कलाम अपने ज्योतिषी से पूछकर तारीख व समय सुनिश्चित कर लें। वे यह भूल गए कि वे एक वैज्ञानिक से बात कर रहे हैं, जिसका जीवन के प्रति दृष्टिकोण अंधविश्वास नहीं बल्कि विज्ञान व तर्क पर आधारित है। डॉ. कलाम ने व्यंग्यपूर्ण चुटकी लेते हुए कहा कि "यह जगत् ज्योतिष नहीं बल्कि खगोल के अनुसार चलता है।" उनके लिए व्यक्ति से राष्ट्र कहीं अधिक बड़ा होता है।

राष्ट्र तो पहले से ही उन्हें पसंद करता था; लेकिन उनकी निष्ठा, ईमानदारी व निष्कपटता ने लोगों का मन मोह लिया। वे एक ऐसे व्यक्ति थे, जो गैर-राजनीतिक ही नहीं बल्कि आम नेताओं से बिलकुल अलग थे।

प्रमोद महाजन स्वयं अन्ना विश्वविद्यालय गए और डॉ. कलाम को अपने साथ नई दिल्ली ले आए। वे एक दिन के लिए डी.आर.डी.ओ. के उसी गेस्ट हाउस में रुके, जहाँ वे इससे पहले डी.आर.डी.ओ. के साथ काम करने के दौरान रुके थे।

18 जून को उन्होंने नामांकन-पत्र की दो प्रतियाँ दाखिल कर दीं। उन्होंने पहली प्रति कांग्रेस प्रमुख सोनिया गांधी के साथ तो दूसरी प्रति प्रधानमंत्री वाजपेयी व मंत्रिमंडल के अन्य वरिष्ठ सदस्यों के साथ जाकर दाखिल की।

19 जून को उन्होंने राष्ट्रपति पद के दावेदार के तौर पर पहले पत्रकार सम्मेलन को संबोधित किया। तब तक मीडिया के बहुत से लोग बाल की खाल निकालते हुए उनके राजनेता नहीं बल्कि वैज्ञानिक होने की बात कहने लगे; बल्कि कुछ लोग तो उनके बालों की निराली शैली का मजाक उड़ाने की हद तक भी पहुँच गए। डॉ. कलाम इन सबसे बेपरवाह रहे। संभवतः इसका कारण उनका अनुभवी राजनीतिज्ञ न होना था। वे पत्रकारों के कटु प्रश्नों का उत्तर अपनी सीधी व स्पष्ट शैली में देते थे। अभी उन्होंने राष्ट्रपति के दायित्वों का अध्ययन नहीं किया था। लेकिन जब उन्होंने एक प्रश्न का उत्तर देते समय आवश्यकता पड़ने पर संविधान विशेषज्ञों से सलाह लेने की बात कही, तो निश्चित ही उनका निर्दोष मन इससे अवश्य परिचित रहा होगा। राज्यों पर राष्ट्रपति शासन लगाने के संदर्भ में उन्होंने कहा कि इन मामलों में

निर्णय लेते समय वे 'कुछ लोगों के नहीं, बल्कि जनता के लिए क्या ठीक रहेगा', इस पर ध्यान देंगे। ऐसे पत्रकार सम्मेलन बहुत कम होते हैं, जो अंत में पत्रकारों व राजनेता के बीच मित्रवत् रिश्तों पर समाप्त होते हों। वह सम्मेलन उन्हीं में से एक था।

यहाँ यह बताना आवश्यक है कि भारत के राष्ट्रपति का चयन अप्रत्यक्ष रूप से एक निर्वाचक मंडल करता है, जिसमें संसद् (राज्यसभा व लोकसभा के दोनों) सदस्य तथा विधानसभाओं व केंद्र शासित प्रदेशों के विधायक शामिल रहते हैं।

18 जुलाई, 2002 को डॉ. कलाम को भारत के ग्यारहवें राष्ट्रपति के रूप में चुन लिया गया। वे इस प्रतिष्ठित ऑफिस में दाखिल होनेवाले पहले वैज्ञानिक थे, जो 90 प्रतिशत वोट प्राप्त कर यहाँ तक पहुँचे थे। तत्पश्चात् प्रमोद महाजन ने उन्हें अधिसूचना दी और वे पत्रकार सम्मेलन में आए। उन्हें सबसे पहले वैज्ञानिक समुदाय के अगुआ—प्रो. विक्रम साराभाई, प्रो. सतीश धवन तथा प्रो. ब्रह्मप्रकाश की याद आई। इनमें से कोई भी अब जीवित नहीं था, लेकिन वे सभी उनकी मार्गदर्शक आत्मा थे। और तब उन्होंने अपने विजन की घोषणा की—"मैं चाहता हूँ कि आनेवाले बीस वर्षों में हमारा देश विकसित देशों की पंक्ति में शामिल हो जाए।"

25 जुलाई, 2002 को उस समय इतिहास बन गया, जब दक्षिण भारत के एक छोटे से अनाम गाँव में जन्म लेनेवाले व्यक्ति ने सेवा-मुक्त राष्ट्रपति के.आर. नारायणन के साथ संसद् के केंद्रीय कक्ष में कदम रखा। भारत के तत्कालीन मुख्य न्यायाधीश श्री बी.एन. कृपलानी ने उन्हें शपथ दिलाई। इस शानदार समारोह में उच्च पदाधिकारियों के अलावा उनके गाँव के मित्र व अन्य लोग भी उपस्थित थे। सेवा-मुक्त राष्ट्रपति ने वर्ष 1982 को याद किया, जब उन्होंने उनपर मिसाइल मिशन को लेकर विश्वास जताया था और आज वे उनपर इस भूखंड की सबसे बड़ी पदवी सँभालने पर विश्वास कर रहे थे। तत्पश्चात् उन्हें प्रथागत औपचारिकता के तहत 21 तोपों की सलामी दी गई। इसके बाद वे राष्ट्रपति के अंगरक्षकों सहित राष्ट्रपति भवन की ओर चल दिए।

अपनी क्षमताओं पर भरोसा करनेवालों के लिए कोई सीमा नहीं है। यदि आप अपना कार्य पूरी ईमानदारी व गंभीरता से करते हैं तो पृथ्वी पर ऐसी कोई शक्ति नहीं है, जो आपको उसके सबसे अच्छे संभावित परिणाम हासिल करने से रोक सके। इस बात का साक्ष्य हमारे सामने ही था। जहाँ लोग इस तरह सोच रहे थे, वहीं डॉ. कलाम के मन में कुछ और चल रहा था। वे उन स्थानों को खोज रहे थे, जहाँ वे राष्ट्रपति के रूप में अपनी उपयोगिता सिद्ध कर सकें। वे चाहते थे कि उनका कार्यकाल स्मरणीय बन जाए।

□

11
भारत के राष्ट्रपति

डॉ. कलाम ने अपना नया कार्यभार सँभालने में अधिक समय नहीं लगाया। उनके सचिव श्री पी.एम. नायर थे, जिन्होंने इसके पूर्व 'एस.एल.वी.-3' परियोजना में डॉ. कलाम के मातहत काम किया था। इस समय देश बड़े कठिन दौर से गुजर रहा था। कुछ ही समय पहले 26 जनवरी, 2001 को गुजरात में एक बहुत बड़ा भूकंप आया था। बात यहीं तक सीमित नहीं रही। इसके फौरन बाद इस राज्य को मानव-रचित झटका लगा, जहाँ कारसेवकों से भरी रेल की दो बोगियों को अल्पसंख्यक समुदाय के उपद्रवियों ने फूँक दिया। उसमें 58 यात्री जीवित जल गए। इससे बहुसंख्यक समुदाय में रोष फैला और सांप्रदायिक दंगे शुरू हो गए। उस समय श्री नरेंद्र मोदी गुजरात के मुख्यमंत्री थे। राजनीतिक पक्षपात उस समय चरम पर था। किसी का भी ध्यान जीवित जले कारसेवकों पर नहीं था, बल्कि सभी सांप्रदायिक दंगे पर विलाप कर रहे थे। डॉ. कलाम ने इसे सही करने की ठान ली। उन्होंने दोनों घटनाओं की निंदा की और गुजरात का दौरा किया। राष्ट्रपति बनने के बाद उन्होंने पहली बार नई दिल्ली से बाहर कदम रखा था। वे दोनों समुदायों के घावों को भरना चाहते थे।

डॉ. कलाम के गुजरात के लिए निकलने पर यह भय था कि संभवत: वहाँ उनका स्वागत गर्मजोशी से न हो। प्रधानमंत्री श्री वाजपेयी को भी यही लगता था, इसलिए वे नहीं चाहते थे कि डॉ. कलाम वहाँ जाएँ। हालाँकि नरेंद्र मोदीजी ने अपने राजनयिक कौशल का प्रदर्शन किया और वे राष्ट्रपतिजी के स्वागत के लिए अपने मंत्रिमंडल के सहयोगियों सहित हवाई अड्डे पहुँच गए। केवल यही नहीं!, वे उन्हें विभिन्न राहत शिविरों व दंगा-प्रभावित स्थानों पर भी ले गए और उन्हें वास्तविक

घटना से परिचित कराया। डॉ. कलाम को महसूस हुआ कि वहाँ ऐसा कुछ भी नहीं है जैसा लोग व मीडिया दिल्ली में बता रहे हैं। इस विरूपण व अतिशयोक्ति का कारण अपने कमरों में ए.सी. के सामने बैठे कथित धर्मनिरपेक्ष लोग थे।

इस घटना से यह साबित हो गया कि नए राष्ट्रपति केवल चीजों को 'चुपचाप' देखते रहनेवालों में से नहीं हैं। वे बाहर जाकर स्वयं सबकुछ देखने व समझने में विश्वास रखते थे। उनका दृष्टिकोण अपने हितों तक सीमित नहीं था। वे हमारी व्यवस्था को खराब करनेवाली त्रुटियों को ठीक करना चाहते थे। इन प्रयासों में उन्होंने कई क्षेत्रों का दौरा किया, जिनमें चुपचाप पीड़ा झेल रहे भोपाल गैस त्रासदी के पीड़ित भी शामिल थे। उन्होंने स्पष्ट कर दिया कि देश मानव जीवन के अवमूल्यन को चुपचाप देखता नहीं रह सकता।

उनके पास सांप्रदायिक विभेद को दूर करने का एक विशिष्ट विचार था, जो देश की गहरी जमी जड़ों में ही मौजूद था। उनका कहना था कि विचार विकास की ओर ले जाते हैं तो विचारहीनता विनाश की ओर। जब चीजें इस स्थिति में पहुँच जाएँ तो यह जरूरी है कि देश अपने दृष्टिकोण में बदलाव करते हुए 70 प्रतिशत युवा आबादी की जीवन-शक्ति व बल का उपयोग करे। इसलिए उन्होंने 'इंडिया विजन 2020' में व्यक्त किए अपने इस दूसरे दृष्टिकोण को प्रकट किया। उनका मानना था कि सांप्रदायिक व अन्य सभी मुद्दे तुच्छ प्रकृति के होते हैं, जो मूल रूप से लोगों की सरकारों की अनसुनी की गई समस्या की पुकार की पीड़ा से उत्पन्न होता है। इन समस्याओं का समाधान हो जाने पर लोगों के पास संकीर्ण दृष्टि से विचार करने का कोई कारण नहीं रह जाता। इससे लोगों का विकास व प्रगति और बेहतर हो सकती है। देश की समस्याओं को सुलझाने के प्रति उनकी अपनी अंतर्दृष्टि थी। उनका कहना था कि लोग नई चीजों को अपनाने तथा प्रयोग करने के लिए तैयार नहीं होते और वे अपनी आदिम सीमाओं में सीमित रहते हैं। उन्हें अपने संदेह व शंका से बाहर निकलकर आत्मनिर्भर होने की इच्छा रखनी चाहिए। देश का आपके प्रति दायित्व है; लेकिन इससे पहले आपको देश के प्रति अपने दायित्व को निभाना होगा। देश आपके लिए तभी कुछ कर सकता है, जब आपने पूरे हृदय से इसकी सेवा की हो। उनके इस दृष्टिकोण के लिए विचारों में नए बदलाव की आवश्यकता है। उनका यह भी मानना था कि लोगों के इस सीमित दृष्टिकोण के कारण ही देश में कई सदियों तक विदेशी शासन रहा और जिसके चलते हम अपने शानदार इतिहास को बिलकुल भूल बैठे हैं। लोगों को यह अहसास करवाने के लिए एक बिलकुल नई जागरूकता की आवश्यकता है कि वे एक उच्चतर वंश

से हैं, जो कहीं अधिक श्रेष्ठ रहा था। पश्चिमी विज्ञान के मूल विचारों का उद्‍भव उन्हीं विचारों से हुआ है, जो हमारे देश में हजारों वर्ष पहले मौजूद थे।

डॉ. कलाम केवल रस्मी राष्ट्रपति नहीं बने रहना चाहते थे, जैसा इस राष्ट्रपति कार्यालय में हमेशा से होता आया है। उन्होंने पिछले सभी राष्ट्रपतियों के लिए लगभग प्रथागत हो चुकी इफ्तार पार्टी पर रोक लगा दी। उन्होंने सारगर्भित ढंग से पूछा, ''मैं उन लोगों को क्यों खिलाऊँ, जिनके पेट पहले ही से भरे हुए हैं ?'' उन्होंने इफ्तार पार्टी के लिए निश्चित रकम को अनाथालयों में खाने, कपड़े व अन्य चीजों के रूप में वितरित करने को कहा। केवल यही नहीं, उन्होंने इस कार्य के लिए अपनी ओर से एक लाख रुपए और दिए। वे अपनी सादा पोशाक तथा बालों की शैली को बदलना नहीं चाहते थे, हालाँकि अपने कार्यालय की प्रतिष्ठा का खयाल करते हुए उन्होंने आगे से खुला बंद गले का कोट पहनना स्वीकार किया। इसका गला उन्होंने स्वयं तैयार किया था, इसलिए इसे 'कलाम सूट' का नाम दिया गया।

डॉ. कलाम ज्ञानवान समाज के विचार के पक्षधर थे। उनके द्वारा दिया गया विचार ही बाद में 'आधार कार्ड' के रूप में फलीभूत हुआ। यू.आई.डी.ए.आई. (भारतीय विशिष्ट पहचान प्राधिकरण) सात साल पहले आरंभ हुआ। यह एक ऐसी महत्त्वपूर्ण योजना है, जिसके एकीकृत दृष्टिकोण के परिणामस्वरूप सब्सिडी के भुगतान, पहचान व अन्य सहायक कार्यक्रमों में भ्रष्टाचार में कटौती होगी। फिलहाल इस योजना को ठीक प्रकार से लागू नहीं किया गया है, अन्यथा इसके बाद वोटर आई.डी., राशन कार्ड तथा अन्य पहचान-पत्रों की कोई आवश्यकता नहीं रह जाती।

डॉ. कलाम देश के शिक्षा, हेल्थकेयर, विज्ञान व प्रौद्योगिकी में प्रगति, बुनियादी ढाँचे का निर्माण, लोगों के लिए न्याय, कृषि विकास, औद्योगिक प्रगति जैसी वास्तविक समस्याओं पर ध्यान केंद्रित करना चाहते थे। वे बच्चों पर विशेष रूप से ध्यान देना चाहते थे। उन्होंने विवाह नहीं किया था, लेकिन वे बच्चों से बहुत प्रेम करते थे। उनका कहना था कि कोई भी देश तभी थोड़ी देर आराम कर सकता है, जब वहाँ के बच्चों की प्रगति व शिक्षा भली प्रकार से हो रही हो। यदि उनके कल्याण का ध्यान रखा जा रहा है, यदि वे बेहतर ढंग से बड़े हो रहे हैं तो देश को किसी समस्या की चिंता करने की आवश्यकता नहीं। वे चाहते थे कि विज्ञान व प्रगति का लाभ प्रत्येक व्यक्ति, यहाँ तक कि सबसे गरीब व्यक्ति तक भी पहुँचना चाहिए। वे इस बात पर बल देते थे कि प्रत्येक भारतीय नागरिक को उचित मात्रा में पोषण-युक्त संतुलित आहार तथा शारीरिक, आर्थिक, सामाजिक व परिवेष्टक पहुँच हासिल हो सके। उनके संतुलित भोजन में स्वच्छ पेयजल भी

शामिल था। उन्हें आश्चर्य होता था कि देश में सबका पेट भरने लायक पर्याप्त फल होने के बावजूद भारत की एक बड़ी आबादी भूखे पेट क्यों सोती है ? इस समस्या के समाधान में वे प्रौद्योगिकी की भूमिका देखते थे।

डॉ. कलाम भारत से जुड़े इस तथ्य पर भी स्वयं को असहज महसूस करते कि विश्व के लगभग एक-चौथाई गरीब भारत में रहते हैं। उन्हें आश्चर्य होता कि स्वतंत्रता मिलने के इतने दशक बीत जाने के बाद भी देश अपनी मूल समस्याओं को क्यों नहीं सुलझा सका है ? उन्होंने गरीबी के उन्मूलन हेतु संबंधित विभागों का सहयोग पाने का प्रयास किया। उन्होंने पाया कि व्यक्ति में विभेद और उसे हाशिए पर पहुँचाने का सबसे बड़ा कारण गरीबी ही है। यदि आपके पास धन है तो लोग शायद ही आपसे आपकी जाति या धर्म पूछेंगे।

हेल्थकेयर में उन्हें पूरा विश्वास था कि सूचना, संपर्क, मेडिकल और इलेक्ट्रॉनिक्स जैसी विभिन्न तकनीकों को अपनाकर इस क्षेत्र की बहुत सी बुराइयों को दूर किया जा सकता है। इसके अलावा, वे विकलांगों व मानसिक रूप से कमजोर बच्चों की समस्याओं की भी चिंता करते थे। 3 दिसंबर, 2002 को विज्ञान भवन में विकलांग लोगों के सशक्तीकरण के लिए राष्ट्रीय पुरस्कार देते समय उन्होंने कहा कि निश्चित रूप से विकलांग किसी भी अन्य नागरिक की तरह सामाजिक गतिविधियों में शामिल होना या रोजगार करना चाहते हैं।

लोग डॉ. कलाम के सभी मामलों में स्पष्टवादी दृष्टिकोण के कायल थे। इसके पीछे उनका कोई गुप्त एजेंडा नहीं होता था। उदाहरण के लिए, आतंकवाद पर बात करते समय वे इसे अलग परिप्रेक्ष्य में देखते हैं। वे स्वीकार करते हैं कि आतंकवाद के कारण आज हम भयपूर्ण वातावरण में जी रहे हैं। उनका कहना था कि राष्ट्रों को आतंकवाद के खिलाफ एकपक्षीय युद्ध न करते हुए संयुक्त राष्ट्र संघ के झंडे तले आकर हर तरह के आतंकवाद से समान रूप से निपटना चाहिए। वे आतंकवाद का 'अच्छे' या 'बुरे' या किसी एक राष्ट्र के लिए 'हितकारी' और बाकी सबके लिए 'अहितकारी' जैसे वर्गीकरण से सहमत नहीं थे। उन्होंने चेतावनी देते हुए कहा था कि यह एक ऐसा साँप है, जो अपने स्वामी को ही काट लेता है। इसके अलावा, वे आतंकवाद से निपटते समय मानवीय पक्ष को बनाए रखना चाहते थे। उन्हें गोलाबारी में निर्दोष जानें और आतंकवादियों द्वारा लोगों को मारने पर अफसोस होता था। वे सारगर्भित ढंग से पूछते हैं, "क्या यह पृथ्वी कभी भी युद्धहीनता की स्थिति देख सकेगी ?" उनका कहना था कि इस भयानक खतरे से निपटने के लिए सारे विश्व को एक हो जाना चाहिए।

डॉ. कलाम इस बात पर जोर देते थे कि प्रत्येक व्यक्ति को गरिमापूर्ण जीवन जीने का अधिकार है। प्रत्येक व्यक्ति में अपनी विशिष्ट विशेषता होती है, जो संभवत: और लोगों की दृष्टि में विशिष्ट न हो। लेकिन फिर भी प्रत्येक व्यक्ति विशिष्ट है और उसकी विशिष्टता का सम्मान होना चाहिए। शिक्षा, व्यावसायिक एवं रोजगारपरक अवसर सभी को समान रूप से मिलने चाहिए, जिससे प्रत्येक व्यक्ति ऊँची महत्त्वाकांक्षा रखते हुए उसे प्राप्त करने के लिए आगे बढ़ सके।

राष्ट्र का कल्याण उनके हृदय में गहरा स्थान रखता था। उनकी यह भावना एकाधिक अवसरों पर प्रकट हुई। जब वर्ष 2003 में उन्होंने सभी राज्यों के राज यपालों व उप-राज्यपालों को नई दिल्ली बुलाया और प्रधानमंत्री व अन्य मंत्रियों के साथ बैठक की तो उन्होंने उन्हें कोई भी निर्णय लेते समय केवल अपने राज्य तक सीमित न रहते हुए राष्ट्र के कल्याण व हित के अनुकूल काम करने की सलाह दी। उन्होंने सरकार की सुविचारित सलाह का पालन करने की सलाह देते हुए सरकार के सभी विभागों में सूचना प्रौद्योगिकी के व्यापक उपयोग पर जोर दिया।

उनके द्वारा वर्ष 2003 में गणतंत्र दिवस की पूर्व संध्या पर राष्ट्र को पहली बार संबोधित करते समय उनके मानसिक रुझान का पता चलता है। देश के लाखों लोगों ने टेलीविजन पर उसे बहुत उत्सुकतापूर्वक देखा। वे लोग विशेष रूप से यह देखना चाहते थे कि क्या वे भी अपने पूर्ववर्तियों की भाँति वही बोलते हैं, जो सरकार उनसे बुलवाना चाहती है! धर्मनिरपेक्षता, समाजवाद व अन्य संबंधित मामलों से अलग हटकर उन्होंने समाज में शिक्षा, दूसरी हरित क्रांति, ग्रामीण क्षेत्रों में शहरी सुविधाएँ प्रदान करने और सभी तरह की सरकारी गतिविधियों में तकनीकी के उपयोग की आवश्यकता पर बात की। उन्होंने कृषि व उद्योग के एकीकरण की बात करते हुए कहा कि भविष्य में राष्ट्रीय जीवन का प्रत्येक भाग तकनीकी विकास पर ही निर्भर रहेगा। उन्होंने युवाओं का आह्वान करते हुए उन्हें अपना अधिकांश समय हार्डवेयर व सॉफ्टवेयर के विकास में लगाने को कहा। उन्होंने कहा कि केवल तकनीक के उपयोग द्वारा ही बढ़ती जनसंख्या की आवश्यकताओं को पूरा किया जा सकता है।

डॉ. कलाम उन लोगों में से नहीं थे, जो अपने राजसी राष्ट्रपति निवास से बाहर ही न निकलना चाहते हों। उन्हें देश में जीवन के विविध रंगों को खोजने जाना अच्छा लगता था। वर्ष 2003 के गणतंत्र दिवस से पहले वे सत्रह राज्यों का दौरा कर चुके थे। यह उनके लोगों से जुड़ाव को दरशाता था। इन यात्राओं में वे केवल शहरी इलाकों व राज्यों की राजधानियों तक ही सीमित नहीं रहे, बल्कि उन्होंने ग्रामीण इलाकों का भी दौरा किया और विविध वर्गों के लोगों से बात करके उनकी

इच्छाएँ व सरकार उनके लिए क्या कर सकती है, यह जानने का प्रयास किया। उनके अनुसार, वैश्विक शांति का उदय घरेलू सामंजस्य व राष्ट्रीय एकता से होता है। जब देश में संघर्ष व कलह जारी हो तो आप विश्व-शांति की आशा नहीं रख सकते। इसलिए वे चाहते थे कि हर तरह के टकराव को बातचीत के द्वारा परस्पर सम्मति से दूर किया जाए। इस संबंध में वे महान् चीनी दार्शनिक कन्फ्यूशियस की कविता का अंग्रेजी अनुवाद दोहराया करते थे—

''व्हेयर देयर इज राइटनेस इन द हार्ट,
देयर इज ब्यूटी इन द करेक्टर,
व्हेन देयर इज ब्यूटी इन द करेक्टर,
देयर इज हार्मनी इन द होम,
व्हेन देयर इज हार्मनी इन द होम,
देयर इज ऑर्डर इन द नेशन।
व्हेन देयर इज ऑर्डर इन द नेशन,
देअर इज पीस इन द वर्ल्ड।''

डॉ. कलाम जानते थे कि लोकतंत्र की शक्ति जनता से ही आती है, जो मुख्यत: लोगों के मताधिकार के अधिकार का उपयोग करने में निहित होती है। लोगों के लिए यह मुख्यत: मताधिकार के अधिकार में निहित है। इसी कारण वर्ष 2004 में जब वाजपेयी सरकार ने जल्दी चुनाव कराने का निर्णय लेते हुए पार्टी की कुछ राज्यों में आसान जीत तथा 'भारत उदय' अभियान की शुरुआत की तो उसी समय डॉ. कलाम ने लोगों से मतदान की अपील की। चुनावों के पहले चरण से ठीक पहले डॉ. कलाम ने टी.वी. व रेडियो के माध्यम से लोगों को संबोधित किया। उन्होंने कहा, ''अपने चुने गए प्रत्याशी को वोट देकर आप स्वयं लोकसभा का हिस्सा बन जाते हैं। ऐसा करके आप एक समृद्ध भारत, खुशहाल भारत, सुरक्षित भारत और सबसे बढ़कर एक महान् भारत का बीज बोते हैं।'' उन्होंने लोगों से अपने मताधिकार का उन प्रत्याशियों के लिए उपयोग करने का आह्वान किया, जिनमें उनके अनुसार उनकी इच्छाओं व महत्त्वाकांक्षाओं को पूरा करने की क्षमता हो। एक खूबसूरत भारत की तसवीर तभी वास्तविक बन सकती है, जब इस लोकतांत्रिक प्रक्रिया में लोग भी भागीदार बनें।

हमारी राजनीति जाति व धर्म-केंद्रित होकर पक्षपातपूर्ण क्यों है, के प्रश्न पर वे उत्तर देते कि यह स्वाभाविक बात है कि राजनेताओं की नजर अपने वोट बैंक पर रहती है और वे उन्हें केवल इसीलिए अशिक्षित रखना चाहते हैं, जिससे वे

वास्तविकता को न देख सकें। किसी एक व्यक्ति को हमेशा मूर्ख बनाया जा सकता है। आप कुछ लोगों को कुछ समय के लिए मूर्ख बना सकते हैं, लेकिन आप सभी लोगों को हमेशा मूर्ख नहीं बना सकते। यदि सभी लोग वोट करने लगें तो राजनेताओं के पास पूरे देश को किसी विशेष धर्म या जाति की जगह एक इकाई के रूप में देखने के अतिरिक्त और कोई विकल्प नहीं रहेगा। यही कारण है कि सभी लोगों को वोट करना चाहिए। साथ ही यह भी आवश्यक है कि किसी भी धर्म, जाति या अन्य मामलों जैसी संकीर्ण बातों से ऊपर उठकर वोट डालना चाहिए।

वर्ष 2004 के आम चुनावों में एन.डी.ए. (राष्ट्रीय जनतांत्रिक गठबंधन) की हार हुई। डॉ. कलाम के वाजपेयीजी के साथ अत्यंत मित्रवत् संबंध थे। उनका कहना था कि कविता ही उन दोनों के बीच की समान बात है।

इन चुनावों में देश के लिए भी एक बड़ी अप्रत्याशित घटना हुई। किसी भी पार्टी या गठबंधन को स्पष्ट बहुमत नहीं मिला। हालाँकि भाजपा अपना जनाधार कायम रखते हुए मुख्य तौर पर प्रबंध योग्य तथा विशेष रूप से 138 सीटों के स्तर पर पहुँच गई थी। कांग्रेस के जनाधार में वृद्धि नहीं हुई थी, लेकिन वह वर्ष 1999 में 114 सीटों से आगे बढ़कर 2004 में 145 सीटों पर पहुँच गई थी। ऐसी त्रिशंकु संसद् में राष्ट्रपति की जिम्मेदारी और भी बढ़ जाती है। यह डॉ. कलाम की निर्णय क्षमता में सच्चरित्रता की परीक्षा की घड़ी थी।

18 मई को श्रीमती सोनिया गांधी व डॉ. मनमोहन सिंह ने डॉ. कलाम से मुलाकात की और अपने पास कई पार्टियों का समर्थन होने की बात कही। राष्ट्रपतिजी ने उन्हें सूचना दी कि उन्हें मुलायम सिंह की समाजवादी पार्टी और अजित सिंह के राष्ट्रीय लोकदल के समर्थन-पत्र पहले ही मिल चुके हैं। इसके बावजूद कांग्रेस के पास सरकार बनाने के लिए आवश्यक सीटें नहीं थीं। स्पष्ट था कि सरकार को बाहरी समर्थन पर निर्भर रहना होगा। डॉ. कलाम को लगा कि कांग्रेस सरकार बना सकती है, इसलिए उन्होंने उनसे शाम को समर्थन-पत्रों सहित मिलने को कहा।

उसी शाम राष्ट्रपति भवन में पुनः बैठक हुई। श्रीमती सोनिया गांधी के साथ डॉ. मनमोहन सिंह भी थे और वे समर्थन हेतु आवश्यक पत्र लाए थे। इससे संतुष्ट होने पर डॉ. कलाम ने उन्हें सरकार बनाने को कहते हुए उनके द्वारा तय किए गए समय पर शपथ-ग्रहण समारोह आयोजित करने की अनुमति दे दी। जब डॉ. कलाम ने 'आपके द्वारा तय किए गए समय पर' कहा तो उस दौरान उन्हें देश के सर्वोच्च पद के लिए अपना नामांकन-पत्र दाखिल करते

समय की 'शुभ मुहूर्त' वाली घटना याद आ गई।

श्रीमती सोनिया गांधी ने अपनी जगह डॉ. मनमोहन सिंह को नामित करने की अप्रत्याशित बात कही। दरअसल, उन दिनों विदेशी मूल का मुद्दा जोरों पर था और कांग्रेस कोई जोखिम नहीं लेना चाहती थी। इसके अतिरिक्त, डॉ. मनमोहन सिंह की साफ छवि की बदौलत सरकार संसद् के सत्रों को सुरक्षित रूप से पार कर सकती थी। इस तरह डॉ. मनमोहन सिंह को प्रधानमंत्री के रूप में सरकार बनाने के लिए आमंत्रित करने का पत्र जारी कर दिया गया।

अंतत: 22 मई को डॉ. कलाम ने डॉ. मनमोहन सिंह एवं उनके मंत्रिमंडल को गोपनीयता व निष्ठा की शपथ दिलाई। यह समारोह राष्ट्रपति भवन के अशोक हॉल में आयोजित हुआ, जिसमें भारत के विभिन्न क्षेत्रों और विशेष रूप से राजनीति के दिग्गज उपस्थित थे।

डॉ. मनमोहन सिंह को अपनी ही पार्टी में बहुमत हासिल नहीं था। लेकिन फिर भी माना जाता है कि उन्होंने भारत को प्रगति व विकास के मार्ग पर आगे बढ़ाया। इस कार्य में विशेष रूप से उनके बतौर वित्त मंत्री तथा इससे पहले भारतीय रिजर्व बैंक के गवर्नर, योजना आयोग के उपाध्यक्ष एवं प्रमुख आर्थिक सलाहकार के पद पर मिले अनुभव काम आए। हम याद करते हैं कि यू.पी.ए. (संयुक्त प्रगतिशील गठबंधन) का पहला कार्यकाल संतोषप्रद रहा, जिसमें उनपर भ्रष्टाचार के कुछ आरोप भी लगे। लेकिन यू.पी.ए. का दूसरा कार्यकाल बेहद खराब रहा, जिसके कारण वर्ष 2014 के आम चुनावों में कांग्रेस का भाग्य धूमिल हो गया और उन्हें केवल 44 सीटें ही हासिल हो सकीं। इसका मुख्य कारण उनकी अक्षमता व भ्रष्टाचार के विकराल मामले रहे। इसके अतिरिक्त, देश एन.डी.ए. के प्रधानमंत्री पद के उम्मीदवार नरेंद्र मोदी के नवीन आकर्षण में मुग्ध हो गया था।

यू.पी.ए. की अक्षमता और कुछ हद तक एन.डी.ए. शासन में बाद में उत्पन्न होनेवाली समस्याएँ भारतीय शैली के लोकतंत्र की दुविधाओं का प्रदर्शन करती हैं। लोकसभा में जिस पार्टी या गठबंधन की सरकार बनती है, जरूरी नहीं कि उसे राज्यसभा में भी बहुमत हासिल हो। संभव है कि वहाँ विपक्षी या अन्य पार्टियों का बोलबाला हो। इसके चलते सत्तारूढ़ पार्टी के लिए राज्यसभा में बिल पास करवाना मुश्किल हो जाता है और वह लोकसभा में भी कमजोर होने लगती है। हमने ऐसा यू.पी.ए. के शासनकाल में भी देखा और अब नरेंद्र मोदीजी की सरकार में भी यही हो रहा है। एन.डी.ए. से प्रतिक्रियात्मक प्रतिशोध के लिए कांग्रेस उसके हर कदम का विरोध करती है। यही कारण है, जिसके चलते राज्यसभा के अस्तित्व

की आवश्यकता पर प्रश्न उठने लगे हैं। मूल रूप से वरिष्ठ सदस्यों का सदन माना जानेवाला यह स्थान अब राजनीति का अखाड़ा बन गया है।

उधर डॉ. कलाम बतौर राष्ट्रपति शक्तिशाली होते जा रहे थे। वे भारत के आम आदमी के लिए आशा की किरण बन गए थे। उन्हें प्रतिदिन बड़ी संख्या में प्राप्त होनेवाले पत्र व इ-मेल इस बात को साबित करने के लिए काफी थे। उस समय के सबसे अमीर भारतीय अजीम प्रेमजी के साथ डॉ. कलाम के व्यक्तिगत संबंध थे। डॉ. कलाम ने उन्हें एक एन.जी.ओ. (गैर-सरकारी संगठन) 'अजीम प्रेमजी फाउंडेशन' बनाने के लिए प्रेरित किया, जिसका कार्य गुणवत्तापूर्ण वैश्विक शिक्षा प्रदान करना है। यह फाउंडेशन प्राथमिक शिक्षा के क्षेत्र में कार्य करते हुए ग्रामीण क्षेत्रों में सरकार-चालित लाखों स्कूलों को मूल ढाँचागत सुविधाएँ प्रदान करके गुणवत्ता बनाए रखने में सहायता देता है।

राष्ट्रपति रहते हुए डॉ. कलाम ने देश-विदेश की बहुत सी यात्राएँ कीं। उन्होंने बड़ी संख्या में संसार भर के लोगों, पदाधिकारियों, नेताओं तथा सरकार के प्रतिनिधियों के साथ चर्चा-परिचर्चा की और उनपर सकारात्मक प्रभाव छोड़ा।

डॉ. कलाम के मन में नेल्सन मंडेला से हुई मुलाकात हमेशा ताजा रही। मंडेला ने लोकतंत्र की माँग तथा रंगभेद के विरोध के कारण जीवन के 27 वर्ष जेल की पीड़ा सही थी। दोनों के बीच तुरंत मधुरता उत्पन्न हो गई। डॉ. कलाम को वे 'उत्साह की पोटली' लगे। यह देखना बहुत अद्‌भुत रहा, जब नेल्सन मंडेला स्वयं डॉ. कलाम को बाहर तक छोड़ने आए तो इस दौरान उन्होंने अपनी छड़ी की जगह डॉ. कलाम के कंधे का सहारा ले रखा था। जब डॉ. कलाम ने उनसे रंगभेद विरोध के सबसे महान् नेताओं के बारे में पूछा तो रिपोर्ट के अनुसार मंडेला ने कहा, ''ऐसे बहुत से लोग हैं; लेकिन स्वतंत्रता आंदोलन के सबसे बड़े नेताओं में सबसे प्रमुख एम.के. गांधी हैं। भारत ने उन्हें एक अच्छे वकील के रूप में यहाँ भेजा था। हमने उन्हें 'महात्मा गांधी' बनाकर आपके पास वापस भेजा।''

डॉ. कलाम कुछ मामलों में वैश्विक साझेदारी के समर्थक थे। उनका दृढ़ मत था कि किसी भी राष्ट्र को पृथक् रखते हुए वैश्विक समस्याओं का समाधान निकालना संभव नहीं है। विश्व पीने योग्य पानी, प्रदूषण एवं जीवाश्म सामग्री तथा अन्य प्राकृतिक संसाधनों की कमी अनुभव कर रहा है। संसार के सभी लोगों को प्रगति के लिए समान अवसर नहीं मिल पाते। कुछ लोगों व राष्ट्रों की स्थितियाँ तो इतनी खराब हैं कि जीवन की अन्य वस्तुओं को तो छोड़ दें, पेट भर भोजन भी नहीं मिल पा रहा। डॉ. कलाम दृढ़ता सहित कहते थे कि एक या कुछ राष्ट्रों के

विकसित होने से मानवता की समस्याओं का समाधान नहीं निकल सकता। लोगों की समस्याओं को दूर करने के लिए सभी राष्ट्रों को एक साथ आगे आना होगा। वे आतंकवाद को लेकर भी बहुत चिंतित रहते थे। उनका स्पष्ट रूप से कहना था कि इस समस्या का कोई व्यवहार्य समाधान निकालने में सभी राष्ट्रों को सहयोग करना होगा। इस समस्या को अकेले हल करना किसी भी राष्ट्र की क्षमता से परे है। समय ने सिद्ध कर दिया कि उनकी बात सही थी। इस कार्य को अकेले करनेवालों के लिए यह बहुत कठिन रहा है। इसके बाद अब विश्व के सभी नेता अंतरराष्ट्रीय सहभागिता की बात कर रहे हैं; हालाँकि इसमें अभी और भी बहुत कुछ किया जाना है। पाकिस्तान, सीरिया, इराक व कई अन्य राष्ट्र आतंकवाद की दुखती रग बने हुए हैं। आतंकवाद के खतरे से केवल 'लड़ाई के दृष्टिकोण' से ही नहीं, बल्कि बहुआयामी दृष्टिकोण रखने पर ही निपटा जा सकता है; क्योंकि इसकी मूल समस्याओं में मनोविज्ञान, कट्टरवाद, सामाजिक न्याय, शिक्षा में कमी तथा विकास की कमी जैसी अन्य चीजें भी शामिल हैं।

वे इस बात पर बहुत व्यग्र रहते थे कि स्वतंत्रता के बाद इतने दशक बीत जाने पर भी भारत के लोगों की समस्याओं का यथोचित समाधान नहीं किया जा सका है। वे ऐसे प्रबुद्ध समाज का नया मॉडल विकसित करने पर बल देते थे, जो समस्याओं को सुलझा सके, समृद्धि लाए, जिसके परिणामस्वरूप शांति व समरसता स्थापित हो और ऐसा केवल हमारे देश में ही नहीं, बल्कि पूरे संसार में हो।

डॉ. कलाम के शस्त्रागार में चौंकाने का तत्त्व हमेशा मौजूद रहता था। वर्ष 2005 में जब पाकिस्तान के राष्ट्रपति परवेज मुशर्रफ भारत आए और उन्होंने डॉ. कलाम से मुलाकात की तो हर किसी ने यही सोचा कि डॉ. कलाम उनसे आतंकवाद तथा उसमें पाकिस्तान की भूमिका पर बात करेंगे। जबकि जब डॉ. कलाम ने इसकी जगह उन्हें ग्रामीण विकास पर 30 मिनट लंबा प्रस्तुतीकरण दिया तो मुशर्रफ भी स्तब्ध रह गए। उन्होंने इससे निपटने में दोनों राष्ट्रों के सहयोग की बात की। मुशर्रफ के पास इस प्रस्तुतीकरण की तारीफ के लिए शब्द नहीं थे। अंत में उन्होंने केवल यही कहा, "राष्ट्रपति महोदय, भारत सौभाग्यशाली है कि उसके पास आप जैसा वैज्ञानिक राष्ट्रपति है।"

उत्पात

किसी भी राज्य पर राष्ट्रपति शासन लागू करनेवाला भारत के संविधान का अनुच्छेद 356 हमेशा से ही विवाद का कारण रहा है। सामान्य दिनों में राष्ट्रपति

अपना कामकाज मंत्रिपरिषद् की सलाह से किया करते हैं। इन दोनों ही बातों ने डॉ. कलाम को हमेशा कष्ट पहुँचाया। इसे विस्तार सहित बताते हैं।

फरवरी 2005 में बिहार विधानसभा के चुनाव हुए, जिसमें किसी भी पार्टी या गठबंधन को बहुमत नहीं मिला; बल्कि कोई भी बाहर से किसी पार्टी या पार्टियों का समर्थन लेकर सरकार बनाने की स्थिति में भी नहीं था। उस समय वहाँ श्री बूटा सिंह राज्यपाल थे। उन्होंने सरकार बनाने की सभी संभावनाओं पर विचार किया, लेकिन निर्णय लेने में आँकड़े उनका साथ नहीं दे रहे थे। उस समय स्थिर सरकार बनने की कल्पना भी नहीं की जा सकती थी। सभी विकल्पों को परखने के बाद अंततः उन्होंने राज्य में राष्ट्रपति शासन लागू करने का निर्णय ले लिया। इसके साथ ही विधानसभा की काररवाई निरस्त हो गई। 7 मार्च, 2005 को कैबिनेट ने भी राष्ट्रपति से इसकी संस्तुति कर दी। उन्होंने उसी दिन अनुच्छेद 356 की अपील पर हस्ताक्षर कर दिए। उसी माह दोनों सदनों ने भी उस अपील को स्वीकार कर लिया।

इस दौरान कुछ राजनीतिज्ञों ने लोकतांत्रिक प्रक्रिया को विकृत करने का प्रयास करते हुए इस अनिर्णय की स्थिति में फँसे राज्य में सरकार का गठन कर लिया। 21 मई, 2005 को राज्यपाल ने रिपोर्ट भेजी कि जनता दल (यूनाइटेड) ने खरीद-फरोख्त द्वारा लोक जनशक्ति पार्टी के विधायकों को तोड़ लिया है, जिससे वे किसी भी तरह सरकार बनाने योग्य आँकड़े जुटा सकें। राज्यपाल ने इसे लोगों के निर्णय को मोड़ने का प्रयास मानते हुए विधानसभा को निलंबित रखने की जगह उसे भंग कर दिया, जिससे लोगों को एक बार पुनः मतदान का अवसर मिले और वे एक स्थिर सरकार चुन सकें। मीडिया में भी सरगर्मी से इस मामले पर विमर्श जारी था।

अगले दिन 22 मई को कैबिनेट ने राज्यपाल के मूल्यांकन का अनुमोदन करते हुए राष्ट्रपति महोदय से संविधान के अनुच्छेद 174(2)(b) के तहत विधानसभा भंग करते हुए राष्ट्रपति शासन लागू करने की अनुशंसा कर दी।

उस समय डॉ. कलाम मॉस्को, रूस में थे। उनके सचिव पी.एम. नायर ने अपनी पुस्तक 'द कलाम इफेक्ट' वहाँ के घटनाक्रम का वर्णन किया है। जब प्रधानमंत्री मनमोहन सिंह ने डॉ. कलाम को फोन पर इस निर्णय तथा अंत में क्या हुआ, इसकी सूचना दी तो डॉ. कलाम ने अपने सचिव को बुलाया और उसमें आगे की काररवाई से संबंधित जानकारी माँगी। उन्होंने कागज मिलने तक प्रतीक्षा करने को कहा। कुछ ही समय बाद उन्हें राज्यपाल की रिपोर्ट व मंत्रिमंडल की अनुशंसा सहित सभी कागज फैक्स कर दिए गए। उन दोनों ने कुछ देर तक इसपर विचार-विमर्श किया। डॉ. कलाम के सचिव ने उनसे उस घोषणा पर हस्ताक्षर

करने को कहा और उन्होंने कर दिए।

यहाँ बहुत से लोग डॉ. कलाम की बुद्धिमत्ता व उनके निर्णय पर प्रश्न उठाते हैं। कई लोग एक वैज्ञानिक की राजनीतिक निर्णय लेने या इस तरह से मामलों को सँभालने की क्षमता पर प्रश्न करने लगे। वे यह भूल जाते हैं कि बतौर वैज्ञानिक सरकारी नौकरी करते हुए पर्याप्त कूटनीतिक व प्रशासनिक अनुभव प्राप्त हो जाता है। इसके अतिरिक्त, राष्ट्रपति प्राय: मंत्रि परिषद् की सलाह पर ही चला करते हैं।

उस घोषणा-पत्र को कोर्ट में चुनौती दी गई। उधर चुनाव आयोग ने बिहार में फिर से चुनाव कराने की तैयारी आरंभ कर दी। सुप्रीम कोर्ट की पाँच जजों की बेंच ने इस मामले की सुनवाई की। याचिकाकर्ताओं (नीतीश कुमार व भाजपा के विधायक) की पैरवी कर रहे सोली सोराबजी ने कड़ी दलील पेश करते हुए कहा कि राज्यपाल ने सदन भंग करने के पूर्व सरकार बनाने की संभावनाएँ खोजने का वास्तविक प्रयास नहीं किया। इस काररवाई में सरकार द्वारा दरशाई 'अभद्र जल्दबाजी' के पीछे जनता दल (यू) के प्रमुख नीतीश कुमार को सरकार बनाने का दावा पेश करने से रोकने की मंशा थी; क्योंकि यह राष्ट्रीय जनता दल प्रमुख लालू प्रसाद की राजनीतिक महत्त्वाकांक्षाओं के हित में नहीं था। इसके अतिरिक्त, सरकार ने राष्ट्रपतिजी (वे उस समय मॉस्को में थे) से आधी रात को घोषणा-पत्र पर हस्ताक्षर करवाने में दिखाई जल्दबाजी पर भी कोई स्पष्टीकरण नहीं दिया।

सुप्रीम कोर्ट ने माना कि 23 मई, 2005 की उद्घोषणा विशिष्ट मामला है। यह भी देखा गया कि इससे पहले कोर्ट में आए इस तरह के मामलों में प्राय: विधानसभा भंग करने का आदेश तब दिया जाता था, जब शासन कर रही पार्टी सदन में अविश्वास प्रस्ताव में हार जाती थी। जबकि इस मामले में विधानसभा की पहली बैठक भी नहीं हो सकी थी; बल्कि इसे भंग करने के आदेश का यह कारण दिया गया कि 'कुछ लोग अवैध उपायों द्वारा बहुमत के विपरीत राज्य में अपनी सरकार बनाने का दावा करना चाहते हैं और यदि ऐसे प्रयास जारी रहे तो इसे संवैधानिक प्रावधानों से छेड़छाड़ माना जाएगा।' सुप्रीम कोर्ट ने विशेष रूप से पूछा कि क्या विधानसभा को उसकी पहली बैठक होने से पहले भंग करने की अनुमति है और क्या इसे भंग करना अवैध या असंवैधानिक है और क्या राज्य में 7 मार्च, 2005 या 4 मार्च, 2005 की पूर्व यथास्थिति बहाल की जा सकती है और क्या राज्यपाल ने अनुच्छेद 361 में प्रदत्त शक्तियों के अनुसार काम किया था?

सुप्रीम कोर्ट द्वारा दिए गए अधिकांश फैसले यू.पी.ए. (संयुक्त प्रगतिशील गठबंधन) की तत्कालीन केंद्र सरकार के लिए बड़ी शर्मिंदगी का कारण बने। केंद्र

ने राज्यपाल बूटा सिंह द्वारा 27 अप्रैल और 21 मई को भेजी गई दो रिपोर्टों के आधार पर सदन को भंग करने की संस्तुति की थी। बेंच ने कहा कि याचिकाकर्ता व केंद्र सरकार दोनों ने ही कानून संबंधी बहुत से पेचीदा व महत्त्वपूर्ण प्रश्न उठाए हैं, जिनका दूरगामी प्रभाव होगा। अंत में उन्होंने कहा, ''सभी प्रश्नों को ध्यान में रखते हुए विस्तृत कारणों सहित निर्णय लेने में कुछ समय लग सकता है। इसलिए इस स्थिति में हम फिलहाल यह निर्णय संक्षिप्त रूप में दे रहे हैं, जिसे बाद में कोर्ट विस्तार सहित प्रदान करेगी।''

बेंच ने कहा, ''बहस का मुद्दा बनी उद्घोषणा में असंवैधानिकता के बावजूद मामले से जुड़े हालात और तथ्यों के मद्देनजर यह ऐसा मामला नहीं है, जहाँ विवेकाधीन न्याय-सीमा के तहत उद्घोषणा की तिथि 7 मार्च को निलंबित हुई विधानसभा को पुनः यथापूर्व स्थिति बनाए रखने का आदेश दिया जा सके।''

सुप्रीम कोर्ट ने 23 मई को राष्ट्रपति की उद्घोषणा द्वारा भंग की गई बिहार विधानसभा को असंवैधानिक करार दिया। लेकिन इसके साथ ही वर्तमान चुनावों को अनुमति दे दी, जिसके पहले चरण के लिए 18 अक्तूबर का दिन तय किया गया। अपने कठोर अवलोकन में सुप्रीम कोर्ट ने पाया कि ''...प्रासंगिक सामग्री की अनुपस्थिति तथा बेहद कम विधिवत् सत्यापन के कारण राज्यपाल की रिपोर्ट को राज्यपाल का स्वकथन माना जा रहा है। राज्यपाल के मात्र स्वकथन, संदेह, भावना तथा कल्पना के आधार पर संविधान के अनुच्छेद 356 के तहत की गई नितांत कठोर काररवाई को न्यायसंगत नहीं ठहराया जा सकता।''

डॉ. कलाम के लिए इस आदेश में सबसे संतोषप्रद बात यह थी कि कोर्ट ने राज्यपाल को निर्देश दिए थे कि इसमें कहीं भी डॉ. कलाम का नाम नहीं आना चाहिए। हालाँकि मीडिया उनके द्वारा बिना किसी संवैधानिक या सुप्रीम कोर्ट की सलाह लिये आधी रात को कागजों पर हस्ताक्षर करने पर उनकी बुद्धिमत्ता पर सवाल उठा रही थी, जबकि वे इसकी पात्रता रखते थे और वे इसे कम-से-कम अपने मॉस्को से वापस लौटने तक प्रतीक्षारत रख सकते थे।

डॉ. कलाम बेहद ईमानदार व स्पष्टवादी व्यक्ति थे। उन्हें सुप्रीम कोर्ट का यह निर्णय अच्छा नहीं लगा। भले ही उन्होंने इस मामले में विधिक सलाह नहीं ली थी, लेकिन उन्होंने मंत्रि-परिषद् की प्रामाणिक सलाह के बाद ही यह कदम उठाया था। इसके अलावा, उनका यह भी मानना था कि सरकार ने कोर्ट में अपना पक्ष ठीक तरह से नहीं रखा। अंततः सुप्रीम कोर्ट का आदेश सर्वोपरि था, जिसने इसके लिए राज्यपाल और कुछ हद तक केंद्र सरकार को भी जिम्मेदार माना।

लेकिन फिर भी, डॉ. कलाम इसे अपनी भी जिम्मेदारी मानते थे। उन्होंने अपनी पुस्तक 'टर्निंग पॉइंट' में लिखा—"आखिरकार यह मेरी मंत्रि-परिषद् है। इसकी जिम्मेदारी मुझे ही लेनी होगी।"

जब डॉ. कलाम ने स्वयं पर उँगलियाँ उठती देखीं तो इससे उन्हें बहुत पीड़ा पहुँची। उन्होंने अपना इस्तीफा लिखा, उसपर हस्ताक्षर किए और उसे उस समय दिल्ली से बाहर गए उप-राष्ट्रपति भैरों सिंह शेखावत के पास भेजने के लिए तैयार कर दिया। इस दौरान प्रधानमंत्री किसी अन्य मामले में डॉ. कलाम से मिलने आए। बातचीत के अंत में डॉ. कलाम ने उन्हें अपने इस्तीफे की बात से अवगत करवाते हुए उन्हें अपना त्यागपत्र दिखा दिया। यह सुनकर प्रधानमंत्री स्तब्ध रह गए।

डॉ. मनमोहन सिंह ने उनके इस कदम से सरकार के गंभीर समस्या में आने और यहाँ तक कि सरकार गिर जाने का हवाला देते हुए उनसे इस मामले में पुनः विचार करने को कहा।

डॉ. कलाम को महसूस हुआ कि उन्हें इस मामले में किसी से सलाह लेनी चाहिए। उन्होंने किसी और से नहीं बल्कि अपनी अंतरात्मा से मंत्रणा की। वे अपनी पुस्तक 'टर्निंग पॉइंट' में लिखते हैं—"मेरे पास सलाह के लिए मेरी अंतरात्मा के अतिरिक्त और कोई नहीं था। अंतरात्मा आपकी आत्मा का वह प्रकाश है, जो हमारे हृदय कक्ष में प्रज्वलित रहती है। उस रात मैं सो नहीं सका। मैंने खुद से पूछा कि 'मेरी अंतरात्मा महत्त्वपूर्ण है या राष्ट्र अधिक महत्त्वपूर्ण है?' इसके बाद मैंने सरकार को परेशान न करने के विचार से अपना इस्तीफा देने का निर्णय वापस ले लिया।"

डॉ. कलाम ने इस मामले से आगे बढ़कर अपने राष्ट्रपति के कार्यकाल के शेष समय को अधिक उपयोगी व गरिमापूर्ण बनाने का निर्णय लिया। उनके मन में बच्चों व युवाओं के प्रति प्रेम बरकरार था। जादवपुर विश्वविद्यालय में छात्रों को संबोधित करते हुए उन्होंने कहा, "शिक्षा केवल व्यक्ति के विकास का साधन ही नहीं है। इसमें समुदाय के हित व राष्ट्र-निर्माण का पहलू भी शामिल रहना चाहिए। अच्छी शिक्षा निश्चित ही हमारे भविष्य की नींव बनेगी...ये ऐसी शक्ति है, जिससे व्यक्ति चयन कर सकता है और इसके द्वारा युवाओं को सपने देखने तथा उन्हें सच बनाने का प्रोत्साहन मिलता है। उन्हें यह शक्ति विश्वविद्यालय से प्राप्त होनी चाहिए।"

पायलट व नौसैनिक

डॉ. कलाम पहले पायलट बनना चाहते थे, लेकिन बन नहीं सके और अब

वे सशस्त्र सेनाओं के सुप्रीम कमांडर थे। वे कम-से-कम विमान में उड़ान भरने की अपनी प्रसुप्त इच्छा अवश्य पूरी करना चाहते थे। युद्धकालीन वाहन जैसे युद्धक विमान या पनडुब्बी में उड़ान भरते या तैरते समय कुछ ऐसी कठिनाइयों का सामना करना पड़ता है, जिन्हें केवल युवा व मजबूत लोग ही झेल पाते हैं। डॉ. कलाम 75 वर्ष के थे, इसके बावजूद उन्होंने एक पनडुब्बी 'आई.एन.एस. सिंधु रक्षक' में यात्रा की।

वर्ष 2006 के फरवरी माह में डॉ. कलाम भारतीय नौसेना के बेड़े और उसकी परिचालन शक्ति का मुआयना करने के लिए विशाखापत्तनम के बंदरगाह के दौरे पर थे। पनडुब्बी की तैनाती के दौरान उन्हें प्रदर्शन-यात्रा कराई गई। इस दौरान पनडुब्बी ने बंगाल की खाड़ी में पानी के नीचे यात्रा की। डॉ. कलाम के साथ नौसेना अध्यक्ष अरुण प्रकाश एवं कमांडर पी.एस. बिष्ट भी थे। तट से 5 मील दूर जाकर पनडुब्बी पानी में 50 मीटर की गहराई पर चली गई और वहाँ उसने अपने युद्ध-कौशल का प्रदर्शन किया। पनडुब्बी से जुड़ी जानकारी को प्रत्यक्षत: देखने के लिए डॉ. कलाम को उसमें बने पाँच कक्षों में भी ले जाया गया। इसके बाद उन्होंने दस अन्य जहाजों का दौरा किया।

8 जून, 2006 को डॉ. कलाम ने एक दिन के लिए ही सही, लेकिन अपने पायलट बनने के बचपन के स्वप्न को पूरा कर लिया। उन्होंने 'एस.यू.-30 एम.के.आई.' युद्धक विमान में विंग कमांडर अजय राठौर के साथ हवाई यात्रा की। विमान ने पुणे के लोहेगाँव वायुसेना बेस से उड़ान भरी। उन्होंने 45 मिनट तक 7.5 किलोमीटर की ऊँचाई की शानदार गति से यात्रा की। चूँकि कलाम उस विमान की क्षमता जाँचना चाहते थे, इसलिए यह कोई साधारण उड़ान नहीं थी; बल्कि इसमें डाइविंग, शूटिंग, स्टॉलिंग, ट्विस्टिंग व टर्निंग जैसे सभी युद्ध-कौशल किए गए। वे युद्धक विमान में उड़नेवाले पहले राष्ट्रपति बन गए। उन्होंने यह अनुभव स्वयं लिया। जब विमान उतरा तो उनका मुसकराता हुआ चेहरा बयान दे रहा था कि उन्हें इसमें खूब आनंद आया।

पत्रकारों ने पूछा कि क्या आपको उड़ान से पहले डर लगा? डॉ. कलाम ने अपनी चिर परिचित मुसकान सहित कहा, ''ऐसा कोई भी जीवित प्राणी नहीं है, जिसे किसी खतरे का सामना करते हुए डर न लगे। वास्तविक साहस वही है, जहाँ आप भयभीत होते हुए भी खतरे का सामना करते हैं।''

निर्भयता वहीं है, जहाँ आप कुछ ऐसा करें, जिसमें आपको डर लगता हो। अपने बचपन की इच्छा को याद करते हुए डॉ. कलाम ने कहा कि वे उड़ना चाहते

थे। उड़ना उनका सपना था। लेकिन उनका भारतीय वायुसेना में चयन नहीं हो सका और इसी के साथ उनकी युद्धक विमान में उड़ने की इच्छा दबकर रह गई। यह अवसर उन्हें तब मिला, जब वे बूढ़े हो गए और भारत के राष्ट्रपति बने। जब उनसे एक बार फिर यही प्रश्न किया गया कि क्या उन्हें उड़ान के दौरान डर लगा, तो उन्होंने कहा, ''मैं उसमें लगे उपकरणों को देखने में इतना व्यस्त था कि मुझे किसी भी चीज से डरने का समय ही नहीं मिला।'' इस भावना द्वारा आप किसी भी बाधा से पार पा सकते हैं—ऐसी हर बात से, जिससे आपको भय की अनुभूति होती हो।

लाभ का पद विवाद

उपहार में आनंद का भाव तब और बढ़ जाता है, जब इससे भाई या बहन, पिता या पुत्री, मित्रता या किसी भी तरह के निजी रिश्ते का अहसास जुड़ा हो। लेकिन जब इसे किसी मंशा के साथ दिया जाए तो यह भ्रष्टाचार का कारण बनता है। इससे उपहार पानेवाला बाध्यता का अनुभव करता है। जैसाकि हम सभी जानते हैं कि रिश्वत को प्रायः उपहार के ही रूप व नाम से लिया-दिया जाता है। डॉ. कलाम इनके लिए 'हदीस' की एक उक्ति कहते थे, 'विषाक्त मंशा से दिए गए उपहार।'

इससे पहले कि लाभ के पद (ऑफिस ऑफ प्रॉफिट) विवाद पर बात करें, हम आपको उनके शुरुआती जीवन से जुड़ी एक घटना द्वारा बताते हैं कि उन्होंने अपने पिता से कितनी महत्त्वपूर्ण बात सीखी थी।

श्वाट्र्ज में पढ़ाई के दौरान एक बार कलाम छुट्टियों में अपने गाँव आए। वे आँगन में बैठे थे। तभी एक अजनबी व्यक्ति वहाँ आया और उनसे उनके पिता के बारे में पूछने लगा, जो उस समय कहीं गए हुए थे। वह अजनबी उनके पिता के लिए कुछ उपहार लाया था। कलाम ने इस बारे में अपनी माँ से पूछना चाहा तो देखा कि वे नमाज पढ़ रही हैं। इस पर उन्होंने उस अजनबी से उपहारों को वहीं चारपाई पर रखकर जाने के लिए कहा। जब उनके पिता वापस लौटे तो उन्होंने उन उपहारों को देखकर उनके बाबत पूछा। कलाम ने उन्हें अजनबी के बारे में बताया। आमतौर पर उनके पिता आपा नहीं खोते थे, लेकिन इस क्षण उनका गुस्सा सातवें आसमान पर था। उन्होंने कलाम की गलती के लिए उनकी पिटाई कर दी। बाद में जब वे शांत हुए तो उन्होंने कहा, ''अबुल, जब भी आप किसी से उपहार लेते हैं तो आप पर उनका बदला चुकाने का दायित्व आ जाता है, और यही भ्रष्टाचार का कारण बनता है। कभी भी ऐसी कोई चीज स्वीकार मत करो, जिसकी तुम योग्यता नहीं रखते।''

कलाम ने अपने कॅरियर के कई पड़ाव पार किए और पूरा जीवन वे इस शिक्षा को भूले नहीं। लेकिन जीवन के इस मोड़ पर वे एक ऐसी परिस्थिति में फँस गए, जिससे तत्परता से निपटना जरूरी था। हम यहाँ 'ऑफिस ऑफ प्रॉफिट' विवाद की बात कर रहे हैं। यह राष्ट्रपति के रूप में उनके कार्यकाल की सबसे नाटकीय घटना है। सामान्यत: राष्ट्रपति को केवल 'रबड़ की मुहर' माना जाता है, जिनका कार्य मंत्रि-परिषद् के आदेशों का पालन करना है। यद्यपि इस घटना से यह साबित हो जाता है कि उन्हें राजनीतिक दबाव में लेना इतना आसान नहीं था और चाहे कितना भी कोलाहल किया जाए, वे अपनी नीति पर ही टिके रहते थे।

संसद् अधिनियम (अयोग्यता का निवारण) 1959 के अनुबंध के अनुसार, सरकार के अधीन आनेवाले कुछ लाभ के पद पर नियुक्ति और संसद् सदस्य होना धारक की अयोग्यता का कारण नहीं होते थे। तथापि राजनेताओं ने अपने व्यक्तिगत हित साधने के लिए इस अधिनियम का दायरा बहुत बढ़ा दिया और कुछ ऐसे पद हासिल कर लिये, जिनके परिणामस्वरूप वे अपना सांसद का पद खो बैठे।

जून 2006 में डॉ. कलाम को कुछ संसद् सदस्यों ने अपने साथी सदस्यों के लाभ के पद पर होने की शिकायतें कीं, जो उनकी अयोग्यता का कारण बन सकते थे। उन्होंने उन शिकायतों को पढ़ा और अपने बिहार विधानसभा भंग करने के प्रकरण में मिले अनुभव के आधार पर उन शिकायतों को सलाह व जाँच के लिए सक्षम अधिकारी, इस मामले में निर्वाचन आयुक्त, को भेज दिया। चूँकि इन शिकायतों में एक प्रमुख सदस्या (श्रीमती जया बच्चन) का नाम होने से राष्ट्रपति पर उँगलियाँ उठने लगीं। निर्वाचन आयोग से प्राप्त राय के बाद डॉ. कलाम ने श्रीमती जया बच्चन के नाम अयोग्यता के आदेश जारी कर दिए।

भारत जानता है कि हमारे अधिकांश राजनेता कैसा व्यवहार करते हैं। विभिन्न पार्टियाँ अपने हित से टकराने पर राष्ट्रीय महत्त्व के मुद्दों पर भी एक-दूसरे का विरोध करती हैं। लेकिन जिस बात से उन सभी का हित दाँव पर हो, उस पर वे अभूतपूर्व एकता का प्रदर्शन करते हैं। यह ऐसा ही मामला था। विधायकों को अपनी पार्टी या गठबंधन से जोड़े रखने के लिए उन्हें ऊँचा ओहदा देना आम बात हो गई है। अब यह तरीका राजनीतिक मतभेद दूर करने का साधन बन गया है। श्रीमती जया बच्चन के अयोग्य घोषित होते ही देश में अन्य संसद् सदस्यों व विधायकों पर भी अयोग्यता का खतरा मँडराने लगा। इसकी जद में सभी पार्टियाँ थीं। भा.ज.पा. ने बिना कोई समय गँवाए तुरंत ही यू.पी.ए. की श्रीमती सोनिया गांधी के राष्ट्रीय सलाहकार परिषद् की अध्यक्ष होने को विवाद का मुद्दा बना लिया। इसके जवाब

में उन्होंने अपनी लोकसभा की सीट छोड़ दी और पुनः चुनाव की माँग की।

इस दौरान श्रीमती जया बच्चन का मामला सुप्रीम कोर्ट में प्रमुखता से उठाया गया। उसमें कहा गया कि उन्होंने 'उत्तर प्रदेश फिल्म विकास परिषद्' की अध्यक्ष के पद पर रहते हुए किसी से कोई पैसा नहीं लिया। सुप्रीम कोर्ट ने इस माँग को यह कहते हुए खारिज कर दिया कि संसदीय दल का सदस्य होते हुए इस पद पर रहना अयोग्यता के लिए पर्याप्त कारण है, फिर चाहे उन्होंने इस संबंध में कोई मुआवजा या धनराशि ली हो या नहीं।

ऐसे दोषियों को बचाने के लिए संसद् ने लाभ का पद बिल पास कर दिया, जिसमें राष्ट्रीय सलाहकार परिषद् समेत 56 पदों को लाभ का पद मानने से छूट दी गई थी। इस बिल को अनुमति के लिए राष्ट्रपतिजी के पास भेज दिया गया। इस बिल का मूल उद्‌देश्य सांसदों को अयोग्यता के भय के बिना एक से अधिक पदों का आनंद उठाने की स्वतंत्रता देना था। सांसदों में इस तरह का पक्षपात अकसर दिखाई देता है। यही कारण है कि लोग यह कहते हैं कि सांसदों के अपने लाभ से जुड़े बिल उनके द्वारा पास नहीं किए जाने चाहिए और यह माँग जायज दिखाई देती है। जहाँ लोगों की वर्षों से लटकी माँगों पर विधायक विधानसभाओं और सांसद संसद् के दोनों सदनों को अखाड़ा बनाए रखते हैं, वहीं जब उनके अधिकारों में कटौती या बढ़ोतरी की बात आती है तो वे सब फौरन संगठित हो जाते हैं। यह दरअसल लोकतंत्र का मजाक बनाने जैसा है।

इन्हीं कारणों से डॉ. कलाम इस बारे में कोई गलती करने की जगह ईमानदारी पर ही चलना चाहते थे। यद्यपि कुछ मायनों में संविधान ने उनके हाथ बाँध रखे थे और वे उसकी अवज्ञा नहीं कर सकते थे। 25 मई, 2006 को बिल अनुमति के लिए उनके पास आ गया और उन्होंने 30 मई, 2006 को उसे पुनर्विचार के लिए वापस संसद् भेज दिया। उन्होंने इसके तीन कारण बताए—पहला, इस बिल को पिछली तारीख से लागू नहीं किया जा सकता; दूसरा, अयोग्यता के निवारण को अधिक पारदर्शी बनाने की आवश्यकता थी और तीसरा, यह बिल सभी राज्यों में समान रूप से लागू होना चाहिए था।

डॉ. कलाम के इस नैतिक व वैधानिक कदम की सबने सराहना की। उन्होंने अपनी पुस्तक 'टर्निंग पॉइंट' में लिखा है—"…मेरे पास लाभ के पद कौन से हैं, इसके आकलन के संबंध में निर्णय लेने हेतु कोई व्यवस्थित दृष्टिकोण नहीं था; बल्कि इसमें तो केवल उन्हीं पदों को छूट दी गई थी, जिन पर सांसद पहले से बैठे थे। मैंने इसकी विसंगतियों के संबंध में सुप्रीम कोर्ट के तीन पूर्व मुख्य न्यायाधीशों

से बात की।'' यह दरशाता है कि इस बार उन्होंने समझदारी से काम लिया। वे ऐसा बिल चाहते थे, जो 'निष्पक्ष व उचित' होने के साथ ही 'स्पष्ट व पारदर्शी' भी हो। मेरे विचार से वे ठीक थे। आखिर कुछ लोगों के निजी हित को वे भारत के संविधान पर तरजीह क्यों देते? यह प्रश्न उठना स्वाभाविक भी था।

यह मामला मीडिया में आने पर लंबी चर्चाओं का दौर चलने लगा। इस पर लेख लिखे जाने लगे। इसी बीच डॉ. कलाम पर इस बिल पर हस्ताक्षर करने का दबाव बढ़ने लगा। यह दबाव केवल अयोग्यता के खतरेवाले सदस्यों की पार्टी से ही नहीं था, बल्कि लगभग सभी पार्टियों की ओर से था।

संसद् ने बिल पर पुनर्विचार किया और उसमें बिना कोई परिवर्तन किए पास करके 1 अगस्त को डॉ. कलाम के पास अनुमोदन के लिए भेज दिया।

डॉ. कलाम को कार्यों को विचाराधीन रखना पसंद नहीं था। सामान्यत: वे बिल प्राप्त होने के ठीक अगले दिन उस पर निर्णय ले लेते थे। लेकिन इसमें वे समय लगा रहे थे। बिल के आकलन में हो रही देरी पर प्रधानमंत्री मनमोहन सिंह उनसे मिलने आए। डॉ. कलाम ने उनसे कहा कि वे समझते हैं कि संसद् इस संबंध में कोई कदम उठाएगी। वे उसकी प्रतीक्षा कर रहे हैं। प्रधानमंत्री ने उन्हें सूचना दी कि इस बिल पर विस्तारपूर्वक विचार करने के लिए संसद् पहले ही जे.पी.सी. (संयुक्त संसदीय समिति) के गठन का निर्णय ले चुकी है।

डॉ. कलाम के ऊपर इस बिल को जल्दी-से-जल्दी पास करने का दबाव डाला जा रहा था और इस देरी की आलोचना हो रही थी। इसके बावजूद वे अपनी बात पर अड़े रहे कि वे बिल पर तभी हस्ताक्षर करेंगे, जब उसमें न्यूनतम आवश्यकताओं को पूरा किया जाएगा।

जब डॉ. कलाम उत्तर-पूर्व के दौरे पर थे, इसी बीच उन्हें संदेश मिला कि संसद् ने इस बिल पर जे.पी.सी. का गठन कर दिया है। वे इसी काररवाई की प्रतीक्षा में थे। उन्होंने तुरंत उस बिल पर हस्ताक्षर कर दिए।

कुछ माह बाद संसद् ने जे.पी.सी. की सिफारिश मान ली; लेकिन उन्होंने उन समस्याओं पर कुछ नहीं किया, जिनका डॉ. कलाम ने उल्लेख किया था। उन्हें महसूस हुआ कि देश की सबसे बड़ी संस्था गलत चीजों को बढ़ावा दे रही है। उन्होंने दु:ख व्यक्त किया कि संसद् बिल पर पर्याप्त गंभीरता सहित विचार नहीं करते हुए ईमानदारी से समझौता कर रही है।

डॉ. कलाम का विचार था कि भारतीय राजनीति व नौकरशाही व्यवस्था पूर्व यथास्थिति बनाए रखने को अनुकूलित हैं और जिन लोगों के हाथ में शक्ति है, वे

इस शक्ति को बनाए रखने के लिए कुछ भी कर गुजरने को तैयार हैं। उन्होंने वर्ष 2007 की जनवरी में गणतंत्र दिवस की पूर्व संध्या पर देश को संबोधित करते हुए अपनी इन भावनाओं को शब्दों द्वारा प्रकट किया। उन्होंने कहा कि "आप बजाय इसके कि 'व्यवस्था आपको क्या दे सकती है', अपने आपसे यह पूछें कि 'आप इसे क्या दे सकते हैं ?' हमारा देश तभी प्रगति के पथ पर आगे बढ़ सकता है, जब आप देश से कुछ लेने की जगह इसे देने के बारे में सोचने लगेंगे।" अपने संबोधन के दौरान उन्होंने दृढ़ता सहित कहा, "यह तभी वास्तविक हो सकता है, जब सभी लोग 'जो अन्य लोग दे सकते हैं, वो मैं भी दे सकता हूँ' की तर्ज पर निजी, सामाजिक व राष्ट्रीय स्तर पर भागीदारी करते हुए इसे सरकार द्वारा सहायता प्राप्त राष्ट्रीय आंदोलन का स्वरूप दे दें।"

मृत्युदंड

डॉ. कलाम को कोई भी काम करते हुए अपना कर्तव्य निभाने में कभी शर्मिंदगी का अहसास नहीं हुआ। उन्हें कोई काम कठिन नहीं लगा। और यदि कभी ऐसा होता तो वे उसे सरल व सहज बनाने का हरसंभव प्रयास करते। तथापि उन्हें एक काम विशेष रूप से कठिन लगा, वह था कोर्ट द्वारा दिए गए मृत्युदंड की पुष्टि करना। मृत्युदंड दिया जाए या नहीं, इस संबंध में अंतिम निर्णय राष्ट्रपति को लेना होता है। हमारे लोकतंत्र की सबसे बड़ी खूबसूरती है कि यहाँ किसी भी निर्दोष व्यक्ति का जीवन बचाने का प्रत्येक प्रयास किया जाता है। उसे स्वयं को निर्दोष साबित करने के बहुत से अवसर दिए जाते हैं और वह अपना जीवन बचाने वाली प्रत्येक संभावना का उपयोग कर सकता है। जब डॉ. कलाम ने राष्ट्रपति का पद सँभाला तो उस समय मृत्युदंड के लिए राष्ट्रपति की पुष्टि के ढेरों मामले लंबित थे। डॉ. कलाम ने पाया कि यह ऐसा कार्य है, जिसे करने में कोई भी 'राष्ट्रपति प्रसन्नता महसूस नहीं करता।' वे इन मामलों को लंबित रखना नहीं चाहते थे, वहीं वे अपनी ओर से यह भी सुनिश्चित करना चाहते थे कि इनमें से कोई भी निर्दोष व्यक्ति इसका शिकार न बने। इसलिए उन्होंने इन सभी मामलों को उनके जुर्म के परिमाण या गंभीरता, प्रबलता तथा दंड प्राप्त व्यक्ति के सामाजिक व आर्थिक स्तर के दृष्टिकोण से जाँचने का निर्णय लिया। अध्ययन से प्राप्त आँकड़े देखकर वे चकित रह गए। इनमें से अधिकांश मामलों में सामाजिक व आर्थिक पक्षपात दिखाई देता था। बहुत से मामलों में मुजरिम के जुर्म करने के पीछे कोई सीधा मकसद नहीं, बल्कि शत्रुता थी। निस्संदेह उन्हें ऐसा एक मामला अवश्य मिला, जहाँ मृत्युदंड

देना आवश्यक था। वह व्यक्ति एक लिफ्ट ऑपरेटर था, जिसने एक लड़की का बलात्कार कर उसकी हत्या कर दी थी। इस मामले में उन्होंने बिना किसी से सलाह लिये मृत्युदंड की पुष्टि कर दी।

अफजल गुरु के मृत्युदंड की फाइल को अपना कार्यकाल समाप्त होने तक लंबित रखने के लिए डॉ. कलाम की अकसर आलोचना होती है। अफजल गुरु के नाम से जाने जानेवाले मोहम्मद अफजल को दिसंबर 2001 में संसद् पर हुए हमले में शामिल माना जाता था। सुप्रीम कोर्ट ने वर्ष 2004 में उसे मृत्युदंड दिया। जब भी किसी व्यक्ति को मृत्युदंड दिया जाता है तो इस फैसले को सर्वोच्च न्यायालय में चुनौती दी जा सकती है और सामान्यत: यदि उसे राष्ट्रपति क्षमादान नहीं देते तो फाँसी दे दी जाती है। इसके लिए दंड प्राप्त व्यक्ति या उसके किसी रिश्तेदार को दया याचिका दाखिल करनी होती है। यह याचिका राष्ट्रपति को संबोधित होने पर भी वे इस संबंध में स्वयं निर्णय नहीं लेते, बल्कि वे इसे अनुशंसा के लिए गृह मंत्रालय भेज देते हैं और फिर उसी के अनुसार काररवाई करते हैं। जहाँ तक अफजल गुरु की दया याचिका की बात है, यह 3 अक्तूबर, 2006 को राष्ट्रपति के कार्यालय में आई और इसे उसी दिन गृह मंत्रालय को भेज दिया गया। राष्ट्रपति कलाम के अंतिम कार्य-दिवस 25 जुलाई, 2007 तक मंत्रालय से इसपर कोई जवाब नहीं आया। इसलिए इस संबंध में उनकी आलोचना करना निरर्थक है।

डॉ. कलाम का यह भी मानना था कि दंड प्राप्त व्यक्ति तथा उसके परिवार के भरण-पोषण के बारे में भी सोचना चाहिए। यहाँ वे आध्यात्मिक मुद्रा में आते हुए कहते थे कि "सभी ईश्वर के बनाए हुए हैं, इसलिए किसी भी कारणवश कोई भी मनुष्य या व्यवस्था किसी अन्य व्यक्ति की जान नहीं ले सकती।"

राष्ट्रपति के अपने कार्यकाल के दौरान डॉ. कलाम ने बहुत सी बैठकों, सम्मेलनों व सेमिनारों में शिरकत की, जिनमें बहुत से राष्ट्रों की संसद् और यूरोपियन संसद् भी शामिल थीं।

जब डॉ. कलाम का भारत के राष्ट्रपति का कार्यकाल समाप्त होने ही वाला था, तब उन्होंने पुन: इस पद के लिए प्रत्याशी न बनने का निर्णय लिया। अपने राष्ट्रपति के कार्यकाल के दौरान वे ऐसे घुमंतू राष्ट्रपति बने, जिन्होंने भारत के लगभग सभी राज्यों की एकाधिक बार यात्रा की थी। अब वे एक बार फिर उसी काम पर लौटना चाहते थे, जिसे वे अत्यधिक पसंद करते थे, यानी—शिक्षण, लेखन, राष्ट्रीय व अंतरराष्ट्रीय स्कूलों एवं विश्वविद्यालयों के युवा छात्रों को प्रेरित करना तथा सेमिनारों व सम्मेलनों में शिरकत करना। उन्हें देश के बहुत से विख्यात शिक्षा संस्थानों ने अपने

यहाँ शिक्षण के लिए आमंत्रित किया, जिनमें अन्नामलाई विश्वविद्यालय, चेन्नई; आई.आई.आई.टी., हैदराबाद; जी.बी. पंत कृषि एवं प्रौद्योगिकी विश्वविद्यालय, पंत नगर; दिल्ली विश्वविद्यालय; आई.आई.एम., अहमदाबाद; आई.आई.एम., इंदौर; आई.आई.टी., खड़गपुर; बनारस हिंदू विश्वविद्यालय तथा और भी कई संस्थान शामिल थे।

निर्वाचन आयोग ने 16 जून, 2007 को नए राष्ट्रपति चुनाव की अधिसूचना जारी कर दी, जो उसी वर्ष 19 जुलाई को होना था।

कांग्रेस के नेतृत्ववाले यू.पी.ए. (संयुक्त प्रगतिशील गठबंधन) ने इस सर्वोच्च पद के लिए उस समय राजस्थान की राज्यपाल रहीं श्रीमती प्रतिभा पाटिल को प्रत्याशी घोषित किया। वाम दल, बी.एस.पी. तथा डी.एम.के. सहित कुछ अन्य पार्टियों ने भी कांग्रेस का समर्थन किया। हालाँकि तब तक डॉ. कलाम राष्ट्रपति रहते हुए बेहद लोकप्रिय नेता बन चुके थे, इसलिए बहुत से लोग चाहते थे कि वे एक बार फिर इस चुनाव का हिस्सा बनें। उनका समर्थन करनेवालों की कतार में ए.आई.ए.डी.एम.के., स.पा., टी.डी.पी. एवं आई.एन.एल.डी. खड़ी थीं। इन्होंने यू.एन.पी.ए. (संयुक्त राष्ट्रीय प्रगतिशील गठबंधन) नाम के संयुक्त मोरचे का गठन किया था। वे 20 जून, 2007 को डॉ. कलाम से मिले और उन्हें चुनाव में शामिल होने के लिए मनाने का प्रयास किया। लेकिन डॉ. कलाम इसके लिए तैयार नहीं हुए। उनका मानना था कि वे अपना काम कर चुके हैं। अब वे कुछ ऐसा करना चाहते थे, जिससे वे देश की प्रगति में अपना योगदान दे सकें और वह कार्य था देश के युवाओं को प्रेरणा देना। इसलिए उन्होंने एक ऐसी शर्त रखी, जो पूरी नहीं हो सकती थी। उन्होंने कहा कि वे चुनाव में केवल तभी खड़े होंगे, जब वह निर्विरोध प्रतियोगिता हो। दो दिन बाद उन्होंने अपने मन की भावना प्रकट की। उन्होंने कहा कि राजनीतिक पार्टियाँ कभी उनका कार्यक्षेत्र नहीं रहीं और वे कल्पना भी नहीं कर सकते कि एक राष्ट्रपति फिर से चुने जाने के लिए वोट माँगता फिरे। ऐसा करके इस सर्वोच्च पद का नाम खराब होगा।

तय समय पर हुए चुनाव में श्रीमती प्रतिभा पाटिल विजयी रहीं, जबकि एन.डी.ए. के प्रत्याशी (तत्कालीन उप-राष्ट्रपति भैरों सिंह शेखावत) दूसरे स्थान पर रहे।

राष्ट्रपति के रूप में अंतिम भाषण

23 जुलाई, 2007 को संसद् सदस्यों ने डॉ. कलाम के लिए विदाई समारोह

का आयोजन किया। वहाँ उपस्थित लोगों के समक्ष उन्होंने उन मुद्दों पर बोला, जिन पर लोगों के उन प्रतिनिधियों को ध्यान देना चाहिए। उन्होंने आह्वान किया कि लोगों को उनके मूल अधिकारों, राष्ट्रीय एकता, राष्ट्रीय सुरक्षा के साथ ही राष्ट्र की प्रगति के लिए भी जागरूक किया जाए। उन्होंने कहा कि संसद् ने अपने गठन के बाद से आज तक बहुत सी 'विशेष रूप से मानव विकास व शासन संबंधी' चुनौतियों का सामना किया है। वे शासन के संस्थागत साधन में बदलाव चाहते थे। उन्होंने सांसदों को उन चुनौतियों से निपटने को कहा, जो राष्ट्र की संप्रभुता, अखंडता व आर्थिक विकास के साथ जुड़कर तथा तेजी से जोखिम बनती जा रही हैं। उन्होंने कहा कि संस्थान समय के साथ दूषित हो जाते हैं, जिसके परिणामस्वरूप संकट आता है। उन्होंने इशारा किया कि भारतीय शासकीय व्यवस्था संकट के चरण में प्रविष्ट हो गई है। अब इसमें नवीकरण व बदलाव की आवश्यकता है—और ऐसा त्याग व न्याय की भावना के बिना होना संभव नहीं है। बदलाव प्रकृति का नियम है और उन्होंने उन्हें आवश्यकता होने पर बदलाव करने की सलाह देते हुए पिछले विकास से संतुष्ट न होने के लिए कहा। उन्होंने कहा कि अब समय आ गया कि अपनी 'सामाजिक संस्थाओं को पुनः उत्साहित करते हुए उन्हें नवजीवन प्रदान किया जाए।' उन्होंने बताया कि शिक्षा, स्वास्थ्य, जल व परिवहन से जुड़ी सार्वजनिक सेवाओं में सुधार करना आवश्यक है। उन्होंने कहा कि जिस तरह संसद् चल रही है, उससे लोग पूरी तरह प्रसन्न नहीं हैं और जवाबदेही में भी सुधार की आवश्यकता है। उन्होंने कहा कि संसद् की प्रक्रियाओं में आज के समय के अनुसार सुधार होना चाहिए। इसके अतिरिक्त, उन्होंने अच्छा काम करनेवाले सांसद को पुरस्कृत करने तथा अच्छे संसदीय प्रदर्शन पर प्रोत्साहन में बढ़ावा देने पर भी जोर दिया। संसद् को राष्ट्रीय जीवन के सभी पहलुओं को ध्यान में रखते हुए समग्र दृष्टिकोण रखना चाहिए।

डॉ. कलाम ने राजनीतिज्ञों को भी कुछ सुझाव दिए। उन्होंने विशेष रूप से छोटी राजनीतिक पार्टियों द्वारा अस्थिरता फैलाने की रणनीति की ओर ध्यान आकर्षित किया। उन्होंने कहा कि सरकार को समर्थन दे रहे लोकसभा में 10 या 15 प्रतिशत से भी कम सीटोंवाले छोटे राजनीतिक दल अपना समर्थन वापस लेने पर अयोग्य करार दिए जाने चाहिए, क्योंकि यह पूरी व्यवस्था के भयादोहन जैसा है। वे इस बात के भी पक्षधर थे कि गठबंधन में शामिल सभी दलों को संसदीय कार्यों हेतु किसी एक संसदीय दल के झंडे तले कार्य करना चाहिए। वे मंत्रियों की कार्यशैली में भी सुधार करना चाहते थे। वे कहते थे कि मंत्रियों को अपने वार्षिक लक्ष्य तय करने चाहिए और मंत्रियों के वास्तविक प्रदर्शन की जिम्मेदारी स्वयं उन्हीं पर होनी चाहिए।

डॉ. कलाम ने आशा जताई कि उनकी सलाह को अमल में लाने से संसदीय कार्यशैली में सुधार होगा। संसद् के नियमित रूप से बहिष्कार व स्थगन से पूरे देश को हानि होती है। इसलिए उन्होंने प्रस्ताव रखा कि चुनावों में सार्वजनिक धन को अनुमति मिलनी चाहिए और किसी भी संसदीय अधिनियम पर दोनों सदनों को एक हफ्ते में दो बार से अधिक स्थगित करने पर उस विषय को पास माना जाएगा। इसके अतिरिक्त, वे वोटों की गिनती को भी अनिवार्य बनाना चाहते थे। इसके अलावा स्पीकर/सभापति के पास सदन को निरंतर बाधित कर रहे सदस्य को निलंबित या निष्कासित करने की भी शक्ति होनी चाहिए।

यदि हम इन सुझावों को आज के परिप्रेक्ष्य में देखें तो भी हमें ये सुझाव कीमती लगेंगे। आज भी छोटी-छोटी बातों पर संसद् को बाधित कर दिया जाता है और बहुत से महत्त्वपूर्ण बिल बिना किसी सारभूत बहस के पास हो जाते हैं। इन परिस्थितियों ने सारी व्यवस्था को एक मजाक बनाकर रख दिया है।

जहाँ तक देश के प्रबंधन की बात है, इस संबंध में भी डॉ. कलाम ने बहुत से सुझाव दिए हैं। उनके इन सुझावों में आंतरिक सुरक्षा, विकास योजनाएँ, गरीबी उन्मूलन योजनाएँ, सार्वजनिक कार्यालयों में एकीकृत नियुक्तियाँ, सरकारी सुधार, भ्रष्टाचार और कानूनी व्यवस्था में सुधार शामिल हैं। उन्होंने सांसदों को सामाजिक-आर्थिक कार्यों की योजना बनाने एवं कार्यान्वयन में अधिक सक्रिय भूमिका निभाने के लिए प्रेरित किया। उन्होंने इस बात पर भी खेद प्रकट किया कि परियोजनाओं की शुरुआत तो कर दी जाती है, लेकिन उनका पूरा होना एक सपना ही बना रहता है। उन्होंने कहा कि यह सुनिश्चित किया जाना चाहिए कि परियोजनाएँ अपनी तय समय-सीमा के भीतर ही पूर्ण हो जाएँ। वित्तीय दृष्टिकोण से यह विशेष रूप से आवश्यक है।

विकसित भारत का सपना पूरा करने के लिए डॉ. कलाम 'इंडिया 2020 विजन' के पक्षधर थे। इसलिए वे शासन व विधायी कार्यों के प्रत्येक पहलू में नवोन्मेष को अवसर देने की वकालत करते थे। उनकी सलाह थी कि 'प्रौद्योगिकी क्रांति, राष्ट्रीय व वैश्विक कनेक्टिविटी, वैश्वीकरण तथा अंतरराष्ट्रीय भागीदारी व प्रतिस्पर्धा को लागू करते हुए उसका पूरा लाभ लेना चाहिए।'

इंटरेक्टिव प्रेसीडेंट

पिछले कुछ वर्षों में हमने इ-गवर्नेंस के लाभ देखे हैं। इनकी शुरुआत डॉ. कलाम ने राष्ट्रपति भवन से की थी। इसके द्वारा सरकार के विभिन्न पदाधिकारियों

को किसी एक या दोनों के ही बाहर रहते हुए भी रियल टाइम में एक-दूसरे से जुड़े रहने में सहायता मिली। जब उन्होंने लाभ के पद के बिल पर हस्ताक्षर किए, उस समय वे गुवाहाटी जानेवाली उड़ान में थे। इससे मंत्रियों और अधिकारियों को यात्रा के दौरान भी अपने समय का उपयोग करने में सहायता मिली।

डॉ. कलाम का अपने राष्ट्रपतित्व काल में सबसे सुनहरा क्षण इसका संवादात्मक होने में था। इस दौरान उन्होंने केवल राज्यपालों व उप-राज्यपालों के साथ ही नहीं, बल्कि मुख्यमंत्रियों, केंद्रीय मंत्रियों, सांसदों, विधायकों एवं निस्संदेह लोगों और उनमें भी विशेष रूप से युवाओं व छात्रों के साथ संवादात्मक संबंध बनाए रखे। उन्होंने लोगों को एक ऐसा मंच प्रदान किया, जिसके द्वारा लोग उनसे संपर्क साधकर किसी भी मुद्दे पर लिख या बात कर सकते थे। संवादात्मकता के प्रति उनका यह रुझान देखकर उन्हें 'संवादात्मक राष्ट्रपति' या 'जनता का राष्ट्रपति' कहा जाने लगा।

डॉ. कलाम बिना पूरी तैयारी किए किसी से नहीं मिलते थे। किसी भी बैठक में उन्हें क्या करना है या उसके उद्देश्य के प्रति वे हमेशा स्पष्ट रहते थे। वे कहते थे, "निजी तौर पर मुझे इसमें से प्रत्येक बैठक में आनंद आया।" इन बैठकों व विभिन्न स्रोतों से मिली जानकारी से उन्हें अपने विषय की आमूल-चूल जानकारी और बेहतर ढंग से प्राप्त हो जाती। इन बैठकों के परिणामस्वरूप उन्होंने पेशेवरों, व्यापार प्रमुखों तथा अनुसंधानकर्ताओं को यह बताना आरंभ कर दिया कि वे अपने उद्देश्यों को प्राप्त करने में नवीन विचारों का किस तरह उपयोग कर सकते हैं। उन्होंने इन उद्देश्यों को दस स्तंभों में विभाजित करते हुए इन्हें विभिन्न स्थानों पर अभिव्यक्त किया। इन स्तंभों में हम उनके मन की झलक देख सकते हैं। इन दस स्तंभों में निम्न बिंदु समाहित थे—

- ग्रामीण व शहरी इलाकों के बीच का अंतर कम करना।
- ऊर्जा एवं पीने के पानी का सभी में समान वितरण और पर्याप्त पहुँच।
- कृषि, उद्योग एवं सेवा क्षेत्रों का सामंजस्यपूर्वक कार्य करना होगा।
- किसी भी प्रतिभाशाली अभ्यर्थी को सामाजिक या आर्थिक भेदभाव के चलते वैल्यू सिस्टम के तहत शिक्षा देने से इनकार नहीं करना।
- देश को प्रतिभा संपन्न अध्येताओं, वैज्ञानिकों व निवेशकों के लिए सर्वश्रेष्ठ इष्ट प्रदेश बनाना।
- देश में बेहतरीन स्वास्थ्य सुविधाएँ उपलब्ध कराना।
- शासन को अधिक जवाबदेह, पारदर्शी व भ्रष्टाचार-मुक्त बनाना।

- गरीबी, अशिक्षा एवं महिलाओं व बच्चों के विरुद्ध अपराध पर पूरी तरह रोक लगाना तथा किसी में भी अकेलेपन का भाव न उपजने देना।
- देश को विकास के स्थिर मार्ग पर चलाते हुए एक समृद्ध, स्वस्थ, सुरक्षित, शांतिपूर्ण व प्रसन्नतापूर्ण स्थान बनाना।
- देश को रहने के लिए ऐसा श्रेष्ठ स्थान बनाना, जिसे अपने नेतृत्व पर गर्व हो।

डॉ. कलाम मानते थे कि यदि प्रत्येक व्यक्ति अपना कार्य ठीक प्रकार से करे तो राष्ट्र में सुधार होना संभव है और वे यह बात अकसर कहा करते थे। उन्होंने छात्रों से बात करते हुए शेक्सपीयर (from John Milton's poem 'On His Blindness') को उद्‌धृत करते हुए कहा, "अक्षम होते हुए भी सेवा करते हैं।" समाज के प्रत्येक व्यक्ति की सेवा करना समान रूप से महत्त्वपूर्ण है। राष्ट्र के जीवन में हर व्यक्ति की अपनी भूमिका है।

वे अपनी मातृभूमि के लिए लिखते हैं—

"ओ माँ, भारत माँ!
तुम्हीं ने हमारा पोषण कर हमें बड़ा किया,
और हमें विदाई मिशन देते हुए
सनातन संदेश में कहा—
मेरे प्यारे पुत्र व पुत्रियो,
तुम जहाँ भी जाओ,
चाहे कुछ भी करो,
मेरे बच्चो, ये तीन सुनहरी सलाह
हमेशा याद रखना—

संकट की आशंका पर भी सच्चे रहना,
ज्ञान व नाम पाने को
कड़ी मेहनत करना,
और जहाँ भी रहना
उस स्थान को समृद्ध बनाना।"

भारत में न्यायपालिका के प्रत्येक स्तर पर बड़ी संख्या में एकत्रित अदालती मामलों पर चिंता जताते हुए डॉ. कलाम ने संबद्ध होते हुए कहा था कि इस परिस्थिति के कारण न्याय मिलने में देरी होती है। इसलिए अदालतों की संख्या बढ़ाने के

साथ ही उनमें पर्याप्त संख्या में न्यायिक अधिकारी व विशिष्ट जानकारी रखनेवाले कर्मचारी होने चाहिए। उन्होंने विशेष रूप से उन लोगों के प्रति सख्त रवैया अपनाया, जो निरंतर स्थगन तथा दस्तावेज जमा करने में देरी को विलंबकारी तकनीक के तौर पर उपयोग करते हैं। उन्होंने इस बात पर भी जोर दिया कि अदालतों के प्रशासनिक स्टाफ को संविधान में वर्णित उच्चतम विचारों पर चलते हुए कार्य करना चाहिए। उन्होंने मामले पर फैसला देने में मानवीय पक्ष को सामने रखने, लोक अदालतों के निर्माण तथा वैकल्पिक विवाद निवारण तंत्र के निर्माण को सुनिश्चित करने का सुझाव दिया। उन्होंने यह भी कहा कि कंप्यूटरीकरण की सहायता से केस निपटाने तथा न्याय देने में तेजी लाई जा सकती है।

इस तरह हम देखते हैं कि अपने पाँच वर्ष के शासनकाल के दौरान डॉ. कलाम ने अपने पद (राष्ट्रपति पद) में महत्त्वपूर्ण योगदान दिया। वे विख्यात वैज्ञानिक से आगे बढ़कर जनता के राष्ट्रपति के स्तर तक पहुँचे और उनकी यह यात्रा बहुत संतोषजनक रही। उन्होंने राष्ट्रपति रहते हुए सर्वोत्तम कार्य करने का प्रयास किया। उन्होंने व्यस्तता से भरपूर जीवन बिताया। वे बहुत कुछ करना चाहते थे; लेकिन व्यवस्था और उस कार्य से जुड़े अन्य लोगों की उदासीनता की भावना के कारण वह ऐसा कर न सके, क्योंकि हर व्यक्ति पूर्व यथास्थिति को बनाए रखना चाहता था। बदलाव लाना लोहे के चने चबाने के समान है। लेकिन उनके लिए सबसे उत्तम श्रद्धांजलि 'द ट्रिब्यून' की रही—"जल्दी ही वे अपने पीछे एक गौरवशाली राष्ट्रपति कार्यकाल छोड़ जाएँगे। जनता का राष्ट्रपति सदा के लिए स्मृतियों में बस जाएगा। उन्होंने किसी निजी संघर्ष के बिना राष्ट्रपति का पदभार सँभाला और राष्ट्रपति भवन को महान् गौरव प्रदान किया।"

अपने राष्ट्रपति भवन में निवास के दौरान वे उत्तरोत्तर बढ़ते मुगल गार्डन को देखकर मंत्रमुग्ध रह गए। इस कविता की रचना करते समय उनके मन में अवश्य वही रहा होगा। वे लिखते हैं—

"मेरा बगीचा मुसकराता है
वसंत का स्वागत करता है
गुलाब, सुंदर गुलाब
सौंदर्यपूर्ण व सुगंधित
घंटियों जैसी मधुमक्खियों की गुंजार
और हर ओर मनमोहक दृश्य को देख
मेरा बगीचा मुसकराता है।

यह अलौकिक दृश्य मेरा मन मोह लेता है
मेरी देह व आत्मा को आनंद से भर देता है
विविध गुलाब
जैसे गुलाबों का आनंदपूर्ण परिवार
इस स्फूर्तिदायक दृश्य
और महकती हलकी हवा को देख
मेरा बगीचा मुसकराता है।''

डॉ. कलाम जिस सहजता से राष्ट्रपति भवन में प्रविष्ट हुए थे, उसी सहजता से वे उसे छोड़ भी गए। अहंकार ही व्यक्ति को देव से दानव बनाता है तथा सदाचरण मनुष्य को देवता बना देता है। अपनी सरलता, नेकी व प्रतिभाशाली मन के बल पर उन्होंने इसके शाही ढाँचे को निजी गौरव का रूप दे दिया।

□

12

कलाम का पसंदीदा काम

प्रायः 76 वर्ष की उम्र में लोग संसार को उसके भाग्य पर छोड़ते हुए अपने तक सीमित होते हुए अपने कार्यशील जीवन के दौरान की गई कड़ी मेहनत के गौरव में खो जाते हैं। डॉ. कलाम के मन में ऐसा कोई विचार नहीं था। उनके जीवन का मिशन अभी पूरा नहीं हुआ था। उनका मिशन बहुत सीधा था। युवाओं के विचारों को सकारात्मक बनाने और राष्ट्र के कल्याण में उन्हें अपना योगदान देने के लिए प्रेरित करने के लिए जो भी संभव हो, वह करना। यदि वे रिटायर होना भी चाहते तो लोग उन्हें सक्रिय रहने की गुहार अवश्य लगाते। वे इतने लोकप्रिय और सबके चहेते व्यक्ति थे। उन्होंने स्वस्थ जीवन बिताया। उनमें कभी थकान दिखाई नहीं दी और वे जीवन के इस पड़ाव पर भी स्वयं को अपनी व्यस्त दिनचर्या के अनुसार ढालने में सक्षम थे। राष्ट्रपति के ऑफिस से निकलने के बाद उनकी माँग और बढ़ गई।

अपने पेशेवर जीवन की शुरुआत से ही डॉ. कलाम को युवाओं से बात करना अच्छा लगता था। वे जानते थे कि अब उनके पास बहुत अधिक वर्ष नहीं हैं, इसलिए वे जल्द-से-जल्द अपनी यह अभिलाषा पूरी करना चाहते थे। यही कारण है कि राष्ट्रपति भवन से निकलने के मात्र तीन दिन बाद 28 जुलाई, 2007 को वे आई.आई.आई.टी. (इंडियन इंस्टीट्यूट ऑफ इन्फॉर्मेशन टेक्नोलॉजी), हैदराबाद में छात्रों के साथ बातचीत कर रहे थे। उन्होंने छात्रों से सामाजिक व राष्ट्रीय जीवन पर अपना प्रभाव डालने का आह्वान किया। वे शहर-शहर, देश-देश जाकर लोगों से बात करते और उनके इ-मेल व पत्रों का उत्तर देते। उन्हें अपने इस काम में बहुत आनंद आ रहा था। वे कुछ भी भाग्य के भरोसे छोड़ना नहीं चाहते थे। वे

सुनिश्चित करना चाहते थे कि सबकुछ बिलकुल ठीक तरह से हो। प्राय: उन्हें हिंदी व अन्य भाषाओं में लिखे पत्र-प्रपत्र भी प्राप्त होते थे। वे अकसर उन्हें मुझे प्रेषित कर देते और मुझे उन्हें संबोधित हिंदी पत्रों के अनुवाद करने का सौभाग्य मिल जाता। उनमें से अधिकांश बहुत सामान्य होते, जिनमें कोई महत्त्वपूर्ण जानकारी नहीं, केवल पावती ही होती थीं। लेकिन फिर भी, वे उनमें से किसी के भी विषय से चूकना नहीं चाहते थे। वे अपने काम के प्रति इतने समर्पित थे कि उनके लिए सबकुछ महत्त्वपूर्ण होता था।

उनकी कार्यशैली सरल, लेकिन लक्ष्य-आधारित थी। इसी की बदौलत उनके इतने अधिक चाहनेवाले थे, जिनमें छोटे से बड़े तक सभी आयु वर्ग के लोग शामिल थे। वे जहाँ भी जाते, अपनी चाल-ढाल, बातचीत की शैली, उच्च विचारों, देशभक्ति व चित्ताकर्षक मुसकान से लोगों को आकर्षित कर लेते।

डॉ. कलाम का जोर प्राय: नेतृत्व का गुण विकसित करने पर रहता था। उनके लिए किसी भी व्यक्ति में ये गुण होने पर ही वह सफल नेता बन सकता है—

- आधुनिक प्रौद्योगिकी के जानकार बनें, जिससे कम-से-कम समय में अधिक-से-अधिक कार्य निष्पादित हो सके।
- विजन रखिए—विजन के बिना नेतृत्व करना संभव नहीं है।
- अनजान राह पर चलें। अनजानी राहों पर चले बिना नेता नहीं बन सकते। इससे आप को जोखिम उठाने और अपने लिए उपयोगी कार्यों को करने की क्षमता हासिल होगी।
- सफलता को सँभालना आना चाहिए और इससे भी महत्त्वपूर्ण—असफलता को सँभालना आना चाहिए।
- निर्णय लेने का साहस होना चाहिए। संभव है कि आगे चलकर आपके निर्णय गलत साबित हों। लेकिन ऐसा न करने पर आपको अपने लिए कोई सहारा खोजना होगा।
- प्रबंधन में सज्जनता होनी चाहिए। अपने सभी कार्यों में, फिर चाहे वे निजी हों या पेशेवर, पारदर्शिता रखें।
- पूरी ईमानदारी से काम करें। ऐसा करने पर सफलता अवश्य प्राप्त होगी।

जहाँ तक प्रौद्योगिकी के उपयोग की बात है, वे अपना उदाहरण देते हुए कहते हैं कि 'इस हथियार द्वारा मैंने गरीबी से संघर्ष किया, जाति व समुदाय के बंधनों को काटा और अपने कार्यों से गौरव हासिल किया।' उनका प्रौद्योगिकी के विकास पर जोर देना उनकी सेवानिवृत्ति के बाद भी भ्रष्टाचार पर लगाम लगानेवाला सिद्ध हो रहा है।

डॉ. कलाम ने केवल प्रौद्योगिकी ही नहीं बल्कि स्वदेशी प्रौद्योगिकी के विकास पर जोर दिया। इससे पहले जब वे एक वैज्ञानिक थे, उस समय उन्होंने 'एस.एल. वी.-3' जैसी बहुत सी स्वदेशी प्रौद्योगिकियों को आकार देने में सहयोग दिया था। और उन्होंने यह अन्य देशों से बहुत कम लागत पर कर दिखाया।

युवाओं को संबोधित करते हुए अपने व्याख्यान में वे प्रौद्योगिकी के उपयोग व ईमानदारी, प्रतिबद्धता, सच्चाई, कड़ी मेहनत, विजन व प्रेम जैसे सकारात्मक गुणों को विकसित करने पर केंद्रित रहते। उन्होंने अभिभावकों व शिक्षकों का आह्वान कर अपने बच्चों में इन गुणों को समाहित करने की अपनी भूमिका निभाने को कहा। उन्होंने खेद जताते हुए कहा कि इन गुणों के अभाव में पिछले कुछ वर्षों से सार्वजनिक जीवन का पतन होता जा रहा है। इसे जारी नहीं रहने दिया जा सकता। उनका कहना है, इसमें प्रेम सबसे महत्त्वपूर्ण घटक है, फिर चाहे आप इसे जो भी नाम दें। यह अभिभावक का स्नेहिल भी हो सकता है और शिक्षकों का चहेता भी। केवल इसी तरह व्यक्ति को सही रास्ते पर लाया जा सकता है। उन्होंने इस बात पर जोर दिया कि बच्चे को घर पर कभी भी प्रेम की कमी का अहसास नहीं होना चाहिए।

डॉ. कलाम ने सरकार को अपना योगदान देना जारी रखा। डॉ. मनमोहन सिंह ने परमाणु करार पर हस्ताक्षर के मुद्दे पर अपनी गद्दी दाँव पर लगा दी थी। वहीं तमिलनाडु के कुडनकुलम में लोग न्यूक्लियर प्लांट लगाए जाने का विरोध कर रहे थे। डॉ. कलाम ने वहाँ जाकर उन लोगों का भय दूर किया तथा उसके राष्ट्रीय महत्त्व के बारे में समझाया। उन्होंने दृढ़ता सहित कहा, "हम सब अपने भय व खतरे के अहसास के प्रति अति-संवेदनशील होते हैं। डरपोक लोग कभी इतिहास नहीं रच सकते। साहसी लोग ही बदलाव करते हैं।" उनके दौरे के बाद से लोग न्यूक्लियर प्लांट को स्वीकार करने लगे। यह बात लोगों के बीच उनकी लोकप्रियता तथा देश में उनकी विश्वसनीयता व साख की परिचायक है।

अपनी एक कविता में डॉ. कलाम ने लिखा है—

"प्रकृति का रहवासी पूछता है
मैं क्या दे सकता हूँ?
हाँ, मैं दुखियों के दुःख दूर करूँगा
उदास हृदय में हर्ष भरूँगा
सबसे बढ़कर, मैं जान गया हूँ
प्रसन्नता सब ओर विस्तारित हो जाती है।"

वे लोगों में कितने अधिक लोकप्रिय थे, इसकी मिसाल वर्ष 2012 में राष्ट्रपति चुनाव के दौरान घटी एक घटना द्वारा बताते हैं। जब यू.पी.ए. ने राष्ट्रपति पद के लिए प्रणव मुखर्जी को अपना प्रत्याशी घोषित किया तो लोग व विपक्षी दल पुनः डॉ. कलाम को इस पद पर बैठाना चाहते थे। कई राजनेताओं ने उनसे मुलाकात कर उन्हें इस चुनाव में खड़े होने के लिए राजी करने का प्रयास किया। इनमें ममता बनर्जी, एल.के. आडवाणी तथा मुलायम सिंह यादव आदि शामिल थे। डॉ. कलाम ने इन सभी को इनकार कर दिया। उन्होंने स्पष्ट कर दिया कि 'उन्होंने वर्तमान राजनीति व इस संबंध में पूरी तरह सोच-विचार करते हुए 2012 के राष्ट्रपति चुनाव में शामिल न होने का फैसला किया है।' इस कथन के पश्चात् उनके फिर से राष्ट्रपति भवन जाने की सभी अटकलों पर विराम लग गया।

□

13

प्रभाव

डॉ. कलाम के व्यक्तित्व के कई पहलू हैं। आप जितना अधिक खोजते हैं, उतना अधिक पाते जाते हैं। उनका भारतीय राष्ट्र का वैश्विक प्रभाववाला विशाल व्यक्तित्व है। अब हम उनके व्यक्तित्व को समझने का प्रयास करेंगे। पिछले पृष्ठों में हमने उनके व्यक्तित्व के बहुत से रंगों को उजागर किया है। उनके व्यक्तित्व को आकार देने में बहुत सी घटनाएँ व प्रभाव शामिल रहे। यहाँ हम उनमें से कुछ का वर्णन करेंगे।

सात मोड़

किसी के भी जीवन में कुछ ऐसी घटनाएँ व पल आते हैं, जो उसमें बड़ा बदलाव कर देते हैं। डॉ. कलाम का जीवन भी उनसे अछूता नहीं रहा तथा इन्हीं के द्वारा वे उन्नति करते नई और उच्च उपलब्धियाँ हासिल कर सके। वे ऐसी बहुत सी घटनाएँ बता सकते थे। लेकिन वे अकसर इनमें सात घटनाओं को ही अपने जीवन को मोड़ देनेवाली बताया करते थे।

डॉ. कलाम के अनुसार पहला मोड़ वह था, जब उनकी प्रो. एम.जी.के. मेनन से मुलाकात हुई। वे ही प्रो. विक्रम साराभाई के साथ उनके साक्षात्कार का जरिया बने। यह साक्षात्कार देनेवाले के लिए ही नहीं बल्कि लेनेवाले के लिए भी एक सबक बन गया। उस समय इस साक्षात्कार का उद्देश्य डॉ. कलाम के ज्ञान या कौशल की परीक्षा करना नहीं, बल्कि उनमें निहित संभावनाओं की खोज करना था। इसके बाद उनका रॉकेट इंजीनियर के रूप में चयन हो गया। यही वह क्षण था, जिसने उनके जीवन को हमेशा के लिए बदलकर रख दिया।

उनके जीवन का दूसरा मोड़ तब आया, जब उनकी डी.आर.डी.एल. (डिफेंस रिसर्च एंड डेवलपमेंट लैबोरेटरी), हैदराबाद में निदेशक के पद पर नियुक्ति हुई। इससे उन्हें अंतरिक्षीय रॉकेट को मिसाइल तकनीक में उपयोग करने का अवसर मिला। यह उनके कॅरियर और महत्त्वाकांक्षा के लिए बहुत महत्त्वपूर्ण साबित हुआ।

तीसरा मोड़ वह था, जहाँ उन्होंने रक्षा मंत्री के वैज्ञानिक सलाहकार तथा अनुसंधान व विकास विभाग के सचिव का कार्यभार सँभाला। इस समय वे बतौर कुलपति मद्रास विश्वविद्यालय जाना चाहते थे। लेकिन तत्कालीन रक्षा मंत्री और बाद में प्रधानमंत्री बने श्री पी.वी. नरसिम्हा राव ने उन्हें वैज्ञानिक सलाहकार के रूप में काम करने को कहा और इसी के साथ उन्हें कुछ महत्त्वपूर्ण राष्ट्रीय कार्यक्रमों का कार्यभार सौंप दिया।

उनके जीवन का चौथा मोड़ वह रहा, जहाँ उन्होंने श्री अटल बिहारी वाजपेयी का उन्हें अपने मंत्रिमंडल में शामिल करने का प्रस्ताव ठुकरा दिया। इसके बाद उन्होंने दो 'अग्नि' मिसाइल और वर्ष 1998 में किए गए पाँच परमाणु परीक्षणों जैसे महत्त्वपूर्ण राष्ट्रीय कार्यक्रमों को अंजाम देने का अवसर मिला।

उनके जीवन में पाँचवाँ मोड़ तब आया, जब उन्हें कैबिनेट मंत्री के समकक्ष भारत सरकार के प्रमुख वैज्ञानिक सलाहकार पद पर नियुक्त किया गया और उन्हें 'इंडिया-2020 विजन' को आगे बढ़ाने को कहा गया।

उनके जीवन में छठा मोड़ वह था, जब उन्होंने अन्ना विश्वविद्यालय में बतौर टेक्नोलॉजी प्रोफेसर पदभार सँभाला। वे हमेशा से ही अकादमिक क्षेत्र में काम करने के इच्छुक थे। संभव है कि आप मानते हों कि उनके जीवन के इन मोड़ों में उनका राष्ट्रपति बनना भी शामिल होगा। लेकिन वे ऐसा नहीं मानते थे।

सातवाँ मोड़ वह रहा, जब भारत के राष्ट्रपति का अपना कार्यकाल समाप्त कर वे पुनः अपने अकादमिक व अनुसंधान के कॅरियर में वापस लौटे और फिर से पूरे जोश सहित भारत को वर्ष-2020 तक आर्थिक तौर पर विकसित राष्ट्र बनाने के कार्य में जुट गए।

शिक्षक

डॉ. कलाम स्वीकार करते थे कि वह आज जो भी हैं, अपने शिक्षकों की वजह से हैं। शिक्षकों का सक्रिय सहयोग न होने पर वे यह कीर्ति कभी हासिल नहीं कर पाते। शिक्षक हमारे जीवन में महत्त्वपूर्ण भूमिका अदा करते हैं। किसी छोटे बच्चे के लिए वे दूसरी माँ ही होते हैं। किसी शिक्षक के सहयोग के बिना व्यक्ति

के परिष्कृत व उत्कृष्ट होने की कल्पना भी नहीं की जा सकती। डॉ. कलाम भी शिक्षकों को बहुत महत्त्व देते थे। वे कहते थे—

"शिक्षा क्या है? यह सीखने की ऐसी प्रक्रिया है, जिसे सृजनात्मक बनाने के लिए डिजाइन किया गया है। इस शैक्षिक प्रक्रिया का उद्देश्य सृजनात्मकता को प्रोत्साहन देना होता है। यह स्कूल का वातावरण व प्रत्येक शिक्षक की क्षमता ही है, जो छात्रों के मस्तिष्क को प्रज्वलित करते हैं।"

वे शिक्षकों की राष्ट्र-जीवन में महत्त्वपूर्ण भूमिका होने को लेकर बिलकुल स्पष्ट थे। वे कहते थे—"एक शिक्षक का उद्देश्य बच्चे में चरित्र व मानवीय मूल्यों का निर्माण करते हुए तकनीक की मदद से उसकी पढ़ने की क्षमता में वृद्धि करना था।

डॉ. कलाम सृजनात्मकता को बहुत महत्त्वपूर्ण मानते थे। वे कहते थे कि इसके पोषण में शिक्षकों की बहुत बड़ी भूमिका होती है। इसके अलावा, वे इस बात की भी भर्त्सना करते थे कि अधिकांश शिक्षक शहरी क्षेत्रों में कार्य करने की इच्छा रखते हैं, क्योंकि इससे ग्रामीण क्षेत्रों में शिक्षा को हानि पहुँचती है। इससे ग्रामीण अभिभावक धन खर्च करने, स्थान बदलने या अपने बच्चों को पढ़ने के लिए शहर भेजने के लिए मजबूर हो जाते हैं, जो उनके दूर-दराज के लगभग-अलग-थलग से अगम्य गाँवों में संभव नहीं होता। देश तब तक विकसित नहीं हो सकता, जब तक प्रत्येक गाँव को ऐसी प्रतिभाएँ प्राप्त नहीं हो जातीं, जो वहीं रहकर काम करें—और यह तब तक संभव नहीं है, जब तक शिक्षक गाँवों में काम करने के लिए तैयार नहीं होते।

डॉ. कलाम को शिक्षकों पर बहुत विश्वास था। वे कहते थे कि केवल वही जीवन की सच्चाइयों से रू-बरू करवाने, सृजनात्मकता को पोषण देने तथा हमारे सामाजिक जीवन से सामाजिक बुराइयों को दूर कर सकते हैं। वे भारत के शिक्षकों की समस्याओं से भी परिचित थे। लेकिन उनका सारा जोर बीते समय के उस गौरव को खोजने पर था, जहाँ उन्हें गुरु के रूप में सम्मान दिया जाता था। वे कहते हैं—

"उनमें (शिक्षकों) से कई बहुत खराब परिस्थितियों में काम करते हैं। हम उनकी समस्याओं का समाधान निकालने के प्रति भी जागरूक हैं। लेकिन इन सबके बावजूद हमारा शिक्षकों से निवेदन है कि वे यह दो कार्य अवश्य करें। पहला, कि वे अपने तौर पर विकसित भारत पर विचार करें और छात्रों को उत्साही बनाएँ। दूसरा, वे अपनी जानकारी को बढ़ाते रहें; क्योंकि छात्र उतना ही बेहतर होता है, जितना उसके शिक्षक होते हैं।"

कलाम की पसंदीदा पुस्तकें

डॉ. कलाम जीवन में पढ़ने के महत्त्व पर जोर देते हैं। यदि आप सफल होना चाहते हैं तो यह और भी जरूरी है। उनके ही शब्दों में बताते हैं—"अच्छी पुस्तकें जीवन भर साथ निभाती हैं। ये हमारे जीवन को समृद्ध बनाती हैं और अपने शाश्वत संकेतों द्वारा निर्देशित भी करती हैं तथा ये विभिन्न पीढ़ी के पाठकों से बात करने की क्षमता रखती हैं।"

पढ़ने से हमारे दिमाग की खिड़कियाँ खुल जाती हैं। यही कारण है कि कुछ पुस्तकें उनके दिल के बहुत करीब रहीं, जिनमें लिलियन इचलर वॉटसन की 'लाइट फ्रॉम मेनी लैंप्स', डॉ. एलेक्सिस कैरेल की 'मैन दि अननोन' तथा तिरुवल्लुवर रचित तमिल महाकाव्य 'तिरुक्कुरल' शामिल हैं। उन्होंने इन पुस्तकों को कई बार पढ़ा था और असंख्य बार इनसे प्रेरणा भी ली थी। वे अपनी सफलता का श्रेय बहुत सी चीजों को देते थे, जिनमें पुस्तकें भी शामिल थीं। वे कहते थे, "पुस्तकें कहीं भी और किसी के भी लिए प्रेरणा का स्रोत बन सकती हैं।" वे पढ़ने के स्पष्ट लाभ पर जोर देने के अलावा अपने पाठकों, विशेष रूप से छात्रों को घरेलू पुस्तकालय का महत्त्व पहचानने के लिए प्रेरित करते थे। वे अकसर माता-पिता को अपने बच्चों को उपहार-स्वरूप अपने घर में शुरुआत में लगभग 20 पुस्तकोंवाला छोटा सा पुस्तकालय देने की सलाह देते। इससे उन्हें कम उम्र में ही पढ़ने की आदत विकसित करने में सहायता मिलेगी। वे कहते थे कि 'एक घरेलू पुस्तकालय सबसे बड़ी संपत्ति है।' वे पढ़ने को कितना महत्त्वपूर्ण मानते थे, यह उनकी इस बात से पता चलता है, "प्रतिदिन एक घंटा पढ़ने से हमारे बच्चे बेहतरीन शिक्षक, नेता, बुद्धिजीवी, इंजीनियर, वैज्ञानिक और सबसे जरूरी विचारशील वयस्क बन सकते हैं।"

वहीं वे अभ्यास के महत्त्व से भी अनजान नहीं थे। वे सचेत करते हैं कि हमें कुछ किए बिना अपने आरामदेह घर में बैठे हुए पन्ने-पर-पन्ने नहीं पढ़ते रहना चाहिए। लिखी हुई बातों को वास्तविक बुद्धिमत्ता के साथ उपयोग भी करना होगा। हम पुस्तकों से जो भी सीखते हैं, उसे मूर्त विचारों में परिवर्तित अवश्य करना चाहिए। केवल इसी के द्वारा हम अपने विकास के लक्ष्य तक पहुँच सकते हैं। इसके द्वारा हम अपने मस्तिष्क को उन्नत बनाते हुए राष्ट्र-हित को केंद्र में रखकर मानवता से जुड़े प्रत्येक क्षेत्र में प्रौद्योगिकी का उपयोग व अन्वेषण कर सकते हैं।

पढ़ने का एक और उज्ज्वल पक्ष भी है। अपने पेशे या किसी प्रतिवाद के दौरान यदि आप कहीं फँस जाते हैं तो आप वहाँ अपने ज्ञान के इस स्रोत का उपयोग कर सकते हैं। डॉ. कलाम को ऐसे ही एक विदेशी व्यक्ति से हुई बहस के दौरान इसका

लाभ मिला था। रॉकेट विज्ञान के उद्‌गम से जुड़ी इस चर्चा में डॉ. कलाम ने इस ज्ञान के सबसे पहले टीपू सुल्तान के पास होने का दावा किया था। जब एक व्यक्ति ने टीपू के इसे फ्रेंच लोगों से हासिल करने की बात कही, तो डॉ. कलाम ने अपनी बात के पक्ष में सर बर्नार्ड लावेल द्वारा लिखित 'दि ओरिजिन्स एंड इंटरनेशनल इकोनॉमिक्स ऑफ स्पेस एक्सप्लोरेशन' का हवाला दिया था। निश्चित ही यदि उन्हें पढ़ने का शौक नहीं रहा होता तो वे ऐसा कभी नहीं कर पाते।

□

14

उलझाव का सुलझाव

हमारे देश में समस्याओं का पहाड़ खड़ा है। यह खेद का विषय है कि स्वतंत्रता के इतने दशक बाद भी हम इन्हें प्रभावशाली ढंग से सुलझाने में असफल रहे हैं। इनमें से बहुत सी समस्याएँ तो अप्रिय स्थितियों तक पहुँच गई हैं और उन्हें सुलझाने के लिए विजन की आवश्यकता होगी। यहाँ प्रस्तुत हैं डॉ. कलाम के कुछ ऐसे ही विचार, जो इनमें से कुछ समस्याओं के व्यवहार्य समाधान बताते हैं। ये उनसे अलग हैं, जिनपर हमने अभी तक इस पुस्तक में चर्चा की है।

राम-जन्मभूमि-बाबरी मसजिद विवाद

डॉ. कलाम एक सच्चे द्रष्टा थे। वे कठिन समस्याओं के सरल व व्यावहारिक समाधान बताते थे। वे ऐसे समाधान थे, जिन्हें किसी की भी आत्मा दुखित किए बिना कार्यान्वित किया जा सकता था। साथ ही ये सब कानूनी रूप से भी वैध हैं। अपनी सहज व सकारात्मक सोच के द्वारा उन्होंने रामजन्मभूमि–बाबरी मसजिद समस्या का ऐसा समाधान सुझाया था कि आप भी उससे अवश्य सहमत होंगे। उन्होंने कहा कि भारत के लोगों को वैसी ही मन व उद्‌देश्य की एकता दिखानी होगी, जैसी स्वतंत्रता संग्राम के दौरान दिखाई थी। अब वह समय आ गया है कि हमें अपने यह गुण दिखाते हुए ''दूसरा राष्ट्रीय दृष्टिकोण दिखाना होगा, जिसमें हमारे समाज के सभी वर्गों के लोग एक साथ एक उद्‌देश्य की ओर अग्रसर हों।''

उन्होंने पूरी दृढ़ता सहित कहा—

''यह दूसरा राष्ट्रीय दृष्टिकोण समस्त प्रयासों को जोड़ते हुए हमारे देश के विकासशील होने की वर्तमान स्थिति में परिवर्तन कर इसे विकसित राष्ट्र बना देगा''

साथ ही देश का यह दृष्टिकोण विभिन्न व संकीर्ण विचारों से उत्पन्न संघर्षों पर भी विराम लगा देगा।''

विशेष रूप से अयोध्या समस्या पर बात करते हुए वे मानवीय इतिहास से इसके संबंध तथा इसके कालातीत संघर्ष व इसके गौरव को बनाए रखने की बात करते थे। वे कहते थे—

''मैं कल्पना करता हूँ कि वर्ष 2020 तक अयोध्या की भूमि सेवा में मानवता को खोजनेवाले उत्तम चिह्न के रूप में उभरते हुए राष्ट्र की सामंजस्यपूर्ण अखंडता का प्रकाश-स्तंभ बन जाएगी। मैं अयोध्या को ऐसा मानव आरोग्य केंद्र बनने की परिकल्पना करता हूँ, जो आधुनिकतम बहुआयामी स्वास्थ्य चिकित्सा केंद्र का आधार-स्थल बनेगा। एक ऐसा स्थान, जहाँ शारीरिक, मानसिक व आध्यात्मिक किसी भी तरह की पीड़ा को दूर किया जा सकेगा।''

उनका मानना था कि इस स्वास्थ्य केंद्र में मुख्य रूप से इन चार घटकों का होना आवश्यक है। पहला, स्वास्थ्य में सुधार करना, जिसमें सभी लोगों के लिए चिकित्सीय सुविधाएँ उपलब्ध होंगी। विशेष रूप से गरीबों के लिए यह लगभग मुफ्त होनी चाहिए। इसमें भारत की आयुर्वेद, यूनानी, सिद्ध, प्राकृतिक चिकित्सा तथा योग के साथ एलोपैथी भी होनी चाहिए। अगले घटक के रूप में विशेष रूप से राष्ट्रीय समस्याओं को दूर करनेवाले विज्ञान व प्रौद्योगिकी के विविध क्षेत्रों में अनुसंधान करने की सुविधा भी होनी चाहिए। इसमें शारीरिक के साथ ही आध्यात्मिक चिकित्सा को भी मिश्रित करना चाहिए और इस कार्य में विभिन्न आस्था-गृह को स्थापित किया जाए। चौथे घटक के रूप में इसमें दुनिया भर के लोगों को मूल्य-आधारित ज्ञान प्रदान किया जाए। वे कहते थे—

''यह आवश्यक है कि युवा हमारे राष्ट्र के गौरव का कारण रहे विभिन्न धर्मों के मिश्रित मूल्यों को आत्मसात् कर उनका पालन करें।''

धर्मनिरपेक्षता

धर्मनिरपेक्षता भारत के संविधान के अतिरिक्त हमारे राष्ट्र का भी एक महत्त्वपूर्ण घटक है। हमारे देश में आस्थाओं व धर्मों की बड़ी संख्या को देखते हुए इसे संविधान का हिस्सा बनाना अनिवार्य था। डॉ. कलाम को इस पहलू पर गर्व था। उन्होंने अपनी बात इन शब्दों में व्यक्त की—

''मेरे स्कूल के दिनों से ही भारतीय होने के मेरे गौरव का एक विशेष कारण यह भी था कि हमारा देश विश्व के सभी धर्मों का आश्रय-स्थल रहा है और यहाँ

हमेशा सर्वधर्म समभाव के सत्य का प्रतिपादन व पालन होता है।''

भारत के संविधान में बारंबार यह कहा गया है कि यहाँ के सभी लोगों को बिना आस्था, धर्म, जाति, श्रेणी या लिंग का भेद किए समान अधिकार प्राप्त हैं। इस बात को वे अपने शब्दों में कहते हैं—

''भारत का समाज बहुलवादी है, जहाँ सभी धर्म, क्षेत्र, जाति, श्रेणी व भाषाओंवाले समुदायों के नागरिकों को समान अधिकार व कर्तव्य दिए गए हैं।''

यही कारण है कि हम भारतीय मानते हैं कि हमारी राष्ट्रीयता का सार धर्मनिरपेक्षता में निहित है। डॉ. कलाम धर्म व आस्था के नाम पर किसी भी भेदभाव की भर्त्सना करते थे। वे इसे झूठे धर्म की संज्ञा देते थे। उनके शब्दों में—

''धर्म के नाम पर असहिष्णुता व हिंसा अधर्म का सबसे विकृत रूप है। सच्चा धर्म आध्यात्मिकता के सागर जैसा है, जिसमें सभी की आस्थाओं की प्रतिभा चमकती रहती है। यह राजनीति व सरकार में शामिल लोगों को करुणा व निष्पक्षता सहित नेतृत्व करने का संदेश देती है।''

डॉ. कलाम का मानना था कि यदि हम सभी धर्मनिरपेक्षता के विचार के प्रति समर्पित हो जाएँ तो निश्चित ही हमारा देश विकसित व शक्तिशाली होकर उभर सकेगा। उनके शब्दों में—

''यहाँ मैं एक बार फिर से हमारी राष्ट्रीयता की आधारशिला धर्मनिरपेक्षता के सिद्धांत के प्रति अपनी बेहिचक प्रतिबद्धता व्यक्त करना चाहूँगा।''

उनका कहना था कि वे जो कुछ भी बन सके, उसमें सभी धर्मों, आस्थाओं व क्षेत्रों के लोगों की सहायता मिली है। वे दृढ़ता सहित कहते हैं—

''मुझे भारत के सभी कोनों व समुदायों से जो विशाल व उत्साहजनक समर्थन मिला, उससे यह साफ जाहिर होता है कि हमारा धर्मनिरपेक्ष स्वभाव अभी भी जीवित व जीवंत है।''

महिला सशक्तीकरण

सभी लोग जानते हैं कि महिलाएँ हमारे जीवन में कितनी महत्त्वपूर्ण भूमिका अदा करती हैं। इसके बावजूद इस तरह की परिस्थितियाँ बन गई हैं, जहाँ उन्हें बेहद अपमान का सामना करना पड़ता है। डॉ. कलाम चाहते थे कि उन्हें उनका हक मिले; लेकिन यह काम महिलाओं को स्वयं ही करना होगा। इसलिए उन्होंने इस कार्य की जिम्मेदारी उन्हें ही सौंप दी। वे कहते थे कि महिलाओं को सशक्त होने की जरूरत है। लेकिन ऐसा तभी संभव है, जब वे स्वयं इसके प्रति जागरूक हों।

उन्हें मिले मौलिक अधिकारों के बाद स्वतंत्र भारत में महिलाओं की स्थिति पहले से बेहतर है। लेकिन समस्याएँ अभी भी हैं। उनके शब्दों में, "महिलाओं को कई सदियों से भयभीत करनेवाली बाल विवाह, सती प्रथा, विधवा पुनर्विवाह पर रोक तथा लड़कियों को शिक्षा देने के प्रति निरुत्साह जैसी समस्याएँ अब गायब हो चुकी हैं। विज्ञान व प्रौद्योगिकी के क्षेत्र में हुए विकास, अच्छी शिक्षा व स्वास्थ्य सुविधाओं तक पहुँच तथा सामाजिक-राजनीतिक कार्यों में सक्रिय भागीदारी होने से महिलाओं के प्रति समाज के दृष्टिकोण में बदलाव लाने में मदद मिली है। इस उन्नति से महिलाओं के मनोबल व आत्मविश्वास में वृद्धि हुई है।"

इन सकारात्मक परिवर्तनों के फलस्वरूप अब अधिक संख्या में महिलाएँ अपने स्वतंत्र व्यक्तित्व, शख्सियत, आत्म-सम्मान, प्रतिभा, क्षमता तथा गुणवत्ता को पहचानने लगी हैं। फिर भी, डॉ. कलाम महिलाओं को सलाह देते हैं कि उन्हें स्वयं आगे बढ़कर उपलब्ध अवसरों का अधिक-से-अधिक लाभ उठाना चाहिए। उनके शब्दों में—

"अपने को मिले अवसरों का उपयोग करनेवाली महिलाओं ने साबित कर दिया है कि उन्हें दिए गए दायित्वों की पूर्ति करने में वे पुरुषों से कम नहीं हैं। हालाँकि इन नई परिस्थितियों के साथ नई चुनौतियाँ भी सामने आ रही हैं। कुछ मामलों में पहले ही की तरह भारतीय महिलाओं को घर व अपना कार्य सँभालने का भारी बोझ उठाना पड़ता है। इसके चलते उनपर नए तरह के दबाव व चिंता प्रभावी हो रही हैं।"

वे महिलाओं को सलाह देते हैं कि वे कुछ बड़े की प्रतीक्षा न करें, बल्कि उनके पास जो भी कुछ है और वे जहाँ भी हैं, वहीं से तुरंत शुरुआत करें। वे महिलाओं को परामर्श देते हुए कहते हैं—

"आप केवल बैठकर अन्य लोगों द्वारा आपके सुनहरे सपने पूरे करने की प्रतीक्षा नहीं कर सकतीं। आपको स्वयं बाहर जाकर उन्हें पूरा करना होगा। प्रतिभा सब में होती है। लेकिन सब में अपनी प्रतिभा का उपयोग कर आगे बढ़ने का साहस नहीं होता। अपने आप में खोजें कि आप क्या करना या क्या बनना चाहती हैं, तभी आप अपने बारे में अच्छा सोच सकेंगी।...स्त्री ईश्वर की पूर्ण रचना है और उसके भीतर सृजन, पोषण व परिवर्तन की शक्ति मौजूद है।"

काला धन

वर्तमान में काला धन एक प्रबल मुद्दा है। यद्यपि इस दिशा में कुछ कदम

उठाए भी गए हैं, लेकिन वे वास्तविकता व प्रभाव से दूर दिखाई देते हैं। काला धन देश के भीतर भी मौजूद है। लेकिन खबरों में अकसर उसी धन की चर्चा होती है, जिसे भारतीयों ने टैक्स-हैवन देशों में जमा कर रखा है। इतने हो-हल्ले के बाद भी यह नहीं पता लग सका विदेश में जमा यह धन कितना है। इस संबंध में प्रत्येक व्यक्ति का अपना अनुमान है। ये चाहे कितनी भी मात्रा में हो, अगर ये धन वापस आता है तो डॉ. कलाम की राय है कि "तो निश्चित ही इससे स्वास्थ्य, शिक्षा, आवास जैसे कठिन मुद्दों को हल करने में सहायता मिलेगी, जहाँ उन्नति के लिए बड़े पैमाने पर धन की आवश्यकता निरंतर बनी रहती है।"

काले धन का जितना दिखता है, उससे कहीं अधिक बुरा प्रभाव पड़ता है। इससे हमारे जीवन पर प्रत्यक्ष व अप्रत्यक्ष दोनों तरह का बोझ पड़ता है। इसका प्रत्यक्ष प्रभाव सार्वजनिक वित्त, आर्थिक विकास और अंततः समाज पर पड़ता है। काले धन के खतरे पर अंकुश लगाने पर अपनी राय रखते हुए डॉ. कलाम कहते थे कि इसके लिए प्रशासकीय व शासकीय स्तर पर ढाँचागत बदलाव करने होंगे, जिनमें मजबूत लोकपाल बिल लागू करना, आय कर को व्यय कर में बदलना, आम माफी के तहत छिपे हुए काले धन को बाहर लाना और ऐसे ही अन्य उपाय करने होंगे।

इस संकट को काबू करने पर डॉ. कलाम का मत स्पष्ट था। उनका कहना था कि समावेशी शासन द्वारा राजनीतिक व आर्थिक संस्थानों की क्षमताएँ बढ़ाने से वे उनसे अपेक्षित अधिक जटिल व माँग संबंधी कार्यों से जुड़ी नीतियों को लागू करके मार्गावरोधों से पार पा सकते हैं। वे चाहते थे कि इस संबंध में लोकतांत्रिक शासन के तीनों स्तंभ (विधायिका, कार्यपालिका व न्यायपालिका) तथा तीनों टायर (केंद्र, राज्य व पंचायत) कदम उठाएँ। उनके शब्दों में—

"इन संस्थानों को अपने शासनादेश के अनुसार कार्य करने की क्षमता में सुधार लाना होगा। इस सिद्धांत के सबसे निचले स्तर (पंचायती राज संस्थान) में सबसे अधिक चूक दिखाई देती है, जहाँ प्रशिक्षित लोगों की कमी होने के अलावा प्रशिक्षण व्यवस्था भी अपर्याप्त है। उच्चतम स्तर के लिए भी यह बात उतनी ही सही है, जहाँ प्रशिक्षित लोग तो संभवतः मिल जाते हैं, लेकिन व्यवस्था की क्षमता बहुत खराब है; क्योंकि न तो वे प्रदर्शन पर निर्भर हैं और उनकी प्रेरणा का स्तर भी बहुत कम है।"

□

15

विजन

डॉ. कलाम एक विजनरी थे। उन्होंने स्वयं कहा है कि विजन से रहित व्यक्ति एक पशु से अधिक कुछ नहीं है। वे केवल स्वयं के संबंध में ही नहीं, बल्कि अन्य लोगों एवं राष्ट्र के बारे में भी आगे की सोच रखते थे।

विकसित भारत

जब हम विकास की बात करते हैं तो अधिकांश लोग इसे आर्थिक विकास, प्रति व्यक्ति आय, सकल राष्ट्रीय उत्पाद तथा सकल घरेलू उत्पाद और इसी तरह के अन्य संदर्भों में लेते हैं। लेकिन यह इसकी अधूरी तसवीर है, क्योंकि इन सबका संबंध जीवन गुजारने के कुछ निश्चित पहलुओं से ही होता है। आर्थिक विकास की वास्तविक जमीनी हकीकत इस औसत प्रारूप से कहीं बड़ी है। चार लोगों में से एक के मोटी कमाई करने से औसत तो अच्छी दिखाई देती है, लेकिन यह वास्तविकता नहीं है। यही कारण है कि डॉ. कलाम विकास पर बोलते समय इसमें पोषण, जीवन प्रत्याशा, शिशु मृत्यु-दर, सफाई व्यवस्था की उपलब्धता, पीने के पानी की उपलब्धता, आवास का परिमाण, मानव निवास की गुणवत्ता, रोगों की घटनाएँ, अक्षमता, विकार व विकलांगता, स्वास्थ्य सेवाओं तक पहुँच, शिक्षा, स्कूल व शैक्षिक सुविधाओं की उपलब्धता, कौशल का स्तर तथा और भी बहुत से पहलुओं को शामिल करते थे। वे मानते थे कि इन मानकों को जमीनी स्तर पर हासिल करने के बाद ही विकसित भारत का सपना पूरा हो सकता है। वे रणनीतिक हितों को भी वैश्वीकरण जितना ही महत्त्वपूर्ण मानते थे। उनके शब्दों में—

"विकसित भारत को अपनी आंतरिक शक्ति और स्वयं को इन नई

वास्तविकताओं से समायोजित कर अपने रणनीतिक हितों का भी उतना ही खयाल रखना होगा। इसके लिए इसे स्वस्थ, शिक्षित व समृद्ध लोगों की शक्ति, अपनी अर्थव्यवस्था की शक्ति तथा अपने रणनीतिक हितों की लंबे समय तक तथा दैनिक आधार पर सुरक्षा की शक्ति की आवश्यकता होगी।''

इसलिए उनके लिए विकसित भारत ऐसी व्यापक धारणा थी, जिसमें राष्ट्रीय, सामाजिक व व्यक्तिगत जीवन से जुड़े विभिन्न कार्यक्षेत्र शामिल थे, जिनके द्वारा लोगों की सभी इच्छाएँ वास्तविक बनाई जा सकती हैं।

विजन-2020

पिछले दो दशकों में हमने बहुत से प्रधानमंत्रियों को वर्ष 2020 तक आर्थिक विकास प्राप्त कर लेने की आवश्यकता पर बात करते देखा है। विधानसभा की बहस के दौरान यह परदा हट जाता है और हम देखते हैं कि 'विजन-2020' का विचार कहीं पीछे छूट जाता है और दलीय राजनीति सबसे आगे आ जाती है। इससे विजन को किसी तरह का लाभ नहीं होता। डॉ. कलाम 'विजन-2020' को लेकर स्पष्ट थे और वे निश्चित होकर कहते थे कि इसका किसी भी दल, सरकार या व्यक्ति से कोई संबंध नहीं है, बल्कि यह एक राष्ट्रीय विजन है। वे आशा रखते थे कि सभी चुने हुए प्रतिनिधि और अन्य भागीदार अपने निहित स्वार्थ को दूर हटाते हुए इस पर बहस करें, चर्चा करें और राष्ट्रीय आम सहमति बनाएँ। वे चाहते थे कि इस चर्चा-परिचर्चा में अधिकारी, न्यायतंत्र, राजनेता, मीडिया, अकादमिक व व्यापारी, चिकित्सक, कृषक, युवा तथा देश के सभी आम नागरिक शामिल हों। वे खुलासा करते हैं कि 'इंडिया-2020' उनके लिए क्या है ? यहाँ हम उन्हीं के शब्दों में वर्णन करेंगे, जो उन्होंने एक व्याख्यान के दौरान कहे थे—

''विकसित भारत ऐसा राष्ट्र होगा, जहाँ गाँव व शहरों को विभाजित करनेवाली रेखा धुँधली हो जाएगी। एक ऐसा राष्ट्र, जहाँ ऊर्जा व पीने योग्य पानी का समुचित बँटवारा होगा। एक ऐसा राष्ट्र, जहाँ कृषि, उद्योग तथा सेवा क्षेत्र साथ मिलकर सामंजस्यपूर्वक कार्य करेंगे। इनमें प्रौद्योगिकी का उपयोग होने के परिणामस्वरूप निरंतर धनार्जन होता रहेगा, जिससे रोजगार की संभावना बढ़ जाएगी। एक ऐसा राष्ट्र, जहाँ किसी भी प्रतिभाशाली बच्चे को सामाजिक या आर्थिक कारणों से शिक्षा से वंचित नहीं रहना पड़ेगा। एक ऐसा राष्ट्र, जो विश्व के सर्वोत्तम प्रतिभावाले विद्वानों व वैज्ञानिकों के लिए सबसे बेहतरीन आश्रय-स्थल होगा। एक ऐसा राष्ट्र, जहाँ देश की अरबों की संख्यावाली आबादी को स्वास्थ्य सुविधाएँ तथा एड्स/ टी.बी., जल

व रोगाणु–जनित बीमारियाँ, हृदय रोग व कैंसर जैसे रोगों का उपचार मिलेगा। ऐसा राष्ट्र, जहाँ शासन प्रौद्योगिकी के उपयोग द्वारा अधिक जवाबदेह, पारदर्शी, सरल नियम व आसान पहुँचवाला तथा भ्रष्टाचार–मुक्त शासन होगा। एक ऐसा राष्ट्र, जहाँ गरीबी नाम मात्र को भी नहीं होगी, जहाँ अशिक्षा व महिलाओं के विरुद्ध होनेवाले अपराध समूल नष्ट कर दिए जाएँगे और समाज एकजुट होगा। ऐसा राष्ट्र जो समृद्ध, स्वस्थ, सुरक्षित, शांत व प्रसन्न होगा। ऐसा राष्ट्र, जो पृथ्वी पर निवास करने का सबसे बेहतरीन स्थल होगा और जो 1 अरब से भी अधिक चेहरों पर मुसकान लाएगा।''

डॉ. कलाम को भारतीय अर्थव्यवस्था के मूल सिद्धांतों पर पूरा भरोसा था। वे कहते थे कि यह कुछ हद तक वैश्विक मंदी का सामना करने में भी सक्षम है। हालाँकि इसमें कुछ विचारणीय क्षेत्र भी हैं, जिन पर समर्पण व मेहनत द्वारा काबू पाया जा सकता है। ऐसा करने के लिए वे शहरी व ग्रामीण क्षेत्रों के विकास मिशन में बुनियादी ढाँचे को शामिल करने पर जोर देते थे। उनका कहना था कि हाई–वे, हवाई अड्डा, बंदरगाह व रेल मार्ग जैसे यातायात के साधनों के विकास द्वारा आनेवाले समय में इस विजन को वास्तविक बनाना सुनिश्चित किया जा सकता है। इसके अतिरिक्त उनके विजन में जीवन से जुड़ी अन्य सुख–सुविधाएँ प्रदान करने की अभिलाषा शामिल थी, जिनमें स्वच्छ व हरित ऊर्जा, सुरक्षित पीने का पानी तथा लोगों की अन्य आवश्यकताएँ शामिल हैं।

डॉ. कलाम ने शून्य गरीबी का स्तर हासिल करने के लिए कुछ अन्य चीजों को भी अपनी प्राथमिकता में शामिल किया था। ये हैं 100 प्रतिशत शिक्षा, सभी के लिए गुणवत्तापूर्ण स्वास्थ्य सेवा, सभी के लिए मूल्य आधारित गुणवत्तापूर्ण शिक्षा तथा सभी नागरिकों को उनकी शिक्षा व पेशेवर कौशल के अनुसार मूल्य–संवर्धित रोजगार उपलब्ध करवाना शामिल है। वे अपनी बात को पूरे विश्वास सहित सार रूप में कहते हैं—

''यदि हम अपने एकीकृत प्रयासों को वर्ष 2020 तक भारत के विकास की दिशा में मोड़ सकें तो इस राष्ट्र की समृद्धि सुनिश्चित हो जाएगी।''

भारत गीत

एक युवा लड़की, जो अकसर अपने विदेश में रहनेवाले भाई का उपहास सहा करती थी, ने डॉ. कलाम से जिज्ञासापूर्वक पूछा, ''मैं भारत के गीत कब गा सकूँगी?''

डॉ. कलाम ने उसके अहसास को शांत करने का प्रयास किया और उसे स्पष्ट

किया कि 'इंडिया : 2020 विजन' सही दिशा में उठाया गया कदम है और वर्ष 2020 तक वह भारत का गीत गा सकेगी। उन्होंने कहा कि इस विजन में भारत को आगे ले जानेवाले सभी अनुमान निहित हैं। उनके सकारात्मक प्रेरणा देनेवाले ऐसे व्याख्यानों से युवाओं की सोच में सकारात्मक परिवर्तन होता था, जिससे वे सरकार द्वारा उनके लिए कुछ किए जाने पर निर्भर रहने की जगह अपने जीवन की लगाम अपने हाथ में लेने को तैयार हो जाते थे। उनके मनोभाव प्रतिध्वनित होते हैं—"मैं ऐसा कर सकता हूँ। हम ऐसा कर सकते हैं और राष्ट्र भी ऐसा कर सकता है।"

डॉ. कलाम इसे लेकर बहुत आशावादी थे। वे कहते थे—

"इस विकास-प्रक्रिया में युवाओं की सक्रिय भागीदारी होने से मुझे पूरा विश्वास है कि भारत वर्ष 2020 के पूर्व ही विकसित राष्ट्र बन जाएगा।"

अपनी कविता 'नोबल नेशन' में वे लिखते हैं—

"महान् सभ्यतावाले राष्ट्रों में से एक
इंडिया 2020 द्वारा एक उत्कृष्ट राष्ट्र को जन्म देगा।
भारत के उत्सव का यह प्रकाश हमारी आकाशगंगा तक पहुँच जाएगा
यहाँ प्रदूषण नहीं रहेगा और वातावरण भी स्वच्छ होगा;
यहाँ गरीबी नहीं, केवल समृद्धि का प्रवास होगा;
लेखन में भय नहीं, प्रशांति होगी,
जो निवास हेतु सबसे आनंददायक स्थान होगा।"

बुनियादी ढाँचा

आज बुनियादी ढाँचा मूल आवश्यकता बन गया है। इसी नींव पर हम अपने राष्ट्रीय गौरव के विशाल भवन का निर्माण कर सकते हैं। बुनियादी ढाँचे के महत्त्वपूर्ण घटकों में प्रौद्योगिकी, यातायात के साधन, संप्रेषण के साधन तथा ऊर्जा निर्माण शामिल हैं। डॉ. कलाम के शब्दों में जानिए कि वे बुनियादी ढाँचे पर जोर क्यों देते हैं—

"मेरा इन घटकों पर जोर देने का बहुत सीधा सा कारण है। भारत स्वयं को विकसित स्तर पर केवल तभी पहुँचा सकता है, जब बुनियादी ढाँचा होने से आर्थिक मशीनरी में 'वास्तविक गतिशीलता' आएगी। एक बार जब यह मशीनरी चलने लगेगी तो आर्थिक प्रक्रिया इसके पाँच या सात वर्षों के भीतर और अधिक धन सृजित करने लगेगी। तब इस धन को और अधिक सुधारों में निवेशित किया जा सकेगा।"

प्रौद्योगिकी का उपयोग करके हम पहले से मौजूद उत्पादों का मूल्य-संवर्धन कर इसे और विस्तार दे सकते हैं। इसका यह भी अर्थ होगा कि इसकी मदद से हम नए क्षेत्रों में बुनियादी ढाँचे का निर्माण कर सकेंगे। यह बिलकुल वैसा ही होगा, जैसा हमने अंतरिक्ष अन्वेषण के क्षेत्र में कर दिखाया है।

जीवन में वैश्विक बराबरी की कल्पना करने के साथ ही हमें अपने यातायात व परिवहन के साधनों में विस्तार करना भी आवश्यक है। रेल, सड़क, जल मार्ग तथा वायु मार्ग को समुचित निर्माण के साथ ही उनकी गुणवत्ता बनाए रखना भी आवश्यक है। इसे देखते हुए संप्रेषण की आवश्यकता पर ध्यान जाता है। डॉ. कलाम के शब्दों में कहें तो—

"घरेलू एवं वैश्विक दोनों ही तरह के आर्थिक व भौतिक संपर्क (सड़क, रेल, विमान, बंदरगाह व हवाई अड्डों द्वारा) साधने के लिए टेलीकम्युनिकेशन नेटवर्किंग बहुत महत्त्वपूर्ण है। आज किसी भी व्यापार के लिए जानकारी का तुरंत हस्तांतरण अत्यावश्यक है।"

इसी तरह, ऊर्जा निर्माण हमारी अर्थव्यवस्था की रीढ़ की हड्डी जैसा है। लेकिन इसी के साथ हमें हाइड्रोइलेक्ट्रिसिटी, बायोगैस प्लांट, सौर ऊर्जा, पवन ऊर्जा व समुद्र ऊर्जा जैसे ऊर्जा के स्वच्छ स्रोतों पर भी निर्भर रहना होगा।

डॉ. कलाम कहते थे कि बुनियादी ढाँचा तैयार करने के लिए बहुत सारे धन की आवश्यकता होती है। लेकिन यह सरकार तथा अन्य निजी संसाधनों से प्राप्त किया जा सकता है। उनका कहना था कि भारत में बुनियादी ढाँचे के निर्माण हेतु विदेशी निवेश प्राप्त हो रहा है। लेकिन टुकड़ों में प्राप्त हो रही यह राशि संतोषप्रद नहीं थी। निस्संदेह, बुनियादी ढाँचे के विकास में तेजी लाने के लिए अभी जमीन की उपलब्धता व सरकारी अनुमति जैसी और भी बहुत सी समस्याएँ सुलझानी हैं। इन घटकों में सुधार लाने के अलावा और कोई विकल्प नहीं है और यह जितनी जल्दी हो जाए, उतना ही बेहतर है।

स्वदेशी उत्पादन

डॉ. कलाम स्वदेशी उत्पादन व विकास के पक्षधर थे। वे इसे 'मूल्य-संवर्धन' कहते थे। वे कहते थे कि कच्चे लोहे को स्टील में बदलना उसका 'मूल्य-संवर्धन' करना है। इसी तरह कपास को कपड़े में परिवर्तित करना उसका 'मूल्य-संवर्धन' है और ऐसा ही मूल्य-संवर्धन तब होता है, जब कपड़े को पोशाक बना दिया जाता है। भारत के पास बहुत बड़ी मात्रा में प्राकृतिक संपदा है। इसके बावजूद भारत

गरीब देश बना हुआ है। इसका कारण यह है कि हम कच्चा लोहा निर्यात कर उसी से बने निर्मित उत्पाद को ऊँची कीमत पर आयात कर रहे हैं। हम इस कच्चे लोहे का उपयोग स्वयं लाभ कमाने में भी कर सकते थे; लेकिन ऐसा हुआ नहीं। इन हालात में भुगतना हमें ही पड़ा। कई अवसरों पर हमें विकसित राष्ट्रों के नखरे झेलने पड़े। डॉ. कलाम वर्ष 1970 की वह घटना याद करते हैं, जब उन्हें एस.एल.वी. के लिए बेरिलियम डायाफ्राम की आवश्यकता थी। वे उसे जिस अमेरिकी कंपनी से मँगवाने का प्रयास कर रहे थे, उसने उसके बैलिस्टिक मिसाइलों के निर्माण में उपयोग होने की संभावना के मद्देनजर उसे देने से इनकार कर दिया। आपको यह जानकर आश्चर्य होगा कि बेरिलियम का खनन भारत में ही होता है। फिर इसे जापान निर्यात कर दिया जाता है, जो इसे परिष्कृत करके अमेरिका को निर्यात करता है। अब वह अमेरिकी कंपनी हमें वह चीज देने से इनकार कर रही थी, जिसकी कच्ची धातु हमारे ही देश से गई थी। सीधे शब्दों में कहें तो हमें अपनी ही चीज अन्य देशों से लेने में उनके नखरे सहने पड़ते हैं।

वे इस चेतावनी के साथ अपनी बात समाप्त करते हैं कि "यह ऐसा सबक है, जो हमें जल्दी-से-जल्दी सीख लेना चाहिए।"

ज्ञानवान समाज

ज्ञान हमेशा से ही समृद्धि व शक्ति प्राप्त करने में प्रमुख भूमिका निभाता है। यही कारण है कि ज्ञान-प्राप्ति पर दुनिया भर में जोर दिया जाता है। भारत में इसे बाँटने की संस्कृति रही है। ऐसा केवल युगों पुरानी आश्रम व्यवस्था की गुरु-शिष्य परंपरा द्वारा ही नहीं, बल्कि मध्ययुगीन शिक्षा व्यवस्था में भी होता रहा है। इसी कारण डॉ. कलाम ज्ञान के महत्त्व को अद्वितीय कहने में कोई संकोच नहीं करते थे। उन्हीं के शब्दों में—

"ज्ञान के कई रूप होते हैं और यह बहुत सी जगहों पर उपलब्ध होता है। इसे शिक्षा, सूचना, बुद्धिमत्ता व अनुभव किसी भी तरह प्राप्त किया जा सकता है। यह अकादमिक संस्थानों, शिक्षकों, पुस्तकालयों, शोध-पत्रों, गोष्ठियों तथा विभिन्न संस्थानों तथा कार्यस्थल में कर्मियों, प्रबंधकों, ड्रॉइंग, प्रक्रियागत दस्तावेजों तथा दुकानों से भी मिल सकता है।"

डॉ. कलाम जहाँ से संभव हो, वहीं से ज्ञान प्राप्त कर लेना पसंद करते थे। वे इस बात पर खेद प्रकट करते थे कि प्राचीन भारत एक उन्नत ज्ञानी समाज था; लेकिन आक्रमणकारियों व औपनिवेशिक शासन ने इसके संस्थानों को नष्ट करके

इसकी मूल दक्षताएँ लूट लीं। ब्रिटिशों के वापस जाने तक हमारे युवाओं ने अपने लक्ष्यों को बेहद न्यून कर लिया था। वे केवल अपनी आजीविका कमा लेने भर से ही संतुष्ट थे। डॉ. कलाम इस प्राचीन ज्ञान की पुनर्स्थापना करना चाहते थे। वे कहते थे, "इसे (भारत को) अपने इस पहलू को पुनः खोजना होगा।" उन्हें विश्वास था कि एक बार जब इसे खोज लिया जाएगा, 'तो उसके बाद किसी विकसित राष्ट्र जैसे गुणवत्तापूर्ण जीवन, शक्ति व संप्रभुता को हासिल करने के लिए अधिक संघर्ष नहीं करना होगा।'

वे इसे लेकर बहुत आशावादी थे कि देश के लिए ज्ञान महाशक्ति बनना एक बहुत महत्त्वपूर्ण मिशन है और देर-सबेर इसे ऐसा करना ही होगा। इस लक्ष्य को पाने के लिए वे शिक्षा, विज्ञान, प्रौद्योगिकी तथा ग्रामीण विकास के क्षेत्र में समुचित कदम उठाना चाहते थे, जिससे ज्ञान-प्राप्ति अपने वास्तविक अर्थ में विकसित होने की ओर बढ़ सके।

डॉ. कलाम की राय थी कि एक बार ज्ञानवान समाज के रूप में विकसित हो जाने पर हमारी प्रगति को कोई नहीं रोक सकेगा, क्योंकि ज्ञान ही वह मूल आधार है, जिसपर बड़ी-से-बड़ी इमारत का निर्माण किया जा सकता है।

पुरा (PURA)

डॉ. कलाम ने ग्रामीण इलाकों से गरीबी को दूर करने के लिए 'पुरा' (ग्रामीण क्षेत्रों में शहरी क्षेत्रों जैसी सुविधाएँ) विजन का प्रस्ताव रखा था। उनका कहना था कि "ग्रामीण क्षेत्रों में सतत विकास की आवश्यकता है…और ग्रामीण आबादी को सशक्त बनाने के लिए उनकी मूल दक्षता को समुचित मूल्य-संवर्धन तथा आवश्यक कौशल-उन्नयन सहित उपयोग करके गाँवों में रोजगार के अवसर बढ़ाने होंगे। इस तरह उनकी मौजूदा प्रति व्यक्ति आय को वर्तमान स्तर से कम-से-कम दोगुना करना होगा।"

उनका कहना था कि सतत विकास के उद्देश्य से बहुत सी परियोजनाएँ मौजूद हैं; लेकिन स्वास्थ्य व पर्यावरण पर खतरा अभी भी बना हुआ है। इसे देखते हुए जैव-विविधता में वृद्धि करना आवश्यक है। सतत विकास का लाभ सीधे गरीबों तक पहुँचाने के संबंध में उनके विचार स्पष्ट थे। उन्होंने इंगित किया कि मानव प्रबंधन का उपयोग करके उद्यमी व निहित स्वार्थ रखनेवाले अमीर लोग कर रहे हैं, जो प्राकृतिक संसाधनों से बहुत दूर निवास करते हैं। जबकि प्राकृतिक संसाधनों के दोहन का नुकसान स्थानीय निवासियों को झेलना पड़ता है। उनकी सलाह थी

कि जैव प्रौद्योगिकी, सूचना विज्ञान, नैनो टेक्नोलॉजी तथा इको टेक्नोलॉजी जैसी प्रौद्योगिकियों के समागम द्वारा सतत विकास की शुरुआत की जा सकती है तथा इससे प्राप्त होनेवाले लाभ को सूचना व संचार प्रौद्योगिकियों के माध्यम से गरीबों तक पहुँचाया जा सकता है।

इस संबंध में डॉ. कलाम कहते हैं—

''सूचना व संचार प्रौद्योगिकी का उपयोग करने के लिए हमें एक नया सामाजिक व्यापार मॉडल बनाना होगा, जिससे इन प्रौद्योगिकियों के समागम से प्राप्त शोध परिणामों का मानव विकास में सतत ढंग से उपयोग किया जा सके।''

यद्यपि वे जानते थे कि किसानों, मछुआरों, कुशल कर्मियों तथा ग्रामीण क्षेत्रों में रहनेवाले अंतिम उपयोगकर्ता को सशक्त व शिक्षित करनेवाले इस विशिष्ट व्यापार मॉडल को अभी विकसित किया जाना है। इसलिए वे सलाह देते हैं—

''मैं आनंदपूर्ण, समृद्ध व शांतिपूर्ण समाज बनाने के हमारे लक्ष्य को पाने के लिए सशक्तीकरण की आठ विशेषताओं को अपनाने की सलाह दूँगा, जिनका आरंभ पिरामिड की भाँति नीचे से होता है। ये विशेषताएँ हैं—भोजन व आहार तक पहुँच, स्वास्थ्य सेवाओं तक पहुँच, आय-सृजन क्षमता तक पहुँच, शिक्षा व क्षमता निर्माण तक पहुँच, गुणवत्तापूर्ण शक्ति तथा संचार संसाधनों तक पहुँच, सामाजिक संघर्ष की स्थिति, वित्तीय सेवाओं तक पहुँच, स्वच्छ व हरित पर्यावरण तक पहुँच।''

अपने विकास के लक्ष्य को प्राप्त करने के लिए हमें अपने इन विकास कार्यों को 60,000 गाँवों तक पहुँचाना होगा, जहाँ हमारी 70 प्रतिशत आबादी निवास करती है। डॉ. कलाम कहते हैं—

''हमारे शहरी क्षेत्र तेज तरक्की व विकास के स्तर पर पहले ही पहुँच चुके हैं। अपने गाँवों को उनके समान तेजी तक पहुँचाने का काम 'प्रोवाइडिंग अर्बन अमेनिटीज इन रूरल एरियाज '(PURA) जैसे ग्रामीण विकास कार्यक्रमों द्वारा ही संभव है।''

इस संकल्पना के चार संयोजक हैं—भौतिक, इलेक्ट्रॉनिक, ज्ञान-आधारित तथा इसके फलस्वरूप आर्थिक घटक। ये बाजार तैयार करने तथा बाजार की सेवा हेतु उत्पाद स्थापन करते हैं, जो अंततः ग्राम समूह को समृद्धि की ओर ले जाता है। वे कहते हैं—

"PURA (पुरा) में वैश्विक आयामवाला व्यापार उपक्रम बनने के सभी आयाम मौजूद हैं, लेकिन फिलहाल अभी यह हमारे देश के हर नुक्कड़ व कोने तक ही पहुँच पाया है। 'पुरा' उद्यमियों को बैंक के साथ मिलकर व्यापारिक योजना

विकसित करते हुए अपने लिए शैक्षिक संस्थानों, स्वास्थ्य केंद्रों व लघु स्तर के उद्योगों, परिवहन सेवाओं, टेली-शिक्षा, टेली-औषधि, इ-गवर्नेंस सेवाओं जैसी ढाँचागत सुविधाएँ जुटाकर सड़क, संचार व परिवहन तथा राष्ट्रीय व अंतरराष्ट्रीय बाजारों में उत्पाद व सेवाओं के विक्रय हेतु सरकारी ग्रामीण विकास योजनाओं से जुड़ना होगा।''

डॉ. कलाम 'पुरा' को मुख्यतः तीन वर्ग समूहों में बाँटते थे। टाइप 'ए' समूह में शहर के निकट सीमित सड़क संपर्क, बुनियादी ढाँचे तथा सहायता प्राप्त इलाका। 'बी' समूह शहर के निकट, लेकिन कम बुनियादी ढाँचेवाला। जबकि 'सी' समूह गहन देहात था, जहाँ कोई बुनियादी ढाँचा, संपर्क या मूलभूत सुख-सुविधाएँ न हों। इसके बाकी वर्गों में तट के निकट व पहाड़ों पर स्थित इलाके शामिल थे।

डॉ. कलाम कहते थे कि छोटे व मध्यम आकार की औद्योगिक इकाइयों को बैंकों के शैक्षिक संस्थानों तथा सरकारी व निजी उद्यमियों के साथ मिलकर स्कूलों, स्वास्थ्य सेवा यूनिट, व्यावसायिक प्रशिक्षण केंद्र तथा अन्य ढाँचागत सुविधाओं का प्रबंधन सँभालना चाहिए।

□

16

स्थायी मूल्य

डॉ. कलाम ने अपने पूरे जीवन में देश-विदेश में लगभग 5 करोड़ बच्चों व युवाओं से उन्हें सकारात्मक गुणों की शिक्षा देने के लिए बातचीत की थी। उनसे निकट का रिश्ता बनने के अलावा वे डॉ. कलाम से बहुत प्रभावित हुए। बहुत से लोग दावा करते हैं कि इस 'द्रष्टा' से मिलने के बाद उनके जीवन में बड़ा बदलाव आया। अगले पृष्ठों पर हम ऐसे ही कुछ मूल्यों का उल्लेख करेंगे, जिन्हें वे लोगों को हृदयंगम करवाने के इच्छुक रहे थे। हमारा मानना है कि इस विषय पर बिलकुल नए सिरे से चर्चा की आवश्यकता है।

उद्यमशीलता

डॉ. कलाम उद्यमशीलता को एक महत्त्वपूर्ण गुण मानते थे। वे जोर देकर कहते थे कि इस गुण को शैक्षिक प्रक्रिया का हिस्सा अवश्य बनाना चाहिए। उनका कहना था—

"...पूछताछ, सृजनात्मकता, प्रौद्योगिकी, उद्यमशीलता और नैतिक नेतृत्व वे पाँच क्षमताएँ हैं, जिन्हें शैक्षिक प्रक्रिया के माध्यम से निर्माण करना आवश्यक है। यदि हम अपने सभी छात्रों में ये पाँच क्षमताएँ विकसित कर सकें तो हम ऐसे स्वायत्त शिष्यों का निर्माण कर सकेंगे, जो स्व-निर्देशित, स्व-नियंत्रित, जीवनपर्यंत सीखनेवाले होंगे और जिनमें अधिकारियों का सम्मान करने और उनसे समुचित ढंग से प्रश्न करने—दोनों ही तरह की क्षमताएँ होंगी।"

यदि हम अपनी वर्तमान शिक्षा व्यवस्था को देखें तो पाएँगे कि प्रतिवर्ष 300 विश्वविद्यालयों से अधिक-से-अधिक 30 लाख छात्र स्नातक होते हैं। ये सभी

नौकरी की आकांक्षा रखते हैं। लेकिन इतनी बड़ी संख्या में रोजगार सृजन नहीं हो पाता कि जहाँ इन सबको जगह मिल सके। इसके परिणामस्वरूप देश में लगभग सभी स्थानों पर पढ़े-लिखे बेरोजगार युवाओं की संख्या लगातार बढ़ती जा रही है। इस अंतर का कारण आधुनिक अर्थव्यवस्था के लिए आवश्यक कौशल और हमारे छात्रों को प्रदत्त शिक्षा का बेमेल होना है। इसके अतिरिक्त, निवेश व आर्थिक विकास की गति उपलब्ध मानव संसाधन के अनुसार नहीं हो रही। इस अंतर के चलते कई तरह की समस्याएँ आ रही हैं।

इसीलिए डॉ. कलाम अन्य गुणों के साथ ही उद्यमशीलता का कौशल उत्पन्न करने पर बहुत जोर देते थे। इस अंतर को इसी तरह भरा जा सकता है। उनके शब्दों में—

"...शिक्षा व्यवस्था को उद्यमशीलता के कौशल पर प्रकाश डालना चाहिए तथा कॉलेज के दौरान ही छात्रों को उनका उद्यम स्थापित करने की ओर उन्मुख कर देना चाहिए, जिससे उन्हें सृजनात्मकता, स्वतंत्रता तथा धन कमाने की क्षमता प्राप्त हो सके। सभी छात्रों को सिखाया जाना चाहिए कि वे कौशल में विविधता व कार्य के प्रति धुन होने से ही (वे) उद्यमी बन सकते हैं।"

इसके अतिरिक्त वे कॉलेज में कला, विज्ञान व वाणिज्य कोर्स के साथ ही सिलेबस में उद्यमशीलता प्रशिक्षण के विषय व प्रयोग को शामिल करने की आवश्यकता पर जोर देते हैं, जिससे शिक्षा आधुनिक समाज की माँग पर खरी उतर सके। उनकी इस बात से इस गुण संवर्धन की जिम्मेदारी और बढ़ जाती है कि—

"शैक्षिक संस्थान, सरकार व निजी उपक्रमों को बैंक व्यवस्था व विपणन प्रणाली के समर्थन से उद्यमशीलता की योजनाओं के सृजन में सहायता देनी चाहिए।"

आध्यात्मिकता

आध्यात्मिकता को यदि हम मौजूदा संदर्भ में समझना चाहें तो यह एक ऐसी काल्पनिक धारणा है, जिसके माध्यम से युवा मन को आकार देकर अपना अनुगामी बनाने का प्रयास करना है। यह अहसास बिलकुल नहीं हो पाता कि आध्यात्मिकता इससे कहीं अधिक बढ़कर है, जिसे विभिन्न अधिकार-क्षेत्रों में नहीं पाया जा सकता। डॉ. कलाम दृढ़ता सहित कहते हैं कि अधिकांश स्कूलों में, विशेष रूप से छोटे शहरों में, जाँच की स्वतंत्रता द्वारा सशक्त बनाने की जगह 'युवा मन को रूढ़िवादी व जीर्ण-शीर्ण विचारों द्वारा वश में कर लिया जाता है।' इस विषादपूर्ण स्थिति पर वे टिप्पणी करते हैं—

''बल्कि आध्यात्मिकता की दृष्टि तात्कालिक वस्तुओं के प्रवाह के पार व पीछे होनी चाहिए।'' वे सत्यनिष्ठा सहित पूछते हैं कि क्या आध्यात्मिकता को धर्म से जोड़ना आवश्यक है? फिर वे अपने इस प्रश्न का इस तरह उत्तर देते हैं—

''धर्म समर्थित आध्यात्मिकता व धर्म विरुद्ध आध्यात्मिकता के बीच का अंतर समझना बहुत जरूरी है। हाल के वर्षों में धार्मिक आध्यात्मिकता का अर्थ किसी आस्तिक व्यक्ति का आस्था का अधिक वैयक्तिक, कम रूढ़िवादी, नए विचारों व बेशुमार प्रभावों को अपनाने के लिए अधिक खुला तथा स्थापित धर्मों की आस्थाओं के हिसाब से अधिक बहुलवादी हो गया है। अब यह किसी आस्तिक व्यक्ति के ईश्वर या किसी आस्था प्रणाली से जुड़ी प्रकृति का संकेतक बन गया है। यह उस विचार के उलट है, जहाँ व्यक्ति का ईश्वर के साथ रिश्ता सामान्यतः वैसा ही माना जाता है, जैसा उस धारणा से जुड़े अन्य लोगों का होता है।''

डॉ. कलाम आध्यात्मिकता को अनुभव करने की प्रतीक्षा करने की जगह उसे 'अपने आंतरिक जगत् में गहराई से खोजने' के वास्तविक अर्थ में लेते थे। यह जीवन की वर्तमान महान् संभावनाओं के बीच रहते हुए 'किसी दूर की वस्तु के बारे में सपने देखने तथा कल्पना करने की क्षमता जैसा है।' वे कहते थे कि उनके लिए आध्यात्मिकता ईश्वर के देर से कार्य करने पर भी उनमें विश्वास रखना है। ये कुछ ऐसा है, जो हमें दूसरों के साथ सामंजस्यपूर्ण रिश्ते में बाँधता है।

वे स्पष्ट रूप से कहते थे—''वास्तव में आध्यात्मिकता इस ब्रह्मांड से जुड़ने का माध्यम मात्र है। इसे ऐसा विजन कहा जा सकता है, जिसमें शरीर, मन व हृदय के प्रशिक्षण की आवश्यकता होती है।''

डॉ. कलाम धर्मनिरपेक्ष भावना के थे। वे वैसे छद्म धर्मनिरपेक्ष नहीं थे जैसे हमें अपने आस-पास बहुतायत में दिखाई देते हैं। आध्यात्मिकता के विभिन्न रंगों को परखने और उनका अध्ययन करने के बाद उन्हें अहसास हुआ कि ''ऐसे बहुत से मत व आध्यात्मिक विचारक हुए हैं, जिन्होंने धर्म, भूगोल व समय का अतिक्रमण किया है। यदि हम आध्यात्मिकता का उपयोग विभिन्न धर्मों व राष्ट्रों के बीच पुल बनाने में करें तो होने और न होने के बीच का अंतर, पृथक्करण से उत्पन्न अतिवाद की ओर ले जानेवाली अशांति, पिछली शत्रुता के अवशेष, युद्ध तथा शांति व समृद्धि का मार्ग रोकनेवाले अन्य अवरोधों जैसी समस्याओं को दूर किया जा सकता है।'' उन्होंने विभिन्न आस्था केंद्रों का भ्रमण करने पर मिले शांति, धीरज व आध्यात्मिकता के अनुभव को साझा किया। वे इन अनुभवों को इस तरह याद करते थे—

तवांग मठ, अरुणाचल प्रदेश : डॉ. कलाम अरुणाचल प्रदेश में 3,500 मीटर की ऊँचाई पर स्थित तवांग मठ की वर्ष 2003 में की गई यात्रा को याद करते हैं। वे वहाँ लगभग पूरा एक दिन रुके थे। उन्हें वहाँ एक विशिष्ट परिस्थिति का अहसास हुआ, जो उस मठ के अतिरिक्त आस-पास के गाँवों में कड़ाके की सर्दी के वातावरण के बावजूद प्रत्येक युवा व वृद्ध के प्रसन्नता से दमकते चेहरों पर दिखाई दे रही थी। उन्होंने उस 400 वर्ष पुराने मठ में हर आयु के भिक्षु को शांतिपूर्ण अवस्था में देखा। इस अनुभव को वे अपने शब्दों में इस तरह बताते हैं—"मैंने अपने आपसे पूछा, 'तवांग व उसके आस-पास के गाँवों में ऐसा क्या विशिष्ट है, जिसके कारण यहाँ के लोग व भिक्षु अपने आप में इतने शांतिपूर्वक रहते हैं?' समय आने पर जब मैंने मुख्य भिक्षु से प्रश्न किया कि 'तवांग के सभी गाँवों व मठ में मुझे सभी में शांति व आनंद के आलोक का अहसास क्यों हो रहा है?' तो कुछ पल की चुप्पी के बाद मुख्य भिक्षु मुसकराए। उन्होंने कहा, 'आप भारत के राष्ट्रपति हैं। आप हमारे व सारे देश के बारे में सबकुछ जानते हैं।' मैंने एक बार फिर कहा, 'मेरे लिए यह बहुत आवश्यक है। कृपया आप इस संबंध में मुझे अपने विचारशील विश्लेषण से अवगत कराएँ'।"

तत्पश्चात् 100 युवा व अनुभवी भिक्षुओं की सभा में, बुद्ध की सुनहरी मूर्ति के समक्ष, डॉ. कलाम व मुख्य भिक्षु अपने-अपने स्थान पर बैठ गए और मुख्य भिक्षु ने इस संबंध में एक छोटा सा प्रवचन दिया।

डॉ. कलाम उस प्रवचन को इन शब्दों में व्यक्त करते हैं—

"वर्तमान जगत् में हमारी अविश्वास व अप्रसन्नता जैसी समस्याएँ हिंसा का रूप ले लेती हैं। इस मठ का वहाँ से विस्तार होता है, जहाँ आप अपने मन से 'मैं' व 'मेरा' का भाव निकाल देते हैं। आप अपने अहंकार को समाप्त कर देते हैं। अपने अहंकार से मुक्ति पा लेने के बाद अपने साथी मनुष्यों के प्रति आपकी घृणा भी तिरोहित हो जाती है। घृणा के मन में न रहने पर विचार व कर्म में हिंसा के लिए कोई स्थान नहीं रह जाता। मस्तिष्क से हिंसा के निकल जाने पर मनुष्य के मन में शांति का झरना फूट पड़ता है। तब समाज में शांति, शांति और केवल शांति ही फलती-फूलती है।"

डॉ. कलाम की सलाह थी कि युवा अपने भीतर से 'मैं' व 'मेरा' के स्वभाव को दूर करने के कठिन मिशन का बीड़ा उठाएँ। वे दृढ़तापूर्वक कहते थे कि "इसके लिए हमें कम आयु में ही उनके भीतर अपने प्राचीन दार्शनिकों द्वारा प्रसारित शिक्षा को अंतर्निविष्ट करना होगा।"

क्रिश्चियन मोनेस्ट्री, बुल्गारिया : डॉ. कलाम इस अनुभव को इस तरह याद करते थे—"अपनी शांतिपूर्ण व समृद्ध समाज बनाने की खोज में मुझे आंशिक उत्तर प्राप्त हुए थे। इस तरह वास्तविक सत्य के लिए मेरी खोज जारी रही। मैंने बुल्गारिया में एक प्राचीन क्रिश्चियन मोनेस्ट्री की यात्रा की, जहाँ मैंने अति अनुभवी साधुओं के साथ तवांग में मिले संदेश पर चर्चा की। उन साधुओं ने अपनी ओर से एक बात और जोड़ते हुए कहा कि 'क्षमा करना भी अच्छे जीवन की नींव है'।"

स्वामी विवेकानंद का जन्म-स्थान : डॉ. कलाम स्वामी विवेकानंद के जन्म स्थान पर मिले अनुभव को इन शब्दों में याद करते हैं—"मुझे भारत के युवा संन्यासी स्वामी विवेकानंद के जन्म-स्थान पर भी कुछ ऐसा ही स्मरणीय अनुभव हुआ। उन्होंने अध्यात्म व व्यावहारिक जीवन से जुड़े अपने प्रेरणादायी संदेशों से पूर्वी व पश्चिमी दोनों समाज के श्रोताओं को मंत्रमुग्ध कर दिया था। जब मैंने वहाँ के ब्रह्मचारियों को अपना तवांग का अनुभव बताया तो उन्हें भी तवांग का यह अनुभव बहुत सुंदर लगा। उन्होंने अपनी ओर से जोड़ा कि 'दान का गुण' होने से शांति व आनंद की मात्रा और अधिक बढ़ जाती है।"

अजमेर शरीफ, राजस्थान : डॉ. कलाम को इस पवित्र समाधि की अपनी यात्रा सदा याद रही। वे इस आध्यात्मिक अनुभव को अपने शब्दों में इस तरह बयान करते हैं—"अपनी अजमेर शरीफ की यात्रा के दौरान मैं शुक्रवार की नमाज में शामिल हुआ। यहाँ के सूफी विशेषज्ञ ने मुझे बताया कि ईश्वर की रचना मानव को उससे अधिक शक्तिशाली रचना शैतान हमेशा चुनौती देता है। केवल अच्छे कामों से ही अच्छे विचार उत्पन्न होते हैं और इन्हीं अच्छे विचारों के परिणामस्वरूप व्यक्ति के कार्यों में सर्वशक्तिमान ईश्वर के आदेशों में बताया गया प्रेम प्रकाशित होता है।"

बड़े विचार

अधिकांश लोग भावपूर्ण कल्पनाएँ करते हैं। लेकिन कल्पना करना विचार करना नहीं है। कल्पना करने के पीछे कुछ भूलने की मंशा रहती है। आप विचार तभी करते हैं, जब कुछ करना चाहते हैं। यही कारण है कि सफल जीवन के लिए 'बड़े विचार' बहुत महत्त्वपूर्ण पहलू हैं। आपका लक्ष्य जितना ऊँचा होगा, आपको उतने ही ऊँचे स्तर पर काम करना होगा। लेकिन यदि आप साधारण लक्ष्य रखेंगे तो आपको साधारण स्तर के कार्य करने होंगे। डॉ. कलाम आज मौजूद अवसरों का उल्लेख करते हुए युवाओं को बड़े विचार रखने और उन्हें प्राप्त करने का परामर्श देते हैं। उनके शब्दों में—

"आज मौजूद असंख्य अवसरों एवं संभावनाओं का लाभ लेने के लिए आपको दो चीजों की आवश्यकता है—आस्था व निश्चय। जीवन में अवसरों की गाड़ी आस्था व निश्चय के दो पहियों पर ही आगे बढ़ती है। इनके बिना जीवन के वास्तविक अर्थ का अहसास कभी नहीं हो सकता।"

वे बताते हैं कि अपनी आस्था के बल पर ही हम 'पूरी ताकत से अपने लक्ष्य पर टिके रहते हैं'। जबकि 'निश्चय ही वह शक्ति है, जो निराशा व अवरोधों के दौर में हमारा संबल बनती है।' निश्चय की शक्ति अटल रहने पर व्यक्ति का उसके निश्चित लक्ष्य तक पहुँचना सुनिश्चित हो जाता है। फिर चाहे वह कितना भी ऊँचा या उत्कृष्ट या श्रेष्ठ क्यों न हो। डॉ. कलाम स्पष्ट रूप से कहते हैं—

"तय कर लो कि चाहे कुछ भी हो जाए, आप वही करेंगे जो आपने सोच रखा है। यदि आप सुनिश्चित व दृढ़ होंगे तो हर तरह के विरोध का सामना करते हुए भी आप अपने चुने हुए मार्ग पर पूरा ध्यान बनाए हुए चलते रहेंगे।"

इसके साथ ही वे हमें यथार्थवादी बनने की भी सलाह देते हैं और कहते हैं कि जीवन को अपनी आवश्यकताओं के अनुरूप मोड़ देना आसान नहीं होता। लेकिन अपनी शक्ति, आस्था व निश्चय के बल पर आप इसका सफलतापूर्वक सामना कर सकते हैं; बल्कि 'कई बार तो आप संसार में बदलाव करने की भी क्षमता पा जाते हैं।'

जब उनसे पूछा जाता कि क्या व्यक्ति को ऊँचे लक्ष्य रखने चाहिए? तो वे पूरी सत्यनिष्ठा सहित सलाह देते, "विपत्तियों का सामना आशावादी व दृढ़ रहकर करें।"

अंतःकरण

कुछ भी करने या तय करने से पहले यह निश्‍चित कर लीजिए कि वह काम करना सही है या गलत। अंत:करण इसमें महत्त्वपूर्ण भूमिका अदा करता है। इसे कमजोर माननेवाले लोग कभी भी अपने मन व विचारों से श्रेष्ठ नहीं हो सकते। निश्‍चित ही आपने ऐसे नेता, विशेष रूप से राजनीति के क्षेत्र में, देखे होंगे, जिनके बड़ी संख्या में अनुयायी होने के बावजूद वे किसी पर विश्‍वास नहीं कर पाते। ध्यान से देखने पर आप पाएँगे कि उनके अनुयायी केवल अपने निहित स्वार्थों के कारण ही उनके पीछे खड़े हैं। डॉ. कलाम अंत:करण को बहुत महत्त्व देते थे। उन्हीं के शब्दों में पढ़िए—

"अंत:करण आत्मा का वह दिव्य प्रकाश है, जो हमारे मनोवैज्ञानिक हृदय के गहन कक्ष में जलता रहता है। हम जब भी कुछ गलत सोचते या करते हैं तो यह

उसके विरोध में आवाज उठाता है।''

जब हम अपने अंत:करण को दबाकर क्षणिक लाभ हेतु चिरस्थायी सदाचार को अनदेखा करने का प्रयास करते हैं तो उसी समय से हमारे जीवन में अनैतिकता का बीजारोपण हो जाता है। वे इसकी व्याख्या करते हुए बताते हैं कि यह ''सत्य का ऐसा रूप है, जो हमारे आनुवंशिक भंडार के माध्यम से परिवर्तित ज्ञान के रूप में हमारे अपने कार्यों में सही व गलत का अहसास करवाता है।''

डॉ. कलाम अंत:करण को ऐसा न्यायाधीश बताते हैं, जो 'धमकाता है, भरोसा दिलाता है, पुरस्कृत करता है तथा दंड भी देता है।' इसके बावजूद यह ऐसी विशेषता है, जिसे आप अधोगति की कीमत चुकाते हुए नजरअंदाज भी कर सकते हैं। अंत:करण की इसके मार्ग को बाधित करने का प्रयास करनेवाले नकारात्मक गुणों से तुलना करते हुए वे बताते हैं कि कायरता कहती है—सुरक्षित रहो, लालच कहता है—अपना लाभ देखो, घमंड कहता है कि यश को खोजो, लालसा इससे सुख पाना चाहती है; लेकिन अंत:करण इन सबसे श्रेष्ठ है, इसलिए वह सीधा प्रश्न करता है कि ''क्या यह सही है?''

यह बहुत सरल है। अपने अंत:करण की सुनें, सफलता आपके कदम चूमेगी। वहीं इसे नजरअंदाज करने पर आप चाहे जितना भी भौतिक सामान जुटा लें, आप सद्गुण कभी नहीं पा सकेंगे।

संस्कृति

अनेकता में एकता एक तरह से भारत की सबसे बड़ी विशेषता है, क्योंकि जब हम भीतर देखते हैं तो हमें धर्म व जातिगत राजनीति के रूप में बहुत सी बाँटने वाली शक्तियाँ काम करती दिखाई देती हैं। डॉ. कलाम धर्म के आधार पर लोगों को बाँटनेवाले किसी भी प्रयास का विरोध करते हैं। वे चाहते हैं कि लोग समान बंधन में बँधकर एक-दूसरे से जुड़े रहें। यह तभी संभव है, जब विभिन्न धर्मों की एक जैसी बातों को सबके सामने लाया जाए। ऐसा करने हेतु सूत्र प्रदान करते हुए वे कहते हैं—

''इस संबंध में विचार करते हुए मुझे इस एक पहलू का अहसास हुआ कि सभी धर्मों का केंद्रबिंदु आध्यात्मिक कल्याण होता है। निस्संदेह, हमें समझना होगा कि भारत में धर्मनिरपेक्षता की नींव आध्यात्मिकता ही है।''

अपनी साझा संस्कृति पर गर्व न करने पर हम कभी महान् नहीं बन सकते। वे आगे कहते हैं, ''इसका कारण यह है कि हमारी मिशन की भावना ने हमारी

संस्कृति और स्वयं हमें भी कमजोर बना दिया है। हम स्वयं को ऐसे विभाजित लोगों के रूप में देखते हैं, जिन्हें न तो अपने अतीत पर गर्व है और न ही अपने भविष्य के प्रति कोई आशा है। ऐसे में हमारे लिए कुंठा व निराशा के अतिरिक्त और क्या बचता है?''

वे एक धर्म के लोगों के दूसरे धर्म की विशिष्टताओं को अपनाने के समर्थक थे। वे कट्टरवाद व कट्टरवादी विचारों के बिलकुल खिलाफ थे। वे चाहते थे कि प्रत्येक व्यक्ति राष्ट्र व धर्म को दो भिन्न इकाइयों के रूप में देखे। वे ए.आर. रहमान का उदाहरण देते हुए कहते थे, ''ए.आर. रहमान भले ही मुसलमान हैं, लेकिन जब वे 'वंदे मातरम्' गाते हैं, उनकी आवाज हर धर्म के सभी भारतीयों की आत्मा को समान रूप से प्रतिध्वनित करती है।''

डॉ. कलाम आगाह करते हैं कि हमारी एकता एवं उद्देश्य की भावना को सबसे बड़ा खतरा उन सिद्धांतकारों से है, जो धर्म के नाम पर या अन्य आधार पर लोगों को बाँटना चाहते हैं। भारत का संविधान अपनी सुरक्षित छत्रच्छाया में सभी नागरिकों को पूर्ण समानता प्रदान करता है। अब रिश्तों व संवेदनाओं के रूप में धर्म को रखने की प्रवृत्ति चिंता का सबसे बड़ा कारण बन गई है। वे संक्षेप में कहते हैं—

''अब समय आ गया है कि हम किसी भी तरह के विभेद को समाप्त कर दें। आज आवश्यकता राष्ट्र में एकता को बढ़ावा देने का विजन रखने की है। तभी हम भारत को उसके पूर्ण गौरव के साथ स्वीकार कर पाएँगे, जिसका आधार साझा इतिहास होगा और हम सृजन व विपुलतावाले समृद्ध एवं शांतिपूर्ण साझा भविष्य की आशा कर सकते हैं।''

□

17

डॉ. कलाम के जीवन की प्रेरक 25 कहानियाँ

हमने पूर्व में डॉ. कलाम के जीवन में घटी कुछ घटनाएँ, किस्से तथा अन्य वृत्तांत बताए हैं। यहाँ हम ऐसी ही कुछ बातें बताएँगे, जिनके बारे में जानना पाठकों के लिए आवश्यक है। इनका आनंद लें।

जली हुई रोटी

डॉ. कलाम अपने बचपन की घटना याद करते हुए बताते हैं—

"जब मैं छोटा था, तब मेरी माँ हमारे लिए खाना बनाया करती थीं। एक रात मेरी माँ ने दिन भर की कड़ी मेहनत के बाद हम सबके लिए खाना बनाया। उन्होंने मेरे पिता के सामने एक कटोरी में सब्जी और कुछ रोटियाँ रख दीं, जो काफी जली हुई थीं। मैं प्रतीक्षा करने लगा कि शायद किसी और को भी वे जली हुई रोटियाँ दिखाई दें। लेकिन पिताजी ने वे जली हुई रोटियाँ खा लीं और मुझसे मेरे स्कूल के बारे में पूछने लगे। मुझे याद नहीं कि मैंने उन्हें क्या उत्तर दिया। लेकिन मुझे यह याद है कि मैंने माँ को पिताजी से जली हुई रोटियों के लिए क्षमा माँगते सुना था। मैं अपने पिताजी का दिया उत्तर कभी नहीं भूल सकूँगा। उन्होंने कहा, "मुझे जली हुई रोटियाँ अच्छी लगती हैं।" उस रात जब मैं अपने पिता को शुभ रात्रि कहने गया तो मैंने उनसे पूछा कि क्या उन्हें सचमुच जली हुई रोटियाँ खाना पसंद है? उन्होंने मुझे अपनी बाँहों में भरा और कहा, "तुम्हारी अम्मी सारा दिन कड़ी मेहनत करके बहुत थक जाती हैं। इसके अलावा, जली हुई रोटी से किसी को कष्ट नहीं होता, लेकिन कठोर शब्दों से अवश्य होता है। बेटा, जीवन अपूर्ण चीजों और अपूर्ण

लोगों से भरा है'''मैं भी पूर्ण नहीं हूँ, बल्कि मैं शायद ही कुछ अच्छी तरह कर पाता हूँ! मैं भी अन्य लोगों की तरह अकसर जन्मदिन व विवाह की वर्षगाँठ भूल जाता हूँ। इतने वर्षों के अनुभव में मैंने यही जाना है कि हमें एक-दूसरे की कमियों को स्वीकार करते हुए अपने रिश्तों का आनंद लेना चाहिए।''

शाकाहारी बनना

मांसाहार पर जारी भारी विवाद के बाद भी भारत में शाकाहारियों की संख्या कम नहीं है और डॉ. कलाम उन्हीं में से एक हैं। लेकिन उन्होंने शाकाहार का विकल्प अपनी इच्छा से नहीं अपनाया, बल्कि उन्हें परिस्थितिवश मजबूर होकर ऐसा करना पड़ा। परंतु बाद में उन्हें यह भोजन इतना पसंद आया कि उन्होंने इसे जीवन भर के लिए अपना लिया। यह घटना उन्हीं के शब्दों में सुनते हैं—

''मेरा सबसे पहला सपना रामेश्वरम टापू की एकांतता और वहाँ के मामूली रहन-सहन से निकलना था। मेरे पिता मेरी इस इच्छा से परिचित थे, इसलिए वे मुझे आगे बढ़कर अपनी पढ़ाई पर ध्यान देने को कहते थे। रामेश्वरम में प्राथमिक स्तर से आगे की पढ़ाई के लिए कोई स्कूल नहीं था। इसलिए बारह वर्ष की उम्र में मैं घर छोड़कर पढ़ाई के लिए श्वाट्र्ज हाई स्कूल, रामनाथपुरम चला गया। मेरे पास ज्यादा पैसे नहीं थे। मुझे कम पैसों में ही गुजारा करना सीखना था। मैंने स्कूल की कैंटीन में शाकाहारी भोजन खाने का विकल्प चुना, जबकि घर पर मैं अकसर मांसाहारी भोजन ही करता था। मेरे लिए इसका अर्थ हर हफ्ते तीन रुपए की बचत थी। आज हर हफ्ते तीन रुपए बहुत छोटी राशि लगती है, लेकिन उन दिनों यह काफी बड़ी रकम हुआ करती थी! मैं अपने परिवार का बोझ कम करने और पैसे बचाने के लिए किसी भी तरह की कठिनाई उठाने को तैयार था। धीरे-धीरे मुझे शाकाहारी भोजन पसंद आने लगा और मैं आज भी शाकाहारी ही हूँ।''

बुद्धि विवेक

हमेशा की तरह उस दिन भी थुंबा में गरम व उमस भरा दिन था। कलाम अपने सहयोगी सुधाकर के साथ पेलोड प्रीप्ररेशन लैबोरेटरी में काम कर रहे थे। लॉन्च-पूर्व तैयारियों पर काम करते हुए वे सोडियम व थर्माइट के खतरनाक मिश्रण को भरकर दूर से दबा देने की प्रक्रिया में थे। ऐसा छठी बार करने के बाद कलाम व सुधाकर पेलोड कक्ष में यह जानने के लिए गए कि मिश्रण ठीक तरह से भर गया है या नहीं। जब वे आगे झुककर टैंक में देख रहे थे, तभी सुधाकर के माथे

से फिसलकर पसीने की एक बूँद सोडियम में जा गिरी। इससे पहले कि वे कुछ समझ पाते, वहाँ इतना भयानक विस्फोट हुआ कि उससे पूरा कक्ष थर्रा उठा। वह सब इतना अचानक हुआ कि वे लोग कुछ समय के लिए किंकर्तव्यविमूढ़ रह गए। उनका जीवन खतरे में था। उन्हें जल्द ही कुछ करना होगा। हर बीतते पल के साथ आग और भयानक होती जा रही थी। सोडियम से लगी आग को पानी द्वारा नहीं बुझाया जा सकता। उस भयंकर दृश्य को देखकर भी सुधाकर ने अपना बुद्धि विवेक नहीं खोया। उन्होंने तुरंत अपने हाथों से खिड़की का शीशा तोड़ा और डॉ. कलाम को बाहर धकेलकर स्वयं भी बाहर कूद गए। चोटिल होने के बावजूद कलाम ने मुसकराते हुए आभार-स्वरूप सुधाकर से हाथ मिलाया। सुधाकर को कुछ दिन अस्पताल में रहना पड़ा। लेकिन उनका बुद्धि विवेक व आभार जीवन भर के लिए कलाम के मन में अंकित हो गया।

नियत समय पर काम करना

एक समय डॉ. कलाम के नेतृत्व में लगभग 70 वैज्ञानिक राष्ट्रीय महत्त्व की परियोजनाओं पर काम कर रहे थे। वह कार्य बेहद लंबा व व्यस्तता भरा था। इसमें महीनों लग सकते थे, लेकिन वे सभी को बेहतरीन काम करने के लिए प्रेरित करते रहते। कई बार वे काम के दबाव से तनाव महसूस करने लगते, लेकिन उनके प्रेरणाप्रद नेतृत्व ने उन्हें हमेशा सही मार्ग पर बनाए रखा। इस काम को तय समय-सीमा में पूरा करने के लिए उनके मातहत न केवल कड़ी मेहनत करते थे, बल्कि कई बार देर शाम तक काम करते रहते। लेकिन कभी-कभी उन लोगों को अपनी पत्नी व बच्चों को भी समय देना होता था।

एक छोटा बच्चा उन दिनों शहर में चल रही एक प्रदर्शनी को देखने का इच्छुक था। उसने अपने पिता से जल्दी घर आकर उसे प्रदर्शनी पर ले जाने को कहा। उसके पिता डॉ. कलाम के मातहत किसी परियोजना पर बतौर वैज्ञानिक काम कर रहे थे। उस वैज्ञानिक ने साहस जुटाया और डॉ. कलाम से उस दिन जल्दी घर जाने को पूछा। डॉ. कलाम ने अपने होंठों पर रहनेवाली चिरपरिचित मुसकान सहित हामी भर दी। लेकिन क्या वह वैज्ञानिक घर जा सके? नहीं। वह अपने काम में इतना व्यस्त रहे कि उन्हें घर जाने और अपने बच्चे से किए वादे की याद ही नहीं रही। अंततः, जब उन्होंने सिर उठाकर दीवार घड़ी की ओर देखा तो वे स्तब्ध रह गए। उस समय 8:30 बज रहे थे। वह समझ गए कि वे फँस चुके हैं। उन्होंने अपने बॉस को खोजा, जो वहाँ नहीं थे। जल्दी जाने की अनुमति मिलने के बावजूद उन्हें

देर हो गई थी। उन्होंने तुरंत अपना काम पूरा किया, कक्ष को ताला लगाया और भारी कदमों से घर की ओर चल दिए। वे जानते थे कि उन्हें घर पर किस तूफान का सामना करना होगा। वे स्वयं को इसके लिए तैयार करने लगे।

कुछ सकुचाहट के साथ वे अपने घर के ड्राइंग रूम में दाखिल हुए। उनकी पत्नी वहाँ पहले ही बैठी हुई थीं। वे वहाँ बैठकर अपनी पत्नी के उलाहनों की प्रतीक्षा करने लगे। लेकिन वे उस समय चकित रह गए, जब उनकी पत्नी ने पूछा कि "आप कॉफी लेंगे या भूख लगी है तो सीधे खाना ही लगा दूँ?"

वे अभी भी घबरा रहे थे। उन्होंने नरमी से पूछा, "अगर तुम कॉफी पीना चाहती हो तो मैं भी ले लूँगा··· और क्या वह ज्यादा रोया तो नहीं?"

अब उनके चौंकने की बारी थी। उनकी पत्नी ने कहा, "आपको नहीं पता? आपके मैनेजर आए थे। कहने लगे कि आप व्यस्त हैं, इसलिए वे ही बच्चे को प्रदर्शनी दिखाने ले गए थे।"

उस व्यक्ति के चेहरे पर शांतिपूर्ण मुसकान आ गई। वे समझ गए कि क्या हुआ था।

उस शाम 5 बजे डॉ. कलाम उस वैज्ञानिक के कक्ष में उन्हें उनके बच्चे के साथ किए वादे की याद दिलाने गए थे। लेकिन कक्ष में झाँककर देखने पर डॉ. कलाम ने उन्हें पूरी तरह काम में डूबा हुआ पाया। वह जिस तरह काम में व्यस्त थे, निश्चित ही वे अपने बच्चे के पास जाने का वादा पूरा नहीं कर सकते थे। इसलिए डॉ. कलाम उनके घर गए और बच्चे को अपने साथ प्रदर्शनी दिखाने ले गए। इस तरह उनका वादा भी नहीं टूटा और उनका काम भी जारी रहा।

इन्हीं गुणों ने इस साधारण व्यक्ति को अपने स्टाफ की नजरों में महान् बना दिया। इस घटना से डॉ. कलाम के बारे में एक बात स्पष्ट हो जाती है कि यदि वे अपने स्टाफ से कड़ी मेहनत करवाते थे तो वे उनकी भलाई का भी पूरा ध्यान रखते थे। नेतृत्व के इन्हीं गुणों से स्टाफ में वफादारी अंतर्निविष्ट होती है, जिससे वह अगुआ आगे बढ़कर बहुत सी उपलब्धियों को प्राप्त कर पाता है।

हम होंगे कामयाब

वर्ष 1979 में छह सदस्यों की टीम दूसरे चरण की नियंत्रण प्रणाली के फ्लाइट वर्जन के स्थैतिक परीक्षण व मूल्यांकन में जुटी थी। उस समय टीम टी-15 (परीक्षण से पहले के 15 मिनट) के उलटी गिनती की स्थिति में थी। जाँच के दौरान बारह में से एक वॉल्व काम नहीं कर रहा था। परीक्षण स्थल पर उपस्थित टीम के सदस्यों

में चिंता की लहर दौड़ गई और वे समस्या को खोजने लगे। अचानक रेड फ्यूमिंग नाइट्रिक एसिड (आर.एफ.एन.ए.) से भरे ऑक्सिडाइजर टैंक में धमाका हुआ और टीम के सदस्य बुरी तरह झुलस गए। घायलों को पीड़ा देखी नहीं जा रही थी। कलाम अपने सहयोगी कुरुप के साथ तुरंत त्रिवेंद्रम मेडिकल कॉलेज अस्पताल पहुँचे और वहाँ हताहतों को भरती करने की प्रार्थना की।

कलाम एक घायल शिवरामकृष्णन के निकट बैठे सारी रात जागते रहे। वह बुरी तरह घायल था। इसके बावजूद उसके चेहरे पर कष्ट की झलक भी नहीं थी, बल्कि वह इस दौरान भी निष्ठा व आशा ही दरशा रहा था। भयानक कष्ट के बावजूद वह अपने सकारात्मक गुणों को जुटाए हुए था। यह अनुसरण करने योग्य बात थी। तत्पश्चात् कलाम ने उसके बारे में लिखा—"शिवरामकृष्णन जैसे लोग किसी और ही मिट्टी के बने होते हैं…इस घटना ने मेरा अपनी टीम में विश्वास और बढ़ा दिया। यह टीम किसी भी सफलता या असफलता का चट्टान की तरह मजबूती से सामना कर सकती है।"

बच्चे सबसे महत्त्वपूर्ण

डॉ. कलाम को बच्चों से बहुत प्यार था। यही कारण है कि उन्होंने उनके बीच इतने अधिक व्याख्यान दिए हैं। बच्चों से मिलने पर उन्हें बहुत खुशी होती थी। वे अपने मूल्यवान समय में से बहुत सा समय बच्चों के साथ बाँटते थे। बच्चों के विचारों को जानने के लिए वे उनकी बात बहुत ध्यानपूर्वक सुनते थे। ऐसी ही शिक्षकों व छात्रों की एक सभा को संबोधित करने के बाद उन्होंने छात्रों से प्रश्न पूछने को कहा। एक अति-उत्साही शिक्षक महोदय तुरंत खड़े हुए और प्रश्न पूछने लगे। उसी क्षण डॉ. कलाम ने उन्हें टोका और कहा, "अभी नहीं, पहले बच्चों को पूछने दीजिए। वे अधिक महत्त्वपूर्ण हैं। अगर इसके बाद समय बचा तो हम अवश्य चर्चा करेंगे।"

एक ऐसे ही अन्य अवसर पर किसी स्कूल की छात्रा ने पेपश मैशे से पृथ्वी मिसाइल का मॉडल बनाया था। उससे संबंधित खबर अखबार में भी छपी। कलाम ने उस छात्रा की सराहना करते हुए उसे हैदराबाद आमंत्रित करने की सलाह दी। बाद में उस छात्रा को सम्मानित अतिथि के रूप में आमंत्रित किया गया और उसने न केवल वास्तविक 'पृथ्वी' मिसाइल देखी, बल्कि वैज्ञानिकों के साथ दोपहर का भोजन भी किया। डॉ. कलाम ने स्वयं उस छात्रा से मुलाकात की। उन्होंने छात्रा से उसकी पढ़ाई, स्कूल, शौक व इसी तरह की अन्य बातें कीं।

सबसे पहले ड्यूटी

वर्ष 1983 में कलाम ने रक्षा मंत्री को एक परियोजना पर प्रस्तुतीकरण दिखाया। रक्षा मंत्री ने उस प्रस्तुतीकरण में कुछ परिवर्तन सुझाए। उन्होंने सारी रात काम किया और तड़के सुबह तक अपना काम पूरा कर लिया। जब वे नाश्ता कर रहे थे, तभी उन्हें याद आया कि उसी शाम रामेश्वरम में उनकी भतीजी जमीला का निकाह है। यदि वे उसी समय मद्रास (अब चेन्नई) का विमान लेते तो भी वे वहाँ समय से नहीं पहुँच पाते, क्योंकि उन्हें वहाँ से रामेश्वरम की ट्रेन नहीं मिल पाती। इसके अलावा मद्रास से मदुरई के लिए कोई सीधी उड़ान न होने से इससे भी मदद की कोई आशा नहीं थी। उन्होंने बेपरवाही से अपने कंधे झटके और जल्दी ही पेश किए जानेवाले प्रस्तुतीकरण को तैयार करने में जुट गए।

प्रस्तुतीकरण बहुत बढ़िया रहा। रक्षा मंत्री ने उसकी सराहना की और परियोजना को मंजूरी दिलाने का वादा भी किया। उस समय डॉ. अरुणाचलम रक्षा सलाहकार हुआ करते थे। उन्होंने इस पूरे कार्य में कलाम की बहुत सहायता की थी। मीटिंग समाप्त होने पर जब रक्षा मंत्री जाने के लिए खड़े हुए तो डॉ. अरुणाचलम ने उन्हें रामेश्वरम में कलाम साहब की भतीजी के विवाह की बात बताई। कलाम ने कर्मठता का बेहद उत्तम भाव प्रदर्शित किया था। अब रक्षा मंत्री ने उसका प्रत्युत्तर दिया। इसके बाद कलाम इंडियन एयरलाइंस के विमान द्वारा मद्रास पहुँचे। वहाँ से वायुसेना के विशेष हेलीकॉप्टर ने उन्हें मदुरई छोड़ा और फिर वे रेल द्वारा ठीक विवाह के समय रामेश्वरम पहुँच गए। डॉ. अरुणाचलम के शब्द अब भी उनके कानों में गूँज रहे थे, "आपने इसे अपनी पिछले छह महीने की कड़ी मेहनत द्वारा अर्जित किया है।"

पक्षियों के प्रति करुणा

डी.आर.डी.ओ. (रक्षा अनुसंधान एवं विकास संस्थान) में कार्य करने के दौरान वे किसी भी महत्त्वपूर्ण बिल्डिंग की बाहरी दीवार को सुरक्षित करने पर चर्चा कर रहे थे। एक सुझाव यह आया कि "क्यों न चारदीवारी पर शीशे के टूटे हुए टुकड़े लगा दिए जाएँ।"

डॉ. कलाम ने इस पर सीधे इनकार कर दिया। उन्होंने कहा, "नहीं। अगर हमने ऐसा किया तो पक्षी उन दीवारों पर नहीं बैठ पाएँगे।"

नकलची

अपने बिहार के दौरे पर डॉ. कलाम पटना के सरकारी गेस्ट हाउस में ठहरे थे। अगले दिन सुबह दिया गया नाश्ता देखकर वे उत्तेजित हो गए। वह टोस्ट व जैम वाला ठेठ अंग्रेजी नाश्ता था। रसोइया तुरंत दौड़ा-दौड़ा उनके पास आया और बोला, ''सर, दिल्ली से आनेवाले ज्यादातर साहब लोग यही नाश्ता करते हैं।''

डॉ. कलाम ने कहा, ''मैं कोई साहब नहीं हूँ। मैं एक भारतीय हूँ। मुझे ऐसा नाश्ता दो, जो भारतीय खाते हैं।''

थोड़ी ही देर में रसोइया पूरे उत्साह सहित गरम भात (नमकीन चावलों से बना खाद्य पदार्थ) बनाकर ले आया, जिसे डॉ. कलाम ने बहुत चाव से खाया। बाद में एक बार आँगन में घूमते समय उन्हें वहाँ एक बड़ा सा इमली का पेड़ दिखाई दिया। उसे देखकर उन्होंने अपने सचिव से कहा, ''जरा देखो इन्हें। यहाँ इतना बड़ा इमली का पेड़ है, लेकिन इन्होंने मेरे भात में जरा सी भी इमली नहीं डाली। पता नहीं हम भारतीय लोग विदेशियों की खान-पान की आदतों की नकल क्यों करना चाहते हैं!''

प्रेरणाप्रद मूल सिद्धांत

राष्ट्रपति बनने के कुछ ही दिनों बाद डॉ. कलाम ने एक छोटे से स्कूल का दौरा किया। वहाँ उनके साथ न्यूनतम सुरक्षा थी। जब वे व्याख्यान दे रहे थे, उसी समय बत्ती चली गई। ऐसे समय उन्होंने स्थिति अपने हाथ में लेने में जरा भी संकोच नहीं किया। वे भीड़ के बीच में आए और छात्रों को अपने चारों ओर बैठ जाने को कहा। फिर उन्होंने वहाँ उपस्थित 400 छात्रों के साथ बिना माइक के बातचीत करते हुए अपने प्रेरणाप्रद मूल सिद्धांत को व्यक्त किया।

हेलीकॉप्टर दुर्घटना

20 सितंबर, 2001 को डॉ. कलाम हेलीकॉप्टर द्वारा राँची से बोकारो एक मीटिंग में शामिल होने तथा एक स्कूल में छात्रों को संबोधित करने जा रहे थे। झारखंड के विज्ञान व प्रौद्योगिकी मंत्री श्री समरेश सिंह उनके साथ थे। तभी अचानक हेलीकॉप्टर के रोटर में कुछ समस्या आ गई। पायलटों ने यात्रियों से किसी भी तरह की स्थिति के लिए तैयार रहने को कहा। बोकारो में उतरने के कुछ ही क्षण पहले हेलीकॉप्टर का इंजन फेल हो गया। हेलीकॉप्टर लगभग 100 मीटर नीचे जमीन पर आ गिरा। चमत्कारिक ढंग से किसी को कुछ नहीं हुआ। डॉ. कलाम को चोट

लगी थी, इसके बावजूद वे उस खराब माहौल में भी शांत बने रहे; बल्कि उन्होंने पायलटों की कुशलता की सराहना की और कहा कि उन्हें 'वीरता पुरस्कार' दिया जाना चाहिए। तत्पश्चात् उन्होंने ईश्वर का धन्यवाद दिया। यदि इंजन कुछ क्षण पहले ही फेल हो गया होता तो कुछ भी हो सकता था। इस जोखिमपूर्ण व बुरे अनुभव के बाद भी वे तुरंत अपने निश्चित कार्यक्रम के अनुसार स्कूल की ओर चल दिए। डॉ. कलाम इतने साहसी थे।

अनुपयुक्त कुरसी

डॉ. कलाम आई.आई.टी., वाराणसी के दीक्षांत समारोह में मुख्य अतिथि थे। मंच पर पाँच कुरसियाँ रखी थीं। उनमें से बीचवाली कुरसी डॉ. कलाम की और अन्य चार विश्वविद्यालय के शीर्ष अधिकारियों के लिए थीं। अपने लिए रखी गई कुरसी को अन्य सभी से बड़ी देखकर कलाम ने उसपर बैठने से इनकार कर दिया, बल्कि उन्होंने अपनी जगह कुलपतिजी से वहाँ बैठने का आग्रह किया। स्पष्टत: कुलपति ने इनकार कर दिया। उसी समय उनके लिए तुरंत बाकी सब जैसी दूसरी कुरसी मँगवाई गई।

हास्य-विनोद

डॉ. कलाम में हास्य-विनोद की कमी नहीं थी। प्रधानमंत्री वाजपेयी अविवाहित थे, डॉ. कलाम का भी विवाह नहीं हुआ था। जब डॉ. कलाम राष्ट्रपति पद के चुनाव के लिए अपना नामांकन व दस्तावेज जमा करवाने जा रहे थे, तभी वाजपेयीजी ने वैवाहिक स्थितिवाले कॉलम की ओर इशारा किया। डॉ. कलाम ने बिना समय गँवाए चुटकी ली, ''मैं केवल अविवाहित ही नहीं, बल्कि ब्रह्मचारी भी हूँ।'' इसके साथ वहाँ हँसी का फव्वारा फूट पड़ा।

राष्ट्रपति के प्रतिष्ठित मेहमान

डॉ. कलाम राष्ट्रपति बनने के बाद जब पहली बार केरल गए तो उन्हें राष्ट्रपति के मेहमान के तौर पर किसी को भी राजभवन में आमंत्रित करने का अधिकार था। उस समारोह में उनके आमंत्रित मेहमानों के बारे में जानकर आप चकित रह जाएँगे। उनके दो प्रतिष्ठित मेहमानों में एक सड़क किनारे बैठनेवाला मोची था तो दूसरा छोटे से होटल का मालिक था। डॉ. कलाम ने एक वैज्ञानिक के रूप में त्रिवेंद्रम में बहुत समय बिताया था। वे उस मोची को भलीभाँति जानते थे तथा उस

छोटे से होटल के मालिक से भी पूर्व-परिचित थे। डॉ. कलाम अकसर उनके यहाँ खाना खाया करते थे।

कलाम का शिष्टाचार

राष्ट्रपति के रूप में शपथ-ग्रहण समारोह के दौरान डॉ. कलाम के कुछ मेहमान रामेश्वरम से भी आए थे। वे पहले उनके साथ डी.आर.डी.ओ. के गेस्ट हाउस में और बाद में राष्ट्रपति भवन में ठहरे। उनके भाई कलाम के साथ उनके ही कमरे में रुके थे। डॉ. कलाम ने अपने मेहमानों को विभिन्न स्थानों व कार्यक्रम स्थल पर लाने व ले जाने के लिए एक निजी बस किराए पर ली थी। उन्होंने इस कार्य में किसी सरकारी कार का उपयोग नहीं किया; बल्कि अपने मेहमानों के रहने व खाने का खर्च भी स्वयं ही उठाया। हमारे राजनेता इस महान् व्यक्तित्व से बहुत कुछ सीख सकते हैं।

खोया हुआ प्रोजेक्ट

एक इंजीनियरिंग कॉलेज ने राज्य-स्तरीय अंतर-कॉलेज तकनीकी उत्सव का आयोजन किया। उसमें विज्ञान प्रोजेक्ट ही शामिल किए जाने थे, लेकिन वे केवल कार्यशील मॉडल ही होने चाहिए। वे अपनी कल्पना द्वारा या कहीं से देखकर भी बनाए जा सकते थे। संक्षेप में कहें तो कोई भी कार्यशील मॉडल, जिसके पीछे कोई सिद्धांत हो, उस 'एक्सपो' का हिस्सा बन सकता था। कॉलेज के बहुत से समूहों ने उसमें भाग लिया। उनमें से कुछ प्रोजेक्ट बहुत प्रभावशाली थे। कॉलेज के प्राधिकारियों ने डॉ. कलाम को बतौर विशेष अतिथि आमंत्रित किया था। उनके आने से कुछ ही समय पूर्व उत्कृष्ट शिक्षकों ने उनका निरीक्षण किया। एक समूह ने अपने प्रोजेक्ट में सामान्य खिलौनों को सिग्नल-नियंत्रित प्रणाली के रूप में परिवर्तित किया था। वास्तव में, उन्होंने बहुत कम लागत पर एक सस्ती सी खिलौना बस को क्लैप में परिवर्तित कर दिया था। लेकिन प्रदर्शन के दिन उनके प्रोजेक्ट ने अपेक्षा के अनुसार काम नहीं किया। निरीक्षक समूह ने असफल प्रोजेक्ट को प्रदर्शनी की अनुमति नहीं देते हुए उन्हें वहाँ से जाने के लिए कहा। इसके बाद वहाँ बेडौल अंतराल बन गया और अब उसे भरने का समय नहीं था।

डॉ. कलाम ने वहाँ प्रवेश किया। उन्होंने प्रत्येक प्रोजेक्ट को देखा और उसके संबंध में जानकारी भी ली। इसके साथ ही उन्होंने अपनी सलाह व टिप्पणियाँ कीं तथा अच्छे प्रोजेक्ट की सराहना भी की; बल्कि उन्होंने उसे बनाने के विचार के

स्रोत पर भी बात की। उनके साथ बातचीत करने का अनुभव अपने आप में कमाल का था। वे उस हॉल में लगभग ढाई घंटे तक घूमे। इसी बीच उनका ध्यान उस खाली स्थान की ओर गया। उन्होंने उस असंगत खाली स्थान के बारे में पूछा, जो असफल प्रोजेक्ट समूह के कारण रिक्त था।

एक वरिष्ठ प्रोफेसर ने उन्हें बताया कि यह प्रोजेक्ट किसी कारण असफल हो गया था। इसी के साथ उन्होंने इसके लिए क्षमा भी माँगी। तभी डॉ. कलाम ने शांतिपूर्वक कहा कि वे उस असफल प्रोजेक्ट का डेमो देखना चाहते हैं। असफल टीम के सदस्य हॉल में बतौर सहायक कार्य कर रहे थे। वे सभी फौरन एकत्र हुए और अपना प्रोजेक्ट दिखाते हुए उसके बारे में जानकारी देने लगे। लगभग 7-8 मिनट में वह खाली स्थान भर गया। उन्होंने अपने डेमो के बारे में जानकारी दी। डॉ. कलाम ने उनकी बात सुनी और प्रोजेक्ट को बहुत ध्यानपूर्वक देखा। उन्होंने पूछा कि इस डिवाइस के काम न करने के संभावित कारण कौन से हैं? टीम के अनुसार, इसका कारण एक आई.सी. खराब होना बताया गया। डॉ. कलाम ने कहा कि क्या वे उसे ठीक कर सकते हैं? टीम ने हामी भरते हुए कहा कि इसके लिए उन्हें केवल सिल्वर फॉयल व सोल्डर आयरन की ही आवश्यकता है। वे चीजें मँगवाई गईं। लगभग 30 मिनट में प्रोजेक्ट पर काम होने लगा। अंततः टीम का प्रोजेक्ट कार्य करने लगा। उन्होंने इसकी सराहना की और जैसी शांत अवस्था में आए थे, वैसे ही आगे बढ़ गए।

आप कल्पना कर सकते हैं कि इसके बाद वहाँ उपस्थित शिक्षकों व छात्रों ने क्या किया होगा! वे लोग तब तक तालियाँ बजाते रहे, जब तक उनके हाथों में दर्द नहीं हो गया और वे तब तक सीटियाँ बजाते रहे, जब तक उनके गले नहीं सूख गए। निस्संदेह आज उनका दिन बन गया था!

काले झंडे

मणिपुर की यात्रा के दौरान डॉ. कलाम को काले झंडे दिखाए गए थे। उस समय 'मणिपुर पीपुल्स लिबरेशन फ्रंट' ने दिन भर में बारह घंटे की आम हड़ताल का आह्वान भी किया था। वे हाई-वे पर होनेवाली चोरियों और कानून एवं व्यवस्था से उत्पन्न समस्याओं के कारण विरोध-प्रदर्शन कर रहे थे। कलाम ने इस घटना को प्रगति माना और कहा कि वे लोग अपनी समस्याओं के विरोध में आवाज उठाने का प्रयास कर रहे हैं, जिसका उन्हें पूरा अधिकार है। उन्होंने अधिकारियों को उनकी समस्या के संबंध में जो भी संभव हो, वो करने के निर्देश दिए।

वैज्ञानिकों का वी.आई.पी. सम्मान

एक बार जब 'इसरो' के कुछ वैज्ञानिक संचार उपग्रह 'इनसेट-4बी' का परीक्षण देखकर कारू, फ्रेंच गुयाना से वापस लौट रहे थे तो उन्हें उम्मीद भी नहीं थी कि पेरिस के चार्ल्स डी गॉल एयरपोर्ट पर क्या होने वाला है। उनके पासपोर्ट की जाँच के पश्चात् एयरपोर्ट अधिकारी उन्हें अपने साथ ले गए। जब हैरान वैज्ञानिकों ने पूछा कि क्या कोई समस्या है, तो अधिकारियों ने उत्तर दिया कि उन्हें ऐसा ही करने के आदेश दिए गए हैं।

उनकी फ्लाइट तीन घंटे बाद थी, इसलिए एक वरिष्ठ अधिकारी ने उन्हें विमान कंपनी के वी.आई.पी. लाउंज में बैठने को कहा। जब वैज्ञानिकों ने उन्हें बताया कि उनके पास इकोनॉमी क्लास की टिकटें हैं तो उस अधिकारी ने उन्हें जानकारी दी कि अभी कुछ ही घंटे पहले राष्ट्रपति डॉ. ए.पी.जे. अब्दुल कलाम ने इसी टर्मिनल से उड़ान भरी थी। उन्होंने विमान कंपनी को बताया था कि सैटेलाइट लॉन्च से लौट रहे 'इसरो' के कुछ वैज्ञानिक उन्हीं के विमान में सफर कर रहे हैं। इसके अलावा उन्होंने कंपनी से वैज्ञानिकों का ध्यान रखने का अनुरोध भी किया था।

अपने व्यस्त कार्यक्रम के बावजूद डॉ. कलाम को लॉन्च की तारीख याद थी और वे यह भी जानते थे कि इस मिशन को सफल बनाने के लिए भारत से बहुत से वैज्ञानिक विमान द्वारा आवागमन करेंगे।

विज्ञान : वास्तविक परमानंद का स्रोत

विज्ञान का कार्य कष्टों को कम करना है। इसे जीवन को अधिक सरल व मनोरंजक बनाना चाहिए। विज्ञान की किसी एक शाखा में हुए विकास का अन्य क्षेत्रों में भी उपयोग हो सकता है। इसके लिए विज्ञान की विभिन्न शाखाओं का एकीकरण करना आवश्यक है। डॉ. कलाम एक ऐसी ही घटना को याद करते हैं, जहाँ उन्होंने परमाणु विज्ञान द्वारा पीड़ितों की सहायता की थी। इस अनुभव से जुड़े उनके विचार देखिए—

" 'अग्नि' के लिए रि-एंट्री व्यवस्था तैयार करने की आवश्यकता को देखते हुए हमने एक नए पदार्थ की रचना की। इस बेहद हलके पदार्थ का नाम था—कार्बन-कार्बन। एक दिन 'निजाम इंस्टीट्यूट ऑफ मेडिकल साइंसेज' के ऑर्थोपेडिक सर्जन मेरी प्रयोगशाला में आए। जब उन्होंने उस पदार्थ को उठाया तो वह उन्हें बहुत हलका लगा। इसके बाद वे मुझे अपने अस्पताल ले गए और अपने मरीजों से मिलवाया। वे बहुत कम उम्र के लड़के-लड़कियाँ थे, जिन्होंने बहुत

भारी—लगभग 3 किलो के—धातु के कैलिपर्स पहने हुए थे, जिससे वे अपने पैर जमीन पर घसीटकर चलते थे।

"उन्होंने मुझसे कहा, 'कृपया मेरे मरीजों का कष्ट दूर करें।' तीन हफ्तों के भीतर ही हमने मात्र 300 ग्राम का 'फ्लोर रिएक्शन ऑर्थोसिस' तैयार कर लिया और उन्हें 'अस्थि चिकित्सा केंद्र' ले गए। बच्चों को अपनी आँखों पर विश्वास नहीं हुआ। अब उन्हें 3 किलो के भार के साथ घिसटने की कोई आवश्यकता नहीं थी। अब वे आसानी से घूम-फिर सकते थे। उनके माता-पिता की आँखों में खुशी के आँसू आ गए। निस्संदेह यह उनके लिए महान् आशीर्वाद जैसा था।"

सपना, विचार और कर्म

एक बार किसी छात्र ने डॉ. कलाम से सवाल किया कि उन्होंने अपनी परमाणु विज्ञानी बनने की अभिलाषा को सच कैसे किया? वह इस संबंध में सलाह चाहता था। कलाम थोड़ा सा मुसकराए और सकारात्मक स्वर में बोले, "सपने, सपने और सपने देखो। विचार, विचार और विचार करो। और फिर उन्हीं के अनुसार काम, काम और काम करो ठीक है?"

उन्होंने कहा, "मेरे विचार से भारतीय युवा की सबसे बड़ी समस्या यही है कि उनमें विजन व दिशा दोनों की कमी है। मैं कहना चाहता हूँ कि किसी को भी, फिर चाहे वह कितना भी गरीब, सुविधाहीन या छोटा क्यों न हो, जीवन में कभी निरुत्साहित नहीं होना चाहिए।"

उनकी प्लेट में खाना

एक छात्र को एक आनंदित करनेवाला अनुभव याद आता है—वर्ष 2013 में सैन डियागो, कैलिफोर्निया में 'इंटरनेशनल स्पेस डेवलपमेंट कॉन्फ्रेंस' (आई.एस.डी.सी.) के दौरान जब उन्होंने कुछ भारतीय छात्रों से मिलने के लिए उनकी डाइनिंग टेबल पर आकर उनसे 'हेलो' कहा। राष्ट्रपति ने डिनर करते हुए उन छात्रों से अपनी प्लेट से खाने को कहा। अत्यधिक आश्चर्य में डूबे एक छात्र ने उनके आग्रह पर उनकी प्लेट में रखे सलाद में से पालक का एक टुकड़ा उठा लिया। वे बताते हैं, "आज भी मुझमें उनकी प्रेरणा की एक पत्ती मौजूद है। वह मेरी कल्पना से भी कहीं बेहतरीन डिनर था।"

बैकबेंचर को मिली इंटर्नशिप

आई.आई.एम., इंदौर के कुछ छात्रों के विशिष्ट बैच को कलाम साहब के सामने समूह में प्रस्तुतीकरण देना था। चूँकि यह राष्ट्रपति महोदय को प्रभावित करने का बड़ा अवसर था, इसलिए सब कड़ी मेहनत कर रहे थे। बस, लापरवाह छात्रों का एक बैकबेंचर ग्रुप ही इन सबसे अलग था। उन्होंने प्रदर्शनी से केवल दो दिन पहले काम करना आरंभ किया। उनमें से एक छात्र ने प्रस्तुतीकरण तैयार करने की जिम्मेदारी ली। जहाँ विषय-वस्तु तैयार करने में आधा दिन लगा, उसने डेढ़ दिन में बिना झपकी लिये स्लाइड्स का रंग, प्रारूप और एनीमेशन तैयार कर दिया।

जब उस ग्रुप ने अपना प्रस्तुतीकरण पेश किया तो डॉ. कलाम ने उनसे पूछा कि इसका प्रारूप बनाने का काम किसने किया है? उस छात्र के सामने आने पर उन्होंने उसे एक सुनहरा विजिटिंग कार्ड दिया, जिसपर 'पूर्व राष्ट्रपति, भारत' छपा हुआ था। उन्होंने उस छात्र को दो दिन बाद उनके ऑफिस में फोन करने को कहा। फोन करने पर उस छात्र को बताया गया कि उसे उनके ऑफिस में इंटर्नशिप के लिए चुना गया है, जहाँ उसे डॉ. कलाम द्वारा संयुक्त राष्ट्र में उपयोग किए जानेवाले प्रस्तुतीकरणों पर काम करना होगा।

ग्राइंडर का भुगतान

वेट ग्राइंडर का उत्पादन करनेवाली 'इरोड' (तमिलनाडु) की 'सौभाग्य एंटरप्राइजेज' ने कलाम साहब को उपहार में ग्राइंडर दिया था। तब वे अपने घर के लिए भी एक ग्राइंडर चाहते थे। लेकिन उन्होंने उसे उपहार के रूप में लेने से इनकार कर दिया। उन्होंने 'सौभाग्य एंटरप्राइजेज प्रा. लि.' के नाम 4,850 रुपए का चेक लिख दिया।

उनके इस भाव से 'सौभाग्य कंपनी' ने स्वयं को बहुत गौरवान्वित महसूस किया और उस चेक को भुनाने की जगह फ्रेम करवाकर प्रदर्शन करते हुए पूरे गर्व सहित अपने ऑफिस में लगा लिया।

दो माह बाद कलाम साहब के ऑफिस से फोन आया कि वे उस चेक को भुना लें, अन्यथा ग्राइंडर वापस कर दिया जाएगा।

यह एक ही घटना उनके मन-मस्तिष्क के बहुत से गुणों को अभिव्यक्त कर देती है।

ढाबे अर्थात् परीक्षण स्थल

अपनी उत्तर प्रदेश की यात्रा के दौरान डॉ. कलाम अकसर अपनी कारों के काफिले को ढाबों पर रोकने के लिए कहते थे, जहाँ वे गरमागरम चाय पीते और ग्रामीण उद्यमशीलता का विशिष्ट अनुभव प्राप्त करते।

वे रुकने के लिए सामान्य ढाबों को चुनते, जहाँ उस महान् व्यक्ति को प्लास्टिक के कप में चाय दी जाती, जिसे वे अन्य लोगों के साथ प्लास्टिक की कुरसी पर बैठकर पिया करते। इस 'मिसाइल मैन' के मन में उत्तर प्रदेश के ढाबों के प्रति इतना आकर्षण क्यों था? कलाम ने 'हिंदुस्तान टाइम्स' को बताया, ''यह आकर्षण चाय का नहीं, बल्कि चायवालों के लिए था!''

इस विषय को और स्पष्ट करते हुए उन्होंने कहा, ''इसके पीछे यह जानने की मंशा थी कि एक व्यक्ति, सड़क किनारे के इस चायवाले का ही उदाहरण लीजिए, एक दिन में बरतन साफ करने, पैसे लेने और मुसकराहट के साथ ग्राहकों का स्वागत करते हुए लगभग 100 या उससे भी अधिक लोगों को चाय पिलाने का काम कैसे कर लेता है? उसकी यह सेवा-भावना अद्‌भुत है, जिसे समझना व सम्मानित करना जरूरी है।''

यह वह समय था, जब लखनऊ में जनमे आई.आई.एम. के पूर्व छात्र सृजन पाल सिंह ने मल्टीनेशनल कंपनियों की जगह कलाम साहब के साथ काम करना स्वीकार किया था। इसके बाद आई.आई.एम. छात्रों के बीच बड़ी नौकरियों की जगह पूर्व राष्ट्रपति के साथ बतौर इंटर्न काम करने के ट्रेंड की शुरुआत हो गई।

कलाम साहब के साथ इन ढाबों की यात्रा करनेवाले सृजन पाल सिंह बताते हैं, ''मुरादाबाद-रामपुर हाई-वे और आजमगढ़ की ये यात्राएँ उस योजना का हिस्सा थीं, जिनमें हम यह जानने का प्रयास करते थे कि भारत में छोटे उद्यमी किस तरह काम करते हैं और उनकी आय बढ़ाने के लिए क्या किया जा सकता है।''

वे आगे कहते हैं, ''भारत को जमीनी स्तर पर ऐसे लाखों छोटे उद्यमियों की आवश्यकता है। इसके अतिरिक्त हमें यह भी देखना होगा कि प्रौद्योगिकी, विपणन तथा गुणवत्ता प्रबंधन द्वारा ऐसे उपक्रमों में सुधार कैसे लाया जा सकता है।'' रोजगार उत्पत्ति का यह आत्म-प्रयासी मार्ग कई मायनों में उनके (कलाम साहब के) ग्रामीण क्षेत्रों में शहरी क्षेत्रों जैसी सुविधाएँ या 'पुरा' योजना से जुड़ा हुआ था।

सिंह बताते हैं कि इस विचार का जन्म तब हुआ, जब कलाम साहब अपनी टीम को भारत का वास्तविक सुवास सड़क किनारे बसे बाजारों में मिलने की बात कह रहे थे। सिंह का कहना है कि ढाबों पर इस तरह अचानक रुकने से वे यह समझ सके कि एक 'चायवाले' से भी प्रबंधन के गुर सीखे जा सकते हैं।

ढाबे की अपनी इन यात्राओं के दौरान कलाम साहब जमीनी स्तर के अन्वेषकों तथा उत्पाद डिजाइनरों से मिलकर भारत को शक्तिशाली बनाने का मार्ग खोजते रहते। कलाम साहब की टीम के सदस्यों के अनुसार, 'जमीनी स्तर की उद्यमशीलता को समझने का यह सबसे बेहतर तरीका है, जो लाखों ग्रामीण व उपनगरीय लोगों के सशक्तीकरण के लिए बेहद आवश्यक है।'

उनके स्टाफ को हिदायत थी कि जब भी वे छोटे शहरों या ग्रामीण क्षेत्रों के दौरे पर जाएँ तो कुछ समय वहाँ के स्थानीय अन्वेषकों व अनुसंधानकर्ताओं से बातचीत के लिए अलग से निकाला जाए। ढाबा-अनुभव इसी का हिस्सा था।

नेहरू कट कॉलर

करोल बाग में आशीष जैन की दुकान में एक शेल्फ पर दो मटमैले रंग के सूट रखे हैं। उनके विशिष्ट ग्राहक ए.पी.जे. अब्दुल कलाम के लिए बनाए गए ये सूट कभी नहीं पहने गए; क्योंकि दुर्भाग्यवश पूर्व राष्ट्रपति महोदय अब हमारे बीच नहीं हैं।

आशीष जैन बताते हैं कि भारत का राष्ट्रपति बनने के बाद कलाम साहब ने लगभग दो दशक से उनके लिए कपड़े बना रही इस दुकान 'फेयरडील्स' में आने से इनकार कर दिया। वे नहीं चाहते थे कि उनके साथ अनिवार्य रूप से आनेवाले सुरक्षा कर्मी उनकी दुकान को घेर लें। जैन के अनुसार, वहाँ के स्थानीय लोगों को होनेवाली परेशानी या उनके दिनचर्या भंग होने के चलते उन्होंने ऐसा नहीं किया।

उन्होंने बताया कि 20 वर्ष पूर्व कलाम साहब उनकी दुकान पर पहली बार आए थे और शीघ्र ही वे उनके नियमित ग्राहक बन गए। जैन बताते हैं, "हमारे यहाँ ज्यादातर बंद गले का आगे से खुली नेक-लाइन वाले कोट बनाए जाते हैं। इस पोशाक को अब 'कलाम स्टाइल' के नाम से जाना जाता है। वर्ष 2002 में शपथ-ग्रहण समारोह में उनके पहनने के लिए हमने जो कोट बनाया था, उसका गला डॉ. कलाम को असहज रूप से तंग लगा। उन्होंने हमें खुली नेक-लाइन की ताकीद देते हुए सूट को पुनः डिजाइन करने को कहा। इस तरह खुली नेक-लाइन वाला बंद गले का कोट अस्तित्व में आया।"

जब जैन व उनके दर्जियों ने चीनी कॉलरवाले सूट का हवाला दिया तो कलाम साहब ने उनकी गलती सुधारी। जैन याद करते हैं, "उन्होंने हमसे कहा, 'चीनी कॉलर नहीं। भारतीय बनें, उसे 'नेहरू कॉलर' कहें।' "

□□□